沖縄の覚悟

基地・経済・〝独立〟

来間泰男

日本経済評論社

はじめに

沖縄は今、政府と正面から対決して、新しい軍事基地の建設に反対している。この問題は、今に限らず、沖縄経済・基地と向きあってきた私の、終生のテーマに関わっている。

本書は、折に触れて書き綴ってきた、私の沖縄経済・基地経済・琉球独立論などについての論考を、ほぼ一五年前にまでさかのぼって収録したものである。時系列に並べた。それは、短かな期間ながらも、その時々の課題や情報が変化しており、私はそれに対応しながら論じてきたのであり、振り返ってみると、そこに生々しいデータが散りばめられていることが分かる。そうはいっても、時系列的に見ることに関心のない読者が大半であろうから、表題を見て読みたいものから読んでもらって結構である。なお、数字的なデータは、すべて執筆当時のままである。

一九九八年に私は、『沖縄経済の幻想と現実』を刊行した（日本経済評論社）。必ずしも売れ行きの芳しくない私の著書としてはめずらしく、「二刷」が出た二冊目の本であり、沖縄タイムス社から伊波普猷賞をもいただいた。今回の論集は、それ以後の論考を集めたものになる。

自ら構想して書いたものもあれば、依頼を受けて書いたものもある。論争的なものもある。学術論文として書いたものもあり、新聞社の依頼を受けて書いた小文もある。講演やシンポジウムでの発言も、私は基本的に原稿を書いて望んでいるので、それらも掲載することができた。沖縄経済をアメリカ軍基地と関連させて検討したものがほとんどである。

私の認識と主張はほぼ一貫していると自負している。①沖縄のアメリカ軍基地はぜひとも撤去させたい。②アメリカ軍基地があることによって、沖縄経済はある程度の潤いをうけているが、それは大きくはなく、日本復帰後の沖縄経済は「基地経済」ではない。③したがって、基地が撤去されたら、経済的には多少のマイナスとなるものの、それは大きな問題ではない。④反対に、基地を撤去したら沖縄経済が大きく発展するという主張があるが、そううまくいくものではない。⑤基地の恩恵を受けている人びとのなかで、最も問題なのは軍用地地主（その集団としての土地連）である。彼らが軍用地料をもらっていることが問題なのではない（それは望んでそうなったものではない）。問題なのは、自分たちが基地を容認する最大の勢力になっていること、自分たちの容認しているアメリカ軍基地がばらまいている事件・事故などには何の関心を示すことなく、時に法外な値上げ要求をしたりすること、そのために政治家に取り入ること、等々である。⑥沖縄経済は、経済としては、弱者である。資源に乏しい、質の良い鍛えられた労働力が豊富でない、市場が狭い。結果として、有力な企業が育っていない。⑦弱者の経済であると考えるから、関税の障壁を取り払い（あるいは低くして）、自由貿易を推し進め、海外に打って出れば「成功」するかのような議論には、基本的に反対である。⑧沖縄経済の方向は、「等身大の経済」、「身の丈の経済」に甘んずることにある。「開発」はほどほどにして、足元を見つめ、現状の改善策を見据え、一つ一つ実行していくことである。「大きな未来」を構想すれば、その多くは「幻想」となる。「奇策」をとろうとすることになってしまう。それはやめた方がいい。「身の丈の経済」を目標にしても、そう簡単なことではなく、たゆまぬ努力が必要なのである。

⑨沖縄経済の現状の「はがゆさ」を、政治の所為《せい》にしたり、政治家の所為にしたり、日本政府やアメリカ軍の所為にしてはならない。⑩基地問題に戻っていえば、基地があるから沖縄経済は発展しないとしたり、基地をなくしたら発展するとしたりするのも欺瞞である。基地はなくしたいが、それは経済の発展につながるかどうかとは別問題としなければならない。経済の発展との関係がどのようであっても（発展しようと、ダメージを受けようと）、軍事基地は撤去させねばならないのである。この問題を基地と絡ませたら、場合によっては撤去反対となってしまう危険性があるのである。

このような理解や主張が、本書のあちこちに出て来るであろう。「くりかえし」と映るかもしれない。ただ、書いている時はそれぞれの場面に対応しているのであるから、論法や表現や例示は多様になっているはずである。

本書の第一部は、沖縄経済・アメリカ軍基地に関わる私の論考を収録した。第二部は、同じく沖縄経済・アメリカ軍基地に関わる、私の書評を収録した。

本書の第三部は、琉球独立論で、二つの論考を収録した。近年、沖縄と基地問題の現状とも関わって、「琉球独立論」が力を得てきた。沖縄の民意を無視して強引に新基地の建設を進める日本政府（自公政権）に対する反発が高まっている。独立論はその問題だけから出てきているものではないが、近年はそのことと絡んで力を得てきているし、マスコミが応援しはじめた。これについては、私は「中立」の立場である。気持ちは分かるからである。また「自己決定権」を求めることは正当だからである。しかし、「賛成」とはいわない。経済の問題を軽視してはなるまい。私は、日本と沖縄の違いを、歴史をさかのぼることによって検証し、確定する仕事に取り組んでいる。そのこと（両者の違い）は独立論者たちも気に留めていない。私は両者の違いを理解し合い、認めあうことを基礎に、連帯していきたいと思っている。国は、違いを強調して分裂していくのではなく、違いを認めあって大きく連合していきたいと思う。

なお、第二部のうちの「経済振興策への批判的対応」の中で、「沖縄方言継承のあり方」を論じた。これは、独立論と関連して「沖縄方言」（「宮古方言」「八重山方言」「与那国方言」などもある）の見直しと、その教育・普及の必要性が強調されてきている現状についてのコメントとなっている。

本書の第四部は、永く経済学に関わってきて、大学を退くことになった時に、考えるに至った「地域個性と経済学」というテーマで執筆したものを収録した。

目次

第二部　沖縄経済論――書評

第三部　琉球独立論

第一部　沖縄経済論——基地と経済を中心に

1　二一世紀の入口で沖縄経済を考える

基地と経済の関係

沖縄の抱えている最大の問題は、基地問題である。沖縄の経済問題を論ずるときにも、常に基地がつきまとっている。

といえば、基地経済だというと思うかもしれないが、そうではない。復帰後の沖縄経済は、すでに基地経済ではない。基地経済とは、沖縄経済における基地収入の比重が大きくて、その動向が直ちに経済全般に影響するような経済のことである。アメリカ軍占領支配下ではそのような経済であったが、復帰を境にしてそうではなくなった。

しかし、そうだからといって、基地そのものはたくさん残っており、基地に関わる経済問題がないということではない。むしろ、経済問題を考えても、基地問題を避けては通れない。

戦後初期においては、基地が建設されたことが旧来の沖縄経済のあり方を大きく変化させ、農業や製造業を破壊するというマイナス面が前面に出たが、その基地がもたらす「基地収入」は、その後の沖縄経済の発展を促してきた。

そのうちその「基地収入」だけでは沖縄経済の発展を支えることができなくなっていった。そこで登場したのが「日本政府援助」であった。「基地経済」に翳りが見え始めたのである。こうして、沖縄経済は「基地収入」と「日本政府援助」とによって支えられる形に変化し、その延長線上に復帰が来た。それは「基地収入」の比重低下と、「財政投資」の決定的な増加をもたらした。いまや、沖縄経済は「財政依存経済」へと変化した。沖縄経済は「基地収入」によって動くのではなく、国の「財政投資」によって動くものに変化したのである。

基地の存在はいまも沖縄経済に影響を与え続けているが、基地が沖縄に与えている経済問題は、「基地があるから沖縄経済が発展しない」ということではない。「基地が経済の発展をいまも阻害している」というためは、基地があるために土地と労働力が不足しているという論が成り立たたねばならない。土地が取られているから経済が発展しないのではない。農地も荒廃しつつあり、準備された工業用地はたくさん余っている。だから、基地があるから産業が発展しないということではない。沖縄の農業や製造業の困難は、基地と関わっているのではなく、それぞれに独自の課題を抱えているのである。

反対に、基地が沖縄経済に与えているのは、たくさんのカネである。基地を維持しようという明白な目的をもって、国は盛んにカネをばらまいている。多額の軍用地料が地主に支払われ、多額の財政支援が自治体になされている。軍用地料は総額で八〇〇億円もあり、農業所得の五〇〇億円をはるかに上回っている。坪当たり単価は、普天間基地で平方メートルあたり一二〇〇円、坪当たり四〇〇〇円となっている。自治体には、合計二〇〇億円である。歳入総額に占める割合が二〇%を超える市町村が四つもあり、絶対額で一〇億円を超える市町村が一一にものぼる。これらによって、地主も自治体も、基地に反対しない勢力になりつつある。いや、大半はすでにそうなってしまった。

最近では「SACO交付金」を求めて、積極的に基地を受け入れようとしている。これは「特定防衛施設周辺整備調整交付金」というもので、基地の中でも特別な施設、例えば演習場、飛行場、射爆場、港湾などのある市町村に、これまでも交付されてきていたが、SACOを機会に、まず沖縄から基地の移転を受け入れた本土の市町村に新たに配分され、次いで県内移設を受け入れた沖縄の市町村に新たに配分された。

基地に対する批判は、このような、基地に関わるカネのばらまきに対する批判ができなければ、成功しない。基地からの被害を埋めさせるのは当然だという議論をしている限り、国の思うつぼにはまってしまう。いま、沖縄は、基地を抱えていることの代償として、たくさんのカネを国に要求していて、それが正当な権利の主張であるという顔をしている。冷静な目には、沖縄は基地の被害や事故が出ると「抗議」をするが、基地の存在には反対せず、その代償にカネを求めている、と写っている。

このような状況にあるから、基地がなくなれば経済的にはプラスではなく、むしろダメージを受けることになる。軍用地料がなくなり、それに代わる跡利用で以前より活発な経済活動が展開する見込みはきわめて小さい。それに、自治体に対するさまざまな交付金がなくなる。これによって自治体財政の根本的な組み替えが要請されてくる。その転換は多くの困難を伴うであろう。雇用も縮小するが、これは一時的な打撃であって、また人数も少ないので、跡利用で今まで以上の雇用をつくり出すことは可能であろう。

ただ、マイナスにはなるが、大きなダメージとはならない。すでに沖縄経済の基地依存度は四％程度である。しかも、この四％がすべてなくなるのではない。その半分以上は取り返せる。そして、整備された街をつくり、そこに勤労に基づく健全な人々が住み、ある程度の商工業が立地する。個人的には、自然環境を整備し、再生させ、かつ農業も営まれるようになるような工夫をしてほしいと考えている。

経済的にダメージを受けることがあっても、基地は返還させようというのが私の立場である。「不労所得」である軍用地料に支えられた地主たちの生活は、正常化されねばならない。勤労者との不公平は解消されなければならない。軍雇用員も、戦争に結びつく仕事から抜け出す方がいい。自治体も基地依存から脱却して、健全な運営に立ち戻るべきである。すべて、金銭的には打撃を受けるが、精神的には健全になる。

沖縄経済振興策をめぐって

ところで、いま進められている「沖縄経済振興策」のほとんどは、幻想を追いかけている。そもそもの「国際都市形成構想」が、問題の出発点であった。単なる地理的位置と、五〇〇年も昔の「あだ花」＝いわゆる「大交易時代」を根拠として、沖縄が「国際都市」になることができるかのような発想は、幻想の典型的で、最たるものである。また、それが実現したら幸せになるかといえば、そうでもない。ヤンバルから宮古・八重山までも、「国際」で括っていいはずがない。

「国際都市形成構想」に関連して、それを経済面で具体化するものの一つとして、「全県自由貿易地域構想」が打ち出された。これは、沖縄を製造業の王国にするために、国内外を問わず、企業や人を呼び込もうとするものであるが、その失敗は目にみえていた。また、沖縄を本土から経済的に切り離すことになる。物資の流通が外国との関係では「自由」になるが、本土との関係では「不自由」になる。物資の流通がそうなれば、当然に、人の移動もそうなる。パスポートが復活する。この無謀な案は、結局は提案されずに終わった。「二〇〇五年を目途として」再提案するという姿勢は残したままだが、再提案するには超えるべきハードルが高すぎる。

「マルチメディア・アイランド構想」は、場所を選ばないために、どの地域でも同じように追求している課題である。離島である沖縄でも不利性がないというだけの選択であって、沖縄に有利性があるわけではなく、成功はおぼつかない。

しかし、ハイテク企業の進出が進んでいるではないかという人が多いと思われる。確かにコールセンターは結構の数が進出してきている。これは、基本的には東京などとの賃金格差を利用しようというもので、税制の優遇措置も受けるだろうが、安定性・定着性が心配されている。そして何よりもハイテクではなく、ローテクだということを知るべきであろう。

「国際都市形成構想」は、すでにメッキが剥げ始めている。そろそろ根本的に反省すべき時期ではなかろうか。

①全県自由貿易地域構想が否定された。
②フェデラル・エクスプレス（フェデックス）は就航したが、早々と運航を中止した。
③台湾の投資グループがアクアポリスの再開発事業への投資を中止した。

県や一部自治体の基地受け入れと引き換えに、「二一世紀プラン」の策定など、政府が沖縄経済振興のためにカネを出そうとしている。「基地受け入れは困るが、経済振興は結構だ」と考えている人が多いと思われる。

沖縄が、基地を担保に「わがまま」を言い続けているという印象は、すでに定着している。今回のサミット沖縄開催がいいこととは全然思わないが、このようなことをきっかけとして、「また沖縄か」「いつまで沖縄か」という声が、全国を駆けめぐっていると考えなければならない。そのことに気づかないで、国民の払っている税金を沖縄のために使わせるのは正義であるかのように、錯覚してはいけない。

沖縄経済の課題は、それぞれの産業の現状分析に基づいて、その現状に即して進められるべきであって、外から与えられる「経済振興策」なるものによって活路が開けるわけではない。

足元を見つめて、「等身大の経済」を

いまわれわれは、沖縄経済の現実にしっかりと目を向け、よそから「沖縄の有利性」といわれていることについても、これはおだてられているのではないかという反省の心をもって、簡単には乗っからないことが必要である。そして、自らの力の足りないことにも目を背けず、目の前の課題に挑んでいくことが求められているのである。

そのうえで、自助努力ではできないことは何かと考え、それを厳しく選別して、それのみを国の施策として取り組むことを要求するのでなければ、国民的な同意はえられない。

最近の沖縄経済論議は、沖縄経済の現実を深刻な状態として描き、なにか大きな手を打たなければ、沈没してしまうかのような、危機意識をかき立てながらの提案が多かった。それは過剰にすぎた。そしてそれから脱却する道筋が、奇想天外な、奇抜な施策であっていいはずがない。

われわれにとっては、沖縄経済の現状をしっかりと知ることが出発点になる。現状を否定的に論ずる人が多いが、実際にはそう否定的でもない。沖縄は住みにくいのではなく、住み心地のいい所である。その一つの現われが人口の増加であり、人口は他のどの府県よりも増加のテンポが高い。一人あたり県民所得が全国で最低だというが、日本のそれが世界的には相当高い水準にあることを考えれば分かるように、沖縄県の水準は決して低すぎるものではない。それよりも、本土との格差が復帰後は決定的に縮まって、差を感じなくなっているのが現実である。失業率が全国平均の二倍の水準だと嘆くが、就業者の増加テンポは著しく高い。就業者の著しい増加にもかかわらず、失業率が高まってきたことは、数字的には人口の増加が過大であったということになる。沖縄では企業の倒産に伴う失業が出ているのではなく、働き手が増えるのに企業が少なく、既存の企業も力が弱いという問題なのである。

もちろん、問題もたくさんある。それを具体的に明らかにして、地道に取り組むことが大切であり、そのうえで、自助努力では及ばないことを選び出して、そのことに限って国に財政支援を要望するということが必要である。

では、沖縄経済をどのように振興したらいいか。その基本的な考え方を提示したい。

イ　経済の発展は「両刃の剣」である。生活水準を向上させる一面で、競争を強め、優勝劣敗の原理が支配していく。貧富の差を拡大していく。だから、経済の発展は「善」とはいいがたい。そのことを認識したうえで、経済の発展に対処すべきである。

ロ　焦らずに、一歩一歩あゆんでいくのがいい。飛躍を追求せず、「等身大」の経済を考えるのがいい。

ハ　量の拡大ではなく、質の充実を目指すべきである。人口はしだいに停滞化し、そのうち減少過程を迎える。そのことを見据えて、従来の発想を転換する必要がある。観光客はすでに四〇〇万人である。これを五〇〇万人にし、六〇〇万人に増加させることが望ましいか。もちろん、生産だけは量の拡大が望ましい。なぜなら県域内の生産はあまりに弱いし、自給率は極端に低いからである。

ニ　環境を破壊することなく、その保全と復活を期すべきである。環境を破壊してまで、経済の発展を図るべきではない。

（「二一世紀　沖縄の経済を考える」シンポジウムでの発言。一九九九年六月一三日・那覇市民会館大ホール）

2　まやかしの北部振興策

一一月一八日に発表された沖縄県の「北部振興策（案）」を批判的に検討したい。

これが普天間《ふてんま》基地の代替施設受け入れの交換条件として出されたこと、もっといえば、代替施設を受け入れるために、北部地域住民にアメをちらつかせて、懐柔する（うまいことを言って自分の思いどおりにさせる—国語辞典）ために出されたことは世間周知のことであるが、ここでは、経済的視点にしぼることにする。

まず、目標の設定が正しいかどうか。目標は「二〇万人広域圏の形成」となっている。九八年の人口は名護《なご》市が五万五千人、その他一一町村が六万七千人、合わせて一二万三千人である。この現状から七万七千人、六三％の増加を求めることが正しいか。これを北部の市町村別にどのように配分されるとイメージしているのかは示されていないが、三離島や国頭《くにがみ》・大宜味《おおぎみ》・東《ひがし》・宜野座《ぎのざ》などを含めて、同じ割合で増加することにはなるまい。おのずから名護市に（それも旧久志村地域を除いて）増加分の人口のほとんどは集中し、本部《もとぶ》町、金武《きん》町、恩納《おんな》村は中間地帯で、その他はこれまでの減少傾向を加速されると考えるべきである。それでいいのか。名護市だけでいえば人口が二倍になるが、それを求めるのか。やんばる出身者の帰郷もあるだろうが、三人に一人はその他の人々が住むことになる。どのような産業構造と結びつけてこの人口増を期待するのか。

次に、目標達成は可能か。一九八三年から三年ごとに増加率をみると、二・七%、〇・五%、〇・六%、二・一%、そして一・一%である。十数年にわたって年率で〇・三%程度の増加だった。目標年次は示されていないが、一〇年後とすれば年率五%以上、二〇年後とすれば年率二・五%という、現状の一六倍とか八倍とかの飛躍的な展開がなければならない。ところが、域内での増加力はすでに枯渇している。九八年の自然増加率(年率)でみれば、本部町を含む五町村がマイナス、東村が増減なし、増加率最大の名護市がわずかに〇・六%でしかない。すべては域外からの流入を想定することになる。日本自体がまもなく人口減少時代に突入しようとしていて、沖縄県もやや遅れるとはいえ同じ道を歩んでいるというこの時代に、人口の爆発的な拡大を夢想するというのは、まやかしというほかない。

県案では基本戦略を三つあげているが、その内容は、その一で「豊かな自然」が観光・リゾートと関連させられ、そのための基盤整備によって情報通信産業の誘致をはかり、「新たな空港」によって既存産業と農林水産業が振興されるとしている。その二では「交流広域圏」を創造するために、学術・研究・文化交流の機関や施設を誘致し、「高規格道路」を整備し、「高次都市機能」を拡充し、国際交流基盤を整備するとある。その三で開発を自然保護と対立させるのではなく、調和を求めて、エコツーリズムの促進と環境ビジネスを展開するという。

これを「施策の基本方向」の部分とからませながら検討する。

第一に、北部新空港が、観光・リゾート産業の振興に、製造業や農林水産業の振興に、そして新企業の立地に結びつけられており、それが目玉の役割を果たしているが、それは可能かという問題がある。それほどの重い位置づけであるのに、実現可能性が伝わってこない。この空港はコミューター・ネットワークを形成し、離島と結び、那覇などと結ぶとされているが、たとえば最も遠い伊平屋《いへや》島に空港ができ（その可能性も未知数だが）、そこと結んだとして、たとえば伊平屋から名護の空港（名護とはいっていないが）まで来て、それから那覇に乗り継ぐということになるであろうか。辺野古《へのこ》にと県が決定した普天間基地の移設空港が「軍民共用」となるとして、そこともネットワークで結ぶというのか（共用「辺野古空港」の最大の利用者はアメリカ兵となるだろう）。名護から那覇まで車で一時間という時代に、自らの車をおいて待ち時間を加えた実質時間でそれより長くかかる飛行機に乗る人が何人いるだろうか。しかも料金ははるかに高い。名護―那覇線を含めて、これらの航空路を年間何人が利用すると考えるか。そこに魅力を感じて就航する航空会社があるのか。疑問はつきない。県案では「設置を検討する」と慎重に表現された個所もなくはないが、これをほぼ規定方針のように語っている。半年前の四月に、国の二一世紀プランへの要望にもなかったこの「北部新空港」をここで打ち出したのは、経済からの発想ではなく、政治からの発想というべきである。

第二に、可能性がなくかつ必要性もないのに、過大な投資を描いてみせているという意味で、新空港と同様な問題は、「港湾及び新たな拠点港の整備」と「軌道系交通機関の導入」である。拠点港は沖縄島にはすでに那覇港湾があり、中城港湾がある。それだけでも重複しているし、那覇港湾のいっそうの拡大（ハブ港湾構想）は現実的でないという批判を浴びているところに、もうひとつ北部にも拠点港を造るという。何をどれだけ運ぶのか。

また、軌道系交通機関、つまり鉄道は、北部側から要請のあったこともあることから、これに前向きの姿勢をみせようということか。しかし、その現実性はどうか。何人が乗り、採算はどうなるのか。北部側もその経営主体、路線の位置、工費と営業採算性、そして赤字なら誰が埋めるのかについて、明確にして要請すべきであるがそうはしなかったし、いままた県が同じことをくり返して、あいまいなままに国に提起するという構図になっている。三〇年前に議論があったときには多少の可能性と必要性はあったと思われるが、その後マイカーが一〇人に四台という時代となってしまった今、体験乗車は別として、日常的に電車を使う人口は限られる。県は、そのような認識をもっていないのか。それとも一方でもちながらも、北部側の要請を無視できず、これに応えることで基地の移設容認を取りつけようとしたのか。その「導入可能性の検討を進める」とあり、仕方なく書き込んだと思えないこともないが、詐欺であることに変わりはない。

このほか、「高規格道路の整備」ともあるが、その必要性とコスト、そして自然環境の保護と両立できるのかを、じっくり検討してほしい。

なお、国が出すのであれば、何でももらえという感覚が沖縄人にはしばしばみられるが、そのカネは県民のカネでもあるのである。

第三に、既存産業の振興については、結局は何も打ち出されていないということがいえる。農林水産業については新しさはなく、製造業についても「新空港」との関連づけを示唆しているだけである。「中心市街地の再活性化」ということばはあるが、何も見えてこない。これら基本で既存の産業について展望を示し得ていない。

第四に、県案で「重点」と明言している二つの産業、すなわち観光・リゾート産業と情報通信産業については、評者も可能性と現実性を認める者であるが、過大な期待は慎まなければならないと考える。観光は可能性が高い。しかし、進め方は慎重を期することが必要である。エコツーリズムはいいが、自然環境の保全と両立させねばならない。イベント・スポーツ観光も悪くない。観光資源の整備も地域内の道路や上下水道の整備も赤土対策をするのもいい。特に「地域住民との交流を促進するような滞在型・参加型・体験型観光の促進」には積極的に賛成である。大型リゾートホテルの建設は、地域振興には必ずしも結びついてはいないという現実を忘れてはならない。恩納村の人口は、二〇年前に八千人、いま九千人でしかない。他方の、情報通信は立地論的には場所を選ばない分野であり、努力してみるのはいい。しかし、沖縄、特に北部が、他の地域に比べて有利だということは何もないし、情報通信で進出してきたのは、基本的に低賃金と低技術（ローテク）を利用する分野だけだという認識が求められる。

再び人口二〇万人構想にもどる。こうしてみてきたとき、人口を拡大すべき期待をになう産業は、観光と情報通信だけということになり、爆発的な人口増大というプランが、ただ「淡い期待」を振りまくだけの、基地移設のための「過剰宣伝」であることが知れる。

そして、進めてはならないし、実現性もない新空港、新港湾、新鉄道を除けば、何も残らない。いくら言葉で「他圏域を上回る特段の政策的な支援を」と叫んでも、中身がないのだから北部振興策としては落第点だといわざるをえない。

（『琉球新報』一九九九年一一月二五・二六日、見出しは新報社）

3　沖縄サミット「経済黒書」

七月二一日〔二〇〇〇年〕から三日間、「九州・沖縄サミット」が開催されるが、沖縄ではその首脳会議が予定されている。そのことが決定された翌日、九九年四月三〇日の地元新聞はほぼ「歓迎一色」で編集された。その中には経済効果を論ずる紙面も含まれていた。

経済界は挙げて、観光が伸びる、企業誘致の面でもプラスになるなど、「活性化の起爆剤」として期待する声明を発表した。学者の中にも「サミット期間中の直接的な経済効果もさることながら、間接的な波及効果は計算できないほど大きい。海をはじめとする豊かな自然など観光リゾート地域としての沖縄を、世界にPRする千載一遇のチャンスとなる。産業発展の視点から言うと、くめどもくめども尽きない泉のように相当大きなインパクトが期待される。沖縄の名前が世界的な歴史上に残ることはすごいことだ。観光・沖縄にとって未来永劫にわたる効果が期待できる」と発言する者（富川盛《とみかわもり》武《たけ》沖縄国際大学教授）も出た。観光・リゾートが先導して、マルチメディア、特別自由貿易地域の展開にもつなぐことができるというのである。「サミット開催はいかなる振興策より自立経済達成の大きな力となる」とも述べている。談話は記者がまとめたものかもしれないが、「くめどもくめども尽きない泉のように」とか、「効果は計算できないほど大きい」「いかなる振興策より大きな力になる」というのは、いかにも飛躍である。

そして、その経済効果についての試算が次々に出てきた。沖縄銀行調査広報室は、「短期的効果」として、経済効果一一〇億円、雇用効果約一二〇〇人とし、琉球銀行調査部は、「短期的効果」だけで、九九年二八〇億円、雇用三三〇〇人、〇〇年一六〇億円、雇用一〇七〇人、計四四〇億円、雇用四三七〇人と、沖縄銀行の四倍に上る数字をあげた。さらに、沖縄県対米請求権事業協会地域経済研究会は、「短期的効果」として、大規模ケースでは来県二万三五〇〇人、総合効果一二五億円、小規模ケースでは来県一万六〇〇〇人、総合効果九六億円をあげ、両者の中間的な数字を出している。

そもそも「経済効果」論なるものは、その部門やイベントなどを是認する立場に立って、それを誇大宣伝する傾向をもっている。今回のサミットは、世界の列強が、現在の政治経済体制をいかに守り、いかに運営していくかを話し合うものであって、当然に日米安保体制の堅持を前提している。その場に沖縄が使われるということは、マスコミが「沖縄の平和の心を世界に発信できる」などと、ありえない期待を煽り立てていることとは反対に、沖縄の米軍基地が国際平和に貢献していると宣言し、宣伝する機会となる可能性が高い。それを是認する立場に立った議論であることがまず問題である。

何かをやれば、人が動き、金が動き、経済効果は出てくる。サミット開催でも同じことである。その関連で目立つのは建設工事のラッシュである。主会場となる「万国津梁《しんりょう》館」があわてて建設された。総事業費は二〇億円とされていたが、結果は三〇億円かかった。広さは三三〇〇平方メートルである。その会議場は名護市の南端にあるので、那覇市との交通路となる本島西海岸の国道五八号線、同じく中央部を通る沖縄自動車道、そして晩餐会が開かれる首里《しゅり》城内の北殿、その周辺道路など、各地で工事が進められている。沖縄自動車道を管理する日本道路公団九州支社沖縄管理事務所によれば、サミット関連で、①道路の高機能舗装による交通安全対策、②ＶＩＣＳ（道路交通情報通信システム）など情報提供設備の整備、③六インターにＥＴＣ（ノンストップ自動料金システム）を設置（全国で二番目）、④警備防犯対策、⑤植栽など景観対策、に取り組んでいる。これらの公共工事が経済効果の第一の内容である。それらのほとんどは本体の建設ではなく、既存のものの改良や化粧直しである。予定はされていたが、この際早めたというのもある。

このような公共工事には、その一般に共通する、不要不急のものが含まれており、土建業者が潤う一方で、市民や観光客には不自由を強いている。「万国津梁館」は建設されたが、それと同様の機能を持つ「沖縄コンベンションセンター」（宜野湾市）の「新会議棟」が本年四月に完成した。総工費は九億円、広さ一八〇〇平方メートル、四六〇人が収容可能である。これまでも稼働率は五〇％だったが、「万国津梁館」と競合関係に立つことになる。

開催期間中は、その前後を含めて、各国の政府関係者が来る。取材のマスコミ関係者が来る。そして、すでに取り組みは始まっているが、多くの警備関係者が来る。それぞれ、二千〜三千人、二千〜四千人、二万人といわれる。これら、来客と警備側の交通・滞在・宿泊関係の支出が、経済効果の第二の内容となる。

宿泊は、名護市、近隣の恩納村、読谷《よみたん》村などのホテルで五一四〇室、那覇市とその近郊で八九八〇室を確保するという。

一方、警備面の対策はいち早く動いた。警察、海上保安庁、空港事務所、税関がそれぞれ対策室を設置して対応している。警視庁をはじめ各都道府県からの応援部隊は、一万数千から二万人規模の派遣が想定されている。県警も職員約二六〇〇人のうち最大時では半数以上が動員される見通しという。開催が迫ると空港周辺をはじめ主要幹線道路での車両検問も強化される。応援警察官の宿舎は、ホテルだけでは応援警察官のすべてを収容することはできないため、公共施設を利用したり仮設プレハブを設置することになる。第十一管区海上保安本部は、くり返し訓練を実施しているが、サミット期間中は船舶一〇〇隻、航空機二〇機、保安官二五〇〇人が警備に当たるとされている。これらも見方によっては「経済効果」を生むのである。

経済効果の第三は、期間中とその前後を通して期待される商品やサービスの売り上げ増加である。「サミット特需」を見込んで、サミットを冠した商品開発が行われ、泡盛、ビール、観光土産品などのラベルを張り替えたりしているが、観光客のうちのごくわずかにはともあれ、本来的に「特需」が期待されるわけはなく、売り上げは伸びていないと報道されている。ある泡盛メーカーは、売上増よりも、機運盛り上げがねらい、という。もっとも、サミットネクタイを一万本も売ったという例もないではない。

サミットG8の国旗の並べ方が、五月に入ってから突如変更された。各自治体や企業などはすでに各国旗を掲揚したり、サミット関連グッズや商品、印刷物に使用したりしていたが、その並べ替えが必要になった。掲揚にクレーンを使ったところもあり、壁にしっかりと貼り付けたところもあった。これまた「経済効果」を呼ぶことになるわけだが、その並べ替えの出費は企業の負担となる。

第四に、経済効果の問題としては負担させられる者にはマイナスで、それによる事業の供給者にはプラスとなるだろうが、稲嶺《いなみね》知事を会長とする「県サミット推進県民会議」が結成され、九九年度と〇〇年度の二年間で九億円の予算が組まれている。内訳は県負担金四億五〇〇〇万円、市町村負担金一億円、民間寄付金目標額三億五〇〇〇万円であった。ところが、このうち民間の寄付金は、四月二一日現在で一億三〇〇〇万円しか集まっていない。予定したミュージック・フェスト、前夜祭、歓迎レセプションなどの各種事業や、宿泊・接遇・輸送対策、環境美化、広報、基盤整備事業などの縮小か、県の支出増加となる模様である。今の沖縄の企業と県民にとっては、三億五〇〇〇万円は過重な負担ということであろう。

第五の経済効果として、観光面での影響はどう出ているか。サミットで各国の首脳ら政府関係者の宿泊地に決定している北部西海岸沿いの一〇のホテルでは、期間中だけでなく、警備の準備などで前後一〇日間は一般客の受け入れを全面的に中止する。これらのホテルは、例えば収容能力が五〇〇人であっても、その分を全面的に貸し切るのではなく、一五〇人程度しか利用しないで、その一五〇人分が支払われるだけとなりそうである。ホテル側は設備を改善したり、要員を増やしたり、会話やマナーの特訓をしたりと対応に追われているが、それらの経費弁償も予定されていない。

周辺のホテルも政府関係者や報道関係者らの宿泊で埋まっている。このため、県内の宿泊施設が一時的に飽和状態となり、観光客は入り込めない。旅行社の中には七月中のツアーは組まないことにしたところも出ている。ある体験ダイビング店経営者は、稼ぎ時の七月が儲からず、八月に台風が来たら倒産だ、と心配している。ついに、開催期間中の七月の観光需要減少を想定して、七月一〇日から二三日までの間、全日空が四往復、日本航空が一往復、沖縄路線を減便することになった。航空会社は「サミット前からリゾートホテルが利用できず、物理的に宿泊場所がない」と言っている。七月は年間を通じて最大の繁忙期であるため、県内の観光業者はその影響を懸念している。

「今年三月まで一五ヵ月連続して観光客数が前年同月を上回るなど、沖縄観光は好調に推移してきた。数字はまだ発表されていないが、四月も若干のプラスかほぼ前年並みになりそうという。だが、問題はここから。ゴールデンウィークが期待したほど伸びず、五月は前年割れとなりそうだし、六月は選挙、七月はサミットで減少が確実。八月はすでに限度いっぱいで、大きく伸ばすのは無理。九月から回復だといっても、そううまくいくかどうか」(沖縄タイムス、五月一九日)。

長期的な効果を述べる人が多いが、短期的には明らかにマイナスであって、それが何年で取り戻せるのかは不明である。財力もあり、外国人をも受け入れられる大手のホテルを別にすれば、あいまいな長期的効果を理由に、短期的な犠牲を不問にすることは難しい。

かくして、サミットの経済効果は、土建業者と造園業者にはプラスになっただろうが、その他の分野には大きなものではなく、ホテルや観光業者にはマイナスであり、市民生活は工事中の迷惑と、期間中の警備と交通規制の強化による迷惑を、ひたすら被るのみということになる。

(自治体問題研究所編『住民と自治』二〇〇〇年七月号)

4　基地に頼らないやんばるの発展とは

1　今回の「北部振興策」は、そもそも動機が不純である。普天間《ふてんま》基地の辺野古《へのこ》周辺への移設受け入れと引き換えに、北部の「振興」をしようというのである。政府としては基地移設をどうしてもやりたい、これを飲ませようというのは「ムチ」の政策であり、その代わりに北部を「振興」するというのは「アメ」の政策である。これは一体となっているのであり、いわゆる「北部振興策」の受け入れが基地移設容認となることを忘れてはならない。したがって、基地はいらないから、基地受け入れと引き換えに出してきた「北部振興策」はいらない、お断りする、というべきものである。

2　しかし、北部振興会、各市町村、そして北部地域の人々はこの「振興策」を歓迎しているように見える。基地移設には触れないで、それには知らぬ振りをして、「振興策」だけは受け入れようという動きのように見える。このことがまず問題である。地域から提起する「振興策」は、基地移設とは無関係に、通常の業務として取り組まれるべきものであり、必要があれば国からの支援を要求してもいい。しかし、今回の「振興策」は事情が違う。基地を拒否したらなくなってしまうという、条件付きの「振興策」なのである。そうだったらいらないとなぜ言えないのか。●「私たちは北部地方拠点地域基本計画や北部振興に言及した橋本《はしもと》前首相の復帰二五周年式典式辞、二一世紀グランドデザイン（新全総）の理念を踏まえ、北部の均衡ある発展を言い続けてきた。そして、稲嶺《いなみね》知事の県内移設方針や議会決議、岸本《きしもと》市長の受諾を受け、北部振興策推進が閣議決定された。その経緯を基地とのリンクと批判するなら、致し方ない」（宮城茂《みやぎしげる》北部振興会会長、〇〇年三月一八日、琉球新報）。●「根強い基地と振興策のリンク批判も、どこ吹く風といった感じ」（三月二〇日、琉球新報）。●「名護《なご》市辺野古地区に関しては軍民共用空港建設を前提に、①国際金融センターの整備、②国立高等専門学校の設置、③航空メンテナンス関連企業の立地促進—などを挙げている。しかし振興策と基地問題とのリンクへの批判が根強い中、辺野古地区を特定した振興策が盛り込まれたことで、自治体関係者からは〈基地とリンクしないと言っても信用されないし、すると言えばみもふたもない〉とリンク論への弁明に苦慮する声もある」（四月一二日、琉球新報）。

3　そして、今回の「北部振興策」に特徴的なことは、金額が先に決まっていて、内容はまだ決まっていないということである。国としては、「北部振興」のために努力します、金は出しますと約束すれば、その責任は果たした、あとは地元次第です、ということになる。本当のところは、国は「北部振興」のために何かができるとは考えていないと思われるが、ポーズとして、力を尽くしますといえば、責任を果たしたことになってしまうのである。

4　このため、地域の側から、慌てて要求を考えることになった。そうであるから、いい答えが出てくるわけがない。報道によれば、「国、県の作業進行に比べ、北部市町村の準備状況は遅れ気味で、体制の立て直しが急がれている」という。そのことを「国、県のペースにのみこまれては地元の意向を十分に反映させた振興策ができないのでは」（岸本名護市長）といって、言い訳されても困る。日頃は何を考えていたのかと、疑問を持たれても仕方があるまい。結局、「北部市町村は一九九四年にまとめた『北部拠点都市地域基本計画―自然交響都市圏の創造21』を北部地域の将来像のたたき台とした」にとどまった。そして、いきなり一〇年の計画は出せないとして、当面は二年間の計画を出すことに落ち着いたようだ。●三月「一六日のヒアリングの冒頭、岸本名護市長は〈四月いっぱいで基本方針を出すレベルまで、ついていけていない〉と事情を説明し、政府側の理解を求めた」（三月二〇日、琉球新報）。

5　即座には提案が出て来ないのには、もう一つの理由がある。すでに要求は出尽しているのである。復帰後の沖縄全体の振興策において、高率補助などの特別措置を含みながら、多くの事業がなされてきた。北部地域を見ても、基本となる道路が整備されたのはもちろん、トンネルができたり、大《おお》国《くに》林道ができたり、必要以上と思われる関連施設もできた。今や山の中を貫く道路の建設が進められている。ダムの建設も著しく進んだ。瀬底《せそこ》大橋が架かり、塩屋《しおや》大橋がすげ替えられ、古宇利《こうり》島に向けても建設中である。港湾や漁港も整備された。離島航路の船も立派になり、速くなった。いわゆるインフラの整備はずいぶん進んだのである。そこに、もっと要求しなさいといわれても、出すものがないという側面も出ている。●一一月四日、上間《うえま》博安《ひろやす》北部市町村会長は、琉球新報のインタビューに答えて、「ハード面では立ち遅れているわけではない」と発言した。●総合事務局や沖縄県の幹部級職員の中にも、「地域の要求があれば対応してきた。予算は目一杯つけている。それに加えて、更に年間一〇〇億円も上乗せするのは難しい」。「当面は使いようがないだろうから、とりあえず貯金をしておいて、いずれ使うことにしたらどうか」などの声が出ている。

6　そして、「北部振興策」というが、国がそれに関われる分野は、制度的に限られている。それはインフラの整備が中心なのである。今回の年間一〇〇億円の事業費は、半分の五〇億円が公共事業といわれている。事業によって補助率は異なるが、補助率が八〇％なら地元で一〇億円、九〇％なら地元で五億円が「裏負担」として必要になる。北部市町村はその負担の軽減を訴えたが、認められなかったようである。●北部市町村の財政規模は約九〇〇億円。うち名護市が二六〇億円、他は三〇億円から八〇億円の範囲にあって合計六三〇億円。●国頭《くにがみ》村七〇億円、大宜味《おおぎみ》村五〇億円、東《ひがし》村三〇億円、今帰仁《なきじん》村六〇億円、本部《もとぶ》町七〇億円、恩納《おんな》村六五億円、宜野座《ぎのざ》村六五億円、金武《きん》町八〇億円、伊江《いえ》村六五億円、伊平屋《いへや》村三〇億円、伊是名《いぜな》村五〇億円である。

7　三月一六、一七日に行われた「北部振興策の策定・実施に向けて一六省庁の課長クラスで構成される北部振興プロジェクトチームと北部一二市町村の意見交換」で出された市町村ごとの要求を見てみよう。個別要求の検討、その一。どうにか絞り出された、こんどの北部市町村からの要望の中には、国が関わることのできない提案がいくつも含まれている。役場庁舎の建設、地域の活性化事業、村営施設の中の施設、ツーリズム施設、公園施設、商業施設、村立中学校の創設、などがそうである。自分たちで取り組むべきことを国に要求している。それも成功の見通しがあっての提案とはなっていない。声を上げておけば国が何とかしてくれるだろうという程度のものが多い。

8　個別要求の検討、その二。国立の施設ならば国が関わることになるが、国立と銘打ったものには、国立高専、国立亜熱帯農業研究機関の二つが出ている。高橋明善《たかはしあきよし》氏が述べている（本書第二部

2）ように、国立高専は高度成長時代の発想で、今やどこも見向きもしない制度である。しかし、国は創設する方向のようであるが、競合する学校（高校・短大）との調整は話に出ていない。ほぼ高校全入の時代に新たな高等教育機関が新設されるのであれば、どこかの高校を潰さねばなるまい（国立亜熱帯農業研究機関については、後に述べる）。短期大学は整理されつつある。そこに「高校＋短大」の制度を持ってきて、うまくいくとは考えられない。名桜《めいおう》大学には学生がたくさん来ているか。／外語大等の教育施設というのも、国立なのだろうか。それは、すでにある大学や短大とどのような関係に立つのか。／人口の増加が止まり、やがて減少の時代を迎えようとしているのに、同じような大学を作って成り立つだろうか。

9　個別要求の検討、その三。国立、県立、市町村立の表記がないので詳しくはコメントしかねるが、やはり多くの「箱物」が提案されている。これらは投資効果（費用対効果）の点から判断されるべきものである。投資額に見合う利用があり、効果があるのであれば、通常の予算でも十分対応できる。港湾施設、資料館、自然科学技術館、食肉加工センター、農産物加工施設、一般廃棄物最終処分場、国際長寿センター、亜熱帯自然保護センターなどがそうである。何か言えば国がどうにかしてくれるというのではなく、内容を詰め、自助努力の姿勢を示し、かつその足りない分について国に支援を要請するということでなければなるまい。

10　個別要求の検討、その四。農業研究施設というのもあるが、これは先に見た国立亜熱帯農業研究機関と同様の提案であろう。これらは、具体的な内容がほしい。すでにある国立の熱帯農研、今の「熱帯農研（旧）」の拡充や、移転が進められている県の農業試験場では不足な点は何なのか、その論理が明確になれば、国や県に負担を求めても社会的に認められよう。

11　個別要求の検討、その五。信じられないような提案も出されている。恩納・宜野座横断道路、伊計・金武間の架橋、伊是名・伊平屋架橋などである。

12　これらを通して特徴的なことは、本来の眼目であったはずの「軍民共用空港」を活用する話がまったく入っていないことである。国はもともとの「北部振興策」（北部地域の振興に関する方針、九九年一二月一七日）では、「軍民共用空港案を念頭に検討する北部地域における新空港整備については、同空港を活用した空港関連産業や空港利用産業の立地及び発展の可能性についても併せてその検討を行うこととする」と述べていた。しかし、地元からは何の提案もなかったのである。このことについて質問を受けた、安達俊雄《あだちとしお》内閣沖縄問題担当室長は「軍民共用空港の民間機能を農水産業、製造業、サービス業、観光リゾートなど幅広い空港活用型産業にどう生かすのか、重要な問題意識だ。空港ができるまで時間があるので、じっくり検討すべきだ。今回は特に具体的な話はなかった」と答えており、結びついていないことを認め、長期的に考えると逃げている。●「共用空港の形態は、今後設置される政府、県、地元の協議会で議論される」。「率直に言って、県の作業は進んでいないようだ。だが、協議会が発足すれば、共用空港が果たして機能するか、という現実的な問題に直面せざるを得ない。一〇年間で一〇〇〇億円を投入する北部振興計画の中心となる空港だから、空港機能が発揮できるか否かは決定的要因だ。空港機能を考えた場合、最も重要なのは、軍民共用という制約はあるが、民間施設がどの程度の需要を見込めるかに尽きる。主力の観光に加えて北部特産品の物流増の可能性調査が欠かせない。需要予測が明確でないまま計画が進むようだと、施設が遊休化し、全体が基地化してしまう可能性も否定できない。近年、地方の新設空港は地域活性化を目指しながら失敗している例が多い。過大な需要予測をしたためだ。コミューター空港の失敗、生鮮食料品の物流活発化を狙った、いわゆる〈農道空港〉は、無駄な公共事業の典型として批判されている」。「軍民共用空港は、地域振興と県民の基地アレルギーに配慮した政治的帰結である。この帰結が将来の経済的果実につながる保証はない。軍民共用空港に過大な期待を持つことは危うい。政府関係者も共用空港の将来性に否定的だ。実務的に考えれば、現段階ではそうなるかもしれない」（四月二六日、タイムス「カウントダウン・沖縄サミット」共同通信編集委員　尾形宣夫《おがたのぶお》）。

13　私は、昨年一一月、『琉球新報』に「まやかしの北部振興策」というものを書いたが、その問題点の第一に挙げたのが、この軍民共用空港問題だった。「第一に、北部新空港が、観光・リゾート産業の振興に、製造業や農林水産業の振興に、そして新企業の立地に結びつけられており、それが目玉の役割を果たしているが、それは可能かという問題がある。それほどの重い位置づけであるのに、実現可能性が伝わってこない。この空港はコミューター・ネットワークを形成し、離島と結び、那覇などと結ぶとされているが、たとえば最も遠い伊平屋島に空港ができ（その可能性も未知数だが）、そこと結んだとして、たとえば伊平屋から名護の空港（名護とはいっていないが）まで来て、それから那覇に乗り継ぐということになるであろうか。辺野古にと県が決定した普天間基地の移設空港が〈軍民共用〉となるとして、そこともネットワークで結ぶというのか（共用「辺野古空港」の最大の利用者はアメリカ兵となるだろう）。名護から那覇まで車で一時間という時代に、自らの車をおいて待ち時間を加えた実質時間でそれより長くかかる飛行機に乗る人が何人いるだろうか。しかも料金ははるかに高い。名護―那覇線を含めて、これらの航空路を年間何人が利用すると考えるか。そこに魅力を感じて就航する航空会社があるのか。疑問はつきない。県案では〈設置を検討する〉と慎重に表現された個所もなくはないが、これをほぼ規定方針のように語っている。半年前の四月に、国の二一世紀プランへの要望にもなかったこの〈北部新空港〉をここで打ち出したのは、経済からの発想ではなく、政治からの発想というべきである」。この指摘に誤りはなかったと思う。

14　もう一つ、私が批判的に提起した問題は、北部の人口を二〇万人にするという問題である。「目標は〈二〇万人広域圏の形成〉となっている。九八年の人口は名護市が五万五〇〇〇人、その他一一町村が六万七〇〇〇人、合わせて一二万三〇〇〇人である。この現状から七万七〇〇〇人、六三％の増加を求めることが正しいか。これを北部の市町村別にどのように配分されるとイメージしているのかは示されていないが、三離島や国頭・大宜味・東・宜野座などを含めて、同じ割合で増加することにはなるまい。おのずから名護市に（それも旧久志村地域を除いて）増加分の人口のほとんどは集中し、本部町、金武町、恩納村は中間地帯で、その他はこれまでの減少傾向を加速されると考えるべきである。それでいいのか。名護市だけでいえば人口が二倍になるが、それを求めるのか。やんばる出身者の帰郷もあるだろうが、三人に一人はその他の人々が住むことになる。どのような産業構造と結びつけてこの人口増を期待するのか」。

「次に、目標達成は可能か。一九八三年から三年ごとに増加率をみると、二・七％、〇・五％、〇・六％、二・一％、そして一・一％である。十数年にわたって年率で〇・三％程度の増加だった。目標年次は示されていないが、一〇年後とすれば年率五％以上、二〇年後とすれば年率二・五％という、現状の一六倍とか八倍とかの飛躍的な展開がなければならない。ところが、域内での増加力はすでに枯渇している。九八年の自然増加率（年率）でみれば、本部町を含む五町村がマイナス、東村が増減なし、増加率最大の名護市がわずかに〇・六％でしかない。すべては域外からの流入を想定することになる。日本自体がまもなく人口減少時代に突入しようとしていて、沖縄県もやや遅れるとはいえ同じ道を歩んでいるというこの時代に、人口の爆発的な拡大を夢想するというのは、まやかしというほかない」。これを書いたらすぐに、県の牧野《まきの》副知事が「当面は一五万人」と言いかえるようになった。二〇万人が一五万人になっても、基本的に変わりはない。県の要請を受けて政府が出した「北部振興策」にも人口を増やすことは難しい、「容易な課題ではない」とある。

15　ただし、人口を一五万人とか二〇万人にする方法はある。それは、県庁を移転することである。それでも足りなければ、那覇空港を閉鎖し、那覇港湾を廃止すればいい。そのようなことを「やんばる」は望んでいるのか。それならば、中南部の人々と喧嘩になる。それが、問題の性質はそうである。もう一つの人口増加策は、外国人の受け入れである。今でも技術者など、特定の分野では認められている。それを一般の、単純労働者にも拡大して、北部地域に限定して認めれば、恐らく人口は増える。ただし、それは低賃金労働者の受け入れであるから、企業は喜ぶかもしれないが、地元の人々の賃金は下がり、職場を失ってしまう。

16　四月六日になって、北部広域市町村圏事務組合（理事長・岸本建男名護市長）は、地域の将来像について「中間報告」をまとめた。その内容は、「北部地域の人口を一五万人に増やす」ことを目標に掲げ、「政府主導のインフラ整備や規制緩和の実施を要望」したもので、一二市町村を①山の共生

（国頭、大宜味、東）、②広域都市拠点（名護、本部、今帰仁）、③余暇・交流（金武、宜野座、恩納）、④島の共生（伊江、伊平屋、伊是名）の四ゾーンに分けて、ゾーンの中で振興の核となるエリアを一二ヵ所設定したものである。そのため、既存地場産業や観光リゾート産業に加えて、新規高度技術産業を導入する必要性を指摘している。「四つのゾーンの設定」を言葉を変えていえば、①は自然を守る地域、②は都市として発展させる地域、③は観光客を迎える地域、④は島のままでおいておく地域、ということである。このような考え方は地域を総合的に発展させるということと対立する。地域にはそれぞれに、自然を守りつつ、都市的側面を持ち、観光の要素も備えるべきなのである。自然を守るのは国頭と東と大宜味だけでいい訳はない。名護も自然を大切にしなければならない。東には観光客は受け入れなくていいとも言えない。それぞれの地域なりの自然保護と観光客受け入れが必要なのである。やんばる全体としてのバランスも必要だが、同時に市町村ごとのバランスも追及すべきである。

17　また、普天間飛行場の移設先とされた名護市辺野古地区に関しては軍民共用空港建設を前提に、①国際金融センターの整備、②国立高等専門学校の設置、③航空メンテナンス関連企業の立地促進―などが挙げられている。更に、辺野古から本部町海洋博公園まで横断し、沖縄自動車道ともつなぐ「北部振興道路」の導入を目指す、とある。

18　国際金融センターなどの構想は、九九年六月に、琉球大学の真栄《まえ》城守定《しろしゅてい》教授が中心となっている「自立型オキナワ経済振興研究会」が、北部経済振興策として提案していたものを、ほぼそのまま採用したものである。そのうちの国際金融センターというのは、県内に金融特別区を創設することを前提にしていて、税制上の優遇措置（法人税の低減、一定期間の固定資産税の免除、利子・配当金の源泉徴収税の免除、キャピタルゲイン税の免除)、通貨の移動、利益送金の自由を与えて、企業を誘致しようというものである。アイルランドで成功した例があり、その半分でもいけば、雇用は二一〇〇人が期待できるという。これを実現するためには、特別自由貿易地域を設定したときと同様に、法律を作る必要があるが、大蔵省の事務次官は「できない」と発言している。「沖縄」が言えば何でも通る時代の発言だけに重みがある。／それでも、この構想を推進するために、「自立型オキナワ経済発展機構」（OKIDO）が二月二六日に設立された。これには、琉球銀行、沖縄銀行などの地元企業のほかに、三井物産などの本土の有力企業も出資している（資本金七二五〇万円、社長・呉屋守将《ごやもりまさ》金秀本社社長）。シンクタンク企業として、県や市町村などから業務を受託する。／これには、第一に実現性が乏しいという問題がある。●「しかし、官邸筋は〈税法など法改正を伴うにもかかわらず、国側と事前の調整もなしに進めようとしている〉と難色を示し、〈沖縄のコールセンターの現状を見ると、アイルランドのような国際金融センターは難しい〉と、実現に疑問を投げかける金融関係者もいる」（〇〇年二月一九日、琉球新報）。●三月「六日来県した薄井信明大蔵事務次官が名護市が求める金融特区を〈一国二制度は無理〉と一蹴。次年度予算で金融特区の可能性調査を実施する県も出ばなをくじかれた」（三月二〇日、新報）。●三月二七・二八日に「沖縄情報通信ハブ国際シンポジウム」が、通産省が主催し、沖縄県が後援して、名護市で開かれている。そこでは「沖縄がハイテク産業の競争に勝ち抜き、情報通信の国際的なハブになるためには、インターネット技術に、何らかの付加価値がなければ企業の参入は厳しい」と指摘されたと報道されている。そして台湾からの参加者は「日本の大手企業は沖縄に進出していないのに、なぜ外国の企業が進出するのか。なぜ、日本の企業を誘致しないのか」「台湾では誰も沖縄について語っていない」と発言している（〇〇年三月二九日、沖縄タイムス）。／そして第二に、実現が望ましいかという問題がある。それは北部地域というこの場を使って、外国の企業と外国人が活動するだけである。雇用の大半は地元からは出て来ないだろう。

19　「中間報告」のもう一つの内容は、国頭、大宜味、東の三村の森林地域は国立公園に指定し、エコツーリズムを推進することを提案していることである。すでに、九九年一月から二月にかけてエコツーリズム（自然体験型環境学習）を通じた地域活性化推進事業のモニターツアーが国頭、東、大宜味で実施された。主催は沖縄開発庁、環境庁、運輸省の三者である。「森林散策、長寿食、カヤック、トレッキングなど、用意されたメニューは参加者に好評だった。その後三村は『やんばる自然体験活動協議会』を設置し、やんばるの貴重な自然を守りながら、地域振興を図っていくことを確認する。／同年四月には『やんばる野生生物保護センター』が国頭村にオープンした。同センターは、やんばるの自然や動植物情報についての展示のほか、観察会や後援会などを開催。やんばるの自然保護の活動拠点として期待されている」。／「昨年五月、県内では二番目、本島では初めてとなる東村エコツーリズム協会が設立準備委員会で論議を重ねた末に誕生した。会員は約三〇人。今年一月から村の予算が措置され、月一回の勉強会を開催している」。／「国頭村」の「豊かな自然を生かしたエコツアーへの取り組みが昨年一月から始まった。商工会、森林組合、役場などのメンバーが月一回の勉強を重ねてきた」。／「大宜味村は」「エコツアーに関しては、モニターツアーは実施されたものの、住民が主体となった取り組みは見られない」（〇〇年三月二二日、沖縄タイムス、自立へのパスポート〈28〉）。／琉球銀行調査部「本県におけるエコツーリズムの現状と課題」＝①三村をまたぐエコツアールートの開発、②受け皿機能の構築、③ガイド派遣センター機能の構築（同上、二三日、〈29〉）。／／西表島《いりおもて》エコツーリズム協会は今年一月、竹富町役場にエコツアーに関するガイドライン条例の制定を要請した。平良《たいら》彰健会長は「ゾーニング設定やガイドラインは行政がやってほしい」と述べ、行政が主導権を発揮するよう要望している。協会員同士には自然保護のための決まりがあるが、協会員以外には効力がないため、トラブルが起きることもあるという。「このフィールドは何人までというフィールドごとのガイドラインを作る必要がある」と必要性を訴える。／国頭村の久高《くだか》将和さんは「現状を踏まえたガイドライン作りが必要。だが基礎データをしっかりすべきだ」との前提を示し、まずはゾーニングしてから、その後にガイドライン作りをするよう提案している。一方、西表島で自然塾を主宰する村田《むらた》行さん、石垣島エコツアー連絡会の谷崎《たにざき》樹生さん、棚原《たなはら》哲雄さん、佐伯《さえき》信雄さんらは「行政がガイドラインを作れるわけがない」と異口同音に話し、行政に対してあまり期待していない。個人個人でガイドラインを持っており、行政が立ち入る必要はない、との考えだ。／久高さんは…「行政がやるのはガイドや事業者の認定制度」と述べ、ガイド養成ではなく、ガイドの認定が行政の役割だと指摘している。／「エコツアーに詳しいある業界関係者は」「エコツアーは環境容量を考えると、多人数では難しい。自然志向型は増えているが、全体の一％ぐらい」とみる。環境を無視した経済優先の観光も問題だが、観念的なエコロジストも問題。極端に言うと、西表に行かない方が環境に優しいことになる。その落としどころが難しい」と、環境保護と事業展開のバランスに頭を悩ませる。また「県内のエコツアー業者は起業者としてのハングリーさに欠け、いい意味で拡大しようという人がいない。三〇年後のエコツアーをどうするのかという話は聞かない」と、エコツーリズムの哲学に基づいた議論がない、と嘆いた。／県内のモニターツアーなどにかかわるエコツーリズム推進協議会沖縄支所の開《ひらき》梨香支所長は「地元の人はその地域の自然や文化、生活は当たり前過ぎてその良さは意外と分からない。外からの目が必要」と話し、資源調査、人材育成、ガイドライン作りには地域、研究者、行政、旅行社が参加することで、より多様な視点からのアプローチが可能になるとしている。多様なエコツアー情報を発信するセンター機能の設置も訴えた（同上、二四日、〈30〉）。／／私は琉球新報に次のように書いた。「第四に、県案で『重点』と明言している二つの産業、すなわち観光・リゾート産業と情報通信産業については、評者も可能性と現実性を認める者であるが、過大な期待は慎まなければならないと考える。観光は可能性が高い。しかし、進め方は慎重を期することが必要である」。エコツーリズムはいいが、自然環境の保全と両立させねばならない。イベント・スポーツ観光も悪くない。観光資源の整備も地域内の道路や上下水道の整備も赤土対策をするのもいい。特に「地域住民との交流を促進するような滞在型・参加型・体験型観光の促進」には積極的に賛成である。大型リゾートホテルの建設は、地域振興には必ずしも結びついてはいないという現実を忘れてはならない。恩納村の人口は、二〇年前に八〇〇〇人、いま九〇〇〇人でしかない。／／エコツーリズムの推進は必要であろう。むしろ、北部地域の今後のことを考えると、最も大きな事業になる可能性がある。その構想を推進するにはぜひとも専門家の意見を聞いてほしい。行政だけでは進めないでほしい。具体的には、まず「大幅な立ち入り禁止区域の設定」が必要になろう。次にその周辺にエコツーリズムを展開する地域が設定されよう。儲けようというのではなく、人々に自然を味わい、楽しんでもらおうというものであってほしい。それには公費で人材を確保し、育てていく仕組みが必要である。国の制度は人件費への支出を嫌い、道路や橋や建物の建設に金を出したがるが、地域のためには人件費に出してもらうのが一番いい。

20　いま紹介したように、「県案で『重点』と明言している二つの産業、すなわち観光・リゾート産業と情報通信産業については、評者も可能性と現実性を認める者であるが、過大な期待は慎まなければならないと考える」。その後半の情報通信産業については、「立地論的には場所を選ばない分野であり、努力してみるのはいい。しかし、沖縄、特に北部が、他の地域に比べて有利だということは何もないし、情報通信で進出してきたのは、基本的に低賃金と低技術（ローテク）を利用する分野だけだという認識が求められる」と書いた。

21　夢を描き、夢を持つことはいいことだが、それが現実に根をおろしていないと、幻想になってしまう。例えば、沖縄にディズニーランドを持ってこようとしても、それは無理である。沖縄の人口は一三〇万人、東京はその一〇倍、千葉や埼玉を合わせると二〇倍、これに神奈川の八四〇万人まで合わせると、周辺に三〇〇〇万人を超える人口がある。だからディズニーランドは東京には成り立つが、沖縄には成り立たないし、誰もそれを造ろうとは考えない。人口の規模という現実を無視した発想の一つに、プロ野球の球団を持ってこようというのがある。そのことを口にする人は現実にいる。しかし、観客が一定数以上ないとそれは成り立たないのである。その基礎は人口の規模である。

22　今は人口の規模という現実を例にとったが、経済の問題を考えるときに、この人口規模ということは大事な要素である。これによって、人の流れと物の流れの量が決まってくる。その規模によって、例えば地域の輸送手段が決まる。飛行機なのか、船なのか。鉄道なのか、バスなのか。

23　那覇港湾というのは、那覇、泊《とまり》、新港埠頭といっている安謝《あじゃ》、そして建設中の浦添《うらそえ》を含んでいるが、ここを「ハブ港湾」にしようという計画がある。そうすることができるというのも幻想というべきである。ハブという言葉は、自転車の車輪でスポークの集まる、中心の部分を指している。したがって、ハブ港湾とは中心になる港湾で、周辺の小さな港湾とスポークのようなものでつながれるということである。そのどこが幻想なのか。那覇港湾にはそれだけの荷物は往来していないのである。利用している大きな船会社は二つしかなく、そのうち一つはつぶれそうである。外国の船が頻繁に入っているのでもない。沖縄に来る船はそれなりに荷物を積んでいるが、帰りは空《から》の場合が多い。沖縄から持ち出す荷物はきわめて限られているからである。だから、那覇港湾をハブ港湾にしようというのは幻想だというのである。港湾の整備は一定程度必要であるが、過大な整備は税金の無駄遣いであり、後々まで自治体に負担を残すことになる。

24　周辺の国々を見渡すと、ハブ港湾といわれるものがいくつかある。香港、シンガポール、この二つは一つの都市であり、一つの港湾しかない。台湾と韓国はいくつも都市があり、港湾があるが、ハブ港湾はそれぞれ高雄と釜山にしかなく、一つずつである。これに対して、日本にはハブ港湾になりたいと考えている港湾が全国にたくさんあって、どれもハブ港湾になることができないでいる。横浜港と東京港、神戸港と大阪港、博多港と北九州港など、ごく隣接したものも多い。それらに那覇も加わろうというのが、ハブ港湾構想であり、過大な需要を描いて見せて、過大な施設を造ろうとしているのである。国の補助率は沖縄特別措置でずいぶんと高い（「重要港湾」の直轄で水域施設＝航路、外郭施設＝防波堤の場合は、一般五〇％、北海道八五％、離島八五％、奄美九〇％、沖縄九五％、同じく係留施設の場合は、順に五〇％、六六％、六六％、八〇％、九五％）。しかし、国民の税金を無駄に使っていい訳はないし、県や那覇市、浦添市の負担もけっして小さくはない。そして、問題は建設費だけでもない。利用度が低ければ、毎年の負担は耐えがたくなる。

25　那覇空港を「ハブ空港」にしようという意見もある。ハブ空港というのは、例えばアメリカから飛んでくる飛行機が、一旦は那覇に来て、それから荷物と人を積み換えて、周辺の空港に配分しようというものである。成田や、羽田や、関西空港があるのに、那覇に来て、それから羽田に行くなどということが考えられるだろうか。アメリカから那覇に来て、それから乗り換えて台北に行くということがありうるだろうか。ハブという言葉の乱用である。那覇空港の現実を見てほしい。外国の航空会社は那覇空港を使う免許を持っていながら、飛ばしていない会社がいくつもあるのである。最近でもフェデックス（フェデラル・エクスプレス）が就航して、四ヵ月足らずで廃止したではないか。

26　一年前の五月二六日、那覇空港に新しいターミナルビルができた。広さはこれまでの二・七倍の延べ床面積七万七七〇〇平方メートル、地下一階、地上五階、一二五〇台収容可能な立体駐車場と二九四台収容可能な平面駐車場もできた。●ターミナルビルの利用者は一〇〇〇万人超だから一日平均二万八〇〇〇人。

27　これに関連して、次は平行滑走路を増設して「国際ハブ空港」を目指そうという声が上がっている。九九年四月一〇日、野中広務《のなかひろむ》官房長官（沖縄開発庁長官）が必要だと発言し、調査費の予算が組まれた。九八年の飛行機の着陸回数は、民間機と自衛隊機を合わせて五万四三〇六回（一日平均一四八回、五分に一回）である。国内で平行滑走路を持っているのは、羽田だけである（ここの利用者は五〇〇〇万人）。成田が現在建設中で、関西空港も予定はある。しかし、那覇空港が滑走路を二本必要な状況にはない。これは無駄な公共投資というべきである。もしできたら、もう一本は自衛隊機の専用となるだろう。

28　港湾や空港は、どこでも過大な将来予想をかざして、施設投資を先行させていく傾向にあり、その結果が伴わないで終わる場合が多い。最近では、佐賀空港などは開港早々から行き詰まっている。空港が成立するには、一定の人口規模が必要であり、それが利用者数と対応する。港湾の使命は、今では貨物輸送が中心になっているが、貨物の流通量も人口と対応関係がある。一般の、商業港湾のほかに漁港もあるが、これも同様の事情にあり、各地で「巨大な釣堀」として問題化している。

29　こうして今、全国各地で「大型公共事業」が問題となっている。それは、自然を大きく改変し、たくさんの金を使い、しかも期待した効果が出ず、政府や自治体に借金を背負わせる結果となる場合が多いからである。最近では、吉野川の第十河口堰《かこうぜき》が住民投票で拒否された例がある。

30　私が「まやかしの北部振興策」で指摘した第二の問題点は、過大な公共投資に関することである。「第二に、可能性がなくかつ必要性もないのに、過大な投資を描いてみせているという意味で、新空港と同様な問題は、〈港湾及び新たな拠点港の整備〉と〈軌道系交通機関の導入〉である。拠点港は沖縄島にはすでに那覇港湾があり、中城港湾がある。それだけでも重複しているし、那覇港湾のいっそうの拡大（ハブ港湾構想）は現実的でないという批判を浴びているところに、もうひとつ北部にも拠点港を造るという。何をどれだけ運ぶのか。また、軌道系交通機関、つまり鉄道は、北部側から要請のあったこともあることから、これに前向きの姿勢をみせようということか。しかし、その現実性はどうか。何人が乗り、採算はどうなるのか。北部側もその経営主体、路線の位置、工費と営業採算性、そして赤字なら誰が埋めるのかについて、明確にして要請すべきであるがそうはしなかったし、いままた県が同じことをくり返して、あいまいなままに国に提起するという構図になっている。三〇年前に議論があったときには多少の可能性と必要性はあったと思われるが、その後マイカーが一〇人に四台という時代となってしまった今、体験乗車は別として、日常的に電車を使う人口は限られる。県は、そのような認識をもっていないのか。それとも一方でもちながらも、北部側の要請を無視できず、これに応えることで基地の移設容認を取りつけようとしたのか。その「導入可能性の検討を進める」とあり、仕方なく書き込んだと思えないこともないが、詐欺であることに変わりはない」。

「このほか、『高規格道路の整備』ともあるが、その必要性とコスト、そして自然環境の保護と両立できるのかを、じっくり検討してほしい」。

31「なお、国が出すのであれば、何でももらえという感覚が沖縄人にはしばしばみられるが、そのカネは県民のカネでもあるのである」。

32 鉄道については、もう少し付け加えたい。まず、鉄道があった方がいいじゃないかと考える人が圧倒的に多いと思われる。そうだろう。しかし、第一に膨大な建設費がかかる。第二に維持費がかかる。鉄道ができたら、自家用車を持っている人々が車を捨てて、鉄道を利用するだろうか。乗客の支払う料金では採算が取れない。いずれも国に出させたらいいではないかという論がある。それは程度の問題である。そして第三に、もし鉄道が敷かれたら社会の仕組みが変わる。プラスだけではない。那覇からは日帰り圏に入ってしまって、ホテルや旅館は成り立ちにくくなる。スーパーやパチンコ屋は中南部に客を取られるだろう。人々は北部に集まってくるのではなく、北部から出やすくもなるのである。このようなさまざまな変化を想定してみなければならないのである。

33 ●九九年一二月一七日に発表された政府の「北部振興策」は、次の通りである。「北部振興事業制度」を創設して、今後一〇年間で五〇〇〇億円を計上する、これは繰越可能な弾力的予算で、産業振興や雇用対策などのソフト事業に充てる。基地所在市町村の活性化事業（島田懇事業）を参考に実施する。同じく一〇年で五〇〇〇億円の公共事業推進費は、県内の緊急経済対策として、政府が沖縄開発庁に本年度計上した五〇億円の沖縄特別振興対策特定開発事業費の北部版。公共枠で弾力的配分を行う。毎年五〇億円程度の見通しである。また、具体的な取り組みについては、新設する国、県、地元の協議機関で検討する。

34 ●他方の「移設先振興策」は、その財源は、北部振興策と同じ「北部振興事業制度」などから措置するが、新たに基地を負担する地域を重視する姿勢を明確にようとしたものである。その移設周辺地域に東、宜野座両村も含まれる。ただし、国、県、自治体の協議機関は、北部振興策とは別とする、となっている。

35 今回の「北部振興策」をめぐる論議で噴出してきたことの一つに、「基地のない市町村にも援助を」という主張がある。これまで、基地所在市町村への優遇措置が突出していたことを苦々しく思っていた南部などの市町村が、基地の被害は中部と北部だけか、こちらにも金をよこせと言い始めたのである。四月二四日、県と市町村との行政連絡会議の場で、市町村から一三一件の要望事項が出されたが、その中で「基地のない市町村でも陸、海、空と、多かれ少なかれ基地被害がある。基地所在市町村との財政格差が生じ、住民福祉にも大きな支障がある」と指摘された。基地受け入れと引き換えの政府施策が、さまざまな矛盾を引き起こしており、これはその一端が露呈したものということができる。県内でも矛盾がある。そして、このことは、沖縄が基地受け入れと引き換えにさまざまな要求をしていることが、他の府県ではどのように受け止められているのか、反省する材料としなければならない。ただし、基地を撤去せよと要求すべきであって、基地の代わりに何かをしろというのは、話が逆立ちしているといわざるを得ない。

36　このような問題は、「本土逆差別」ともいうべき事態を生み出していることにも注意が必要である。困難な問題は基地問題だけではない。原発は止めた方がいいが、それを地域に押し付けるために、自民党は特別の制度を検討している。●「原子力発電を推進するため、原子力発電所の設置を受け入れた市町村を、公共事業負担や地方債の発行などで優遇する新法〈原子力発電施設等立地地域の振興に関する特別措置法案〉（仮称）の原案が一五日までに明らかになった。自民党の電源立地推進調査会が議員立法で今国会への提出を目指しており、資源エネルギー庁を中心に関係省庁と調整を進めている」。「特別会計の交付金」に加えて「公共事業で国が負担する分を上乗せするのは初めて」。「特別措置として自民党が〈国が事業費の一〇分の九・五までを負担〉する沖縄と同程度の優遇策を主張、大蔵省や公共事業官庁は〈なぜ原発だけ優遇するのか〉などと反対しており、国の負担分をどれだけ増やせるかが調整の焦点となっている」。都道府県が関係市町村を指定申請して、国が指定する。都道府県は振興計画を作成し、国が決定する。「計画に盛り込まれた公共事業や施設整備には、国の負担を他の地域よりも上乗せするほか、地方単独事業の場合は地方債の発行で賄い、自治省が元利償還で償還する。地域内の製造業者には、事業税や固定資産税などの優遇措置も求めた」。その「解説」では「理解得られるか、一般財源の活用」と論じている（四月一六日、新報）。●その後「国が支援する割合は、補助の道路事業で「一〇分の五・五」（通常二分の一）などで、大蔵省や公共事業官庁の反対で〈沖縄と同程度で国がほとんどを補助する〉とする原案より上乗せが大幅に縮小されている。国の補助が上乗せされる事業は、首相が都道府県から提出を受け決定する振興計画に盛り込まれた事業のうち、道路、港湾、漁港、消防用施設、義務教育施設など〈住民生活の安全の確保のため緊急に整備が必要な事業〉に限定された。…一〇年間は優遇措置を取るとしている」（四月二五日、タイムス）。

37　私は、この他に、「第三に、既存産業の振興については、結局は何も打ち出されていないということがいえる」と書いた。「農林水産業については新しさはなく、製造業についても「新空港」との関連づけを示唆しているだけである。「中心市街地の再活性化」ということばはあるが、何も見えてこない。これら基本で既存の産業について展望を示し得ていない」と。

38　もともと、農林水産業や商店街の振興ということは、北部だけに限定した対策はないのである。また、それを求めてもいけない。農業の問題は、基本的にいえば、国が農産物の自由化を進め、価格支持政策を弱めてきて、ついには放棄しようとしていることにある。最近ではＷＴＯ（国際貿易機関）の協定によって、そのことが義務付けられている。農業は自由競争にゆだねていては成り立たないものである。そこでどの国でも保護政策がとられてきた。アメリカやＥＵ（ヨーロッパ連合）は、その保護政策を既得権として確保したうえで、特に日本に対して圧力をかけているのである。この政策を変えてもらわねばならない。／ＪＡでは運賃低減のための提案をしているが、現実的でない。／

商店街はどこでも苦境に立たされている。ここでも後継者がいない。また、物が売れない時代になってきて、しかも業態間の競争は激しくなってきた。政府が規制緩和を進めて、競争させているからである。だから、小売商店だけの問題でもない。あれだけ強そうに見えた百貨店が潰れ、スーパーが苦しくなってきている。コンビニだけは伸びているように見えるが、それは店の数が増えているだけであって、一店当たりの売り上げ高は九一年をピークに落ちてきた。／ただし、農林水産業も商業も当事者にも努力工夫が求められる。

39　かくして結論は次のようになる。基地の移設を拒否して、いわゆる「北部振興策」をも拒否すること。そして、人口の激増というような幻想を持たず、現在の規模に見合った「身の丈のやんばる」を考えて、過大な公共投資を呼び込むことをせず、豊かな自然をしっかりと守り、一方で生活に根ざした環境改善の要求を提起して、そのようなものに予算をつけさせ、農林水産業や商工業の成立するような基本的な政策を要求していくこと。そのうえで、自らは個別にも、そして必要な時は力を合わせて、経営努力を積み重ねることである。

（二〇〇〇年五月二二日、ヘリ基地反対協議会主催「第四回連続市民講座」での講演、名護市・大中《おおなか》公民館）

5　回顧・沖縄国際海洋博覧会

沖縄国際海洋博覧会（以下、海洋博）は、国際博覧会条約に基づいて開かれたもので、海洋という特定の分野を対象とする特別博覧会であった。これが、沖縄県本部《もとぶ》半島の備瀬崎《びせざき》一帯で開催されたのは、一九七五年（昭和五〇年）七月二〇日から翌年一月一八日までの六ヵ月間であった。

運営主体は、財団法人・沖縄国際海洋博覧会協会で、広さ一〇〇万平方メートルの土地に、「民族・歴史」「魚」「科学・技術」「船」と題した四つのクラスター（房のこと）に、さまざまな展示館が配置された。その中には、今も残っている海洋文化館、水族館［その後改築され、「美ら海水族館」となった］、いるかの国（オキちゃん劇場など）のほかに、つい先日解体された沖縄館もあり、当初から終了後は解体することにしていた三井・三菱・富士・日立などの企業展示館、アメリカ・イタリア・ソ連・オーストラリア・カナダ館や、集合展示された国際館（三つ）などの各国の出展館などが含まれていた。会場内の交通機関としてエキスポ・ニューシティカー（海洋博KRT）、エキスポ未来カー（海洋博CVS）が設置され、のろのろバスなどが運行した。「未来の海上都市」アクアポリスも海洋博のシンボルとして浮かべられたが、これはアクア大橋で会場とつながれており、この橋の両側五万二千平方メートルの海には「海洋牧場」として、五万尾の魚を放し飼いにした。

この中にさまざまな催しも組まれた。講演会、シンポジウム、世界海洋青少年大会、シングルハンド太平洋横断ヨットレース、ウォーターショー、ダイビングフェスティバル、日本のまつり、九州・沖縄のまつり、日本伝統凧上げ大会、ビッグリサイタルと銘打った、堺正章・岸洋子・尾崎紀世彦・小川知子・伊東ゆかりらのリサイタルなどである。

通産省が海洋博の開催を検討しはじめたのは、復帰前の一九七〇年一月のことであった。そして翌月には琉球政府に要請させ、政府が閣議で沖縄開催を決定したのは、七一年一〇月二三日である。通産省はＢＩＥ（国際博覧会事務局）に申請し、同月二四日に正式確定の通知を受けた。この間、場所の選定も進められ、琉球政府は七二年一月に会場選定委員会から「本部半島」という答申を受け、二月に琉球政府から日本政府に要請し、その月に決定されている。

海洋博の開催は、復帰記念という位置付けであったが、このようなビッグイベントを持ち込むことによって、「開発」を加速しようというねらいが篭められていた。しかしながら、復帰そのものが「本土並み」の行財政措置を沖縄にも及ぼすという性格を持ったものであったということからすれば、それは当然やってくるはずの「開発ラッシュ」に輪を掛けることになってしまった。

折からの石油危機に伴う「狂乱物価」ということも重なって、各地で混乱した状況が現われた。土地の買収、地価の高騰、工事のラッシュ、自然の破壊、賃金の高騰などである。工事では、国道五八号線の改良、これに伴う名護七曲りの廃線、沖縄自動車道の許田《きょだ》―石川《いしかわ》間二六キロメートルの開通、本部半島の道路整備、本部大橋の架橋、本部新港の建設などが含まれる。そのようなことを基礎に、実際に開会されてからの交通混雑、水不足、環境破壊、教育への影響などが、心配された。

そこに「海洋博反対」という県労協（沖縄県労働組合協議会）の声明が出され、賛否両論がたたかわされる状況となった。メリット論とデメリット論として、それは展開された。

短期のイベントであるにもかかわらず、それに期待をかけた、さまざまな営利目的の取り組みがあった。近くにいくつかのホテルが建った。出店的な商売、駐車場経営などがあった。会場内に地元地権者などが連携してつくったレジャーランドも設けられた。

結果として、予想されたほどの観客は集まらず、その分、負の影響は緩和された。例えば、交通はそれほど混雑しなかった。そして海洋博目当ての商売の多くが成功しなかった。期間中にも倒産が出たし、終了後にもそれは続いた。「海洋博倒産」という言葉が生まれた。海洋牧場で飼われていた魚は、地元漁協に譲渡されることになっていたが、病気の発生で処分され、譲渡されなかった。

海洋博は多様な問題を持っていた。経済問題であり、政治思想の問題であり、また文化学術の問題でもあった。海洋博が終わって、ほとんどの施設は廃棄され、おきなわ郷土村、熱帯ドリームランド、熱帯・亜熱帯都市緑化植物園など、代わりの施設が追加されたりして、今では「沖縄記念公園」として跡地が利用され、沖縄観光の重要な施設の一つとなっている。水族館は現在の七倍にも拡張する計画がある［これが「美ら海水族館」］。アクアポリスは残されたが、まもなく営業を停止し、お荷物となって、最近（今月）スクラップとして売却することが決まった。

（『沖縄タイムス』二〇〇〇年一〇月一八日）

6　鉄道導入を論ずる

一　南北縦貫鉄道に賛成できない七つの理由

「ある方がいい」けど「できない」

多くの県民が「鉄道」を夢見るようになってきた。賛成の意見が新聞やテレビにあふれ、「沖縄南北縦貫鉄道を実現する会」という市民団体が発足し、署名運動も開始され、近く県民大会も開くという。県議会には「鉄軌道導入促進議員連盟」が結成され、調査費を組み込んだ補正予算が議会を通過した。

沖縄にも鉄道が「あった方がいい」と考える人は少なくない。私も「ない方がいい」と思っているのではない。しかし、物事には「あった方がいい」ことでも、「できない」ものはいくらでもある。「できる」ことなのかどうか、見極めることが必要である。また、鉄道ができることによって、名護市が活性化し、「一極集中」が解消され、国際通りなどの渋滞がなくなり、クルマ社会から逃れることができるということも、誤った認識であり、何の根拠もない。

以下、これらのことを整理して述べてみたい。ただし、鉄道賛成論者の論は多岐に分かれており、鉄道の形式も一致していない。「名護―那覇間の鉄道」なのか、「沖縄一周鉄道」なのか、那覇市や沖縄市内の「路面電車」なのか、モノレールの延伸なのか、それともそのいくつかの複合なのか、はっきりしていない。

そこで、カッコをつけて「鉄道」としておくが、基本的には「名護―那覇間の鉄道」を論じて、付加的に「路面電車」を論ずることにしたい。

「鉄道」に賛成できない理由、その一は、けっして採算は取れないということにある。賛成論者は「採算の問題は後で議論しよう」といったり、「今がチャンス」といったりしているが、基地問題を背景に「今なら国はいくらでも金を出す」とみているのであろう。

しかし、これは基本問題である。用地の買収費、線路と駅舎などの建設費、車両の購入費、バスなどの転換補償費等々がいくらかかるか（わずかに見られる試算例では一兆円程度を予想させる）。動き出してから毎年の燃料費や保守費や人件費などの維持管理費と、乗客の支払う料金収入との対比で、いくらの赤字になるか。これらの試算をし、県にいくら、国にいくら負担してもらおうということを示さないでおいて、「ともかく鉄道を」という提起は、無責任としか言いようがない。

事実として、膨大な建設段階の経費と毎年の赤字を想定しているのであろう。それを想定しつつ、そのほとんどを国に出させようという魂胆が見え見えであるが、これはいただけない。国の金は国民の金であり、沖縄県民の金でもある。その使い方は大方の国民の合意を必要とする。鉄道に金を使えば、その分どこかにしわ寄せがいく。

コリンザ［沖縄市の複合商業施設。その運営会社は二〇一〇年に破産。施設は沖縄市に売却。県はその債権のうち二六億円を放棄した―二〇一五年］もマーリン［那覇市と伊江島を結ぶ客船。利用者が少なく、廃業した］も趣旨が悪いわけではないが、経済的には成り立たなかった。このような身近な経験を生かしたい。そして公共事業見直しの流れに合流したい。

投資効率低い沖縄

提案者たちは、具体像を示さない。しかし、賛成するにもしないにも、ある程度の想定は必要である。そこで「名護―那覇間の鉄道」の具体像を、国道五八号線に建設する場合を想定してみることにする。

「那覇駅」は天久《あめく》の新都心辺りになろうか。思い切って、県庁やバスターミナルにまでつなぐか。ここから五八号線を名護まで北上して、途中いくつかの駅を設定する。バスなら五百メートル間隔にも停留所を設けているが、「鉄道」となれば五キロメートルほどが標準となる。浦添《うらそえ》、宜野湾《ぎのわん》、北谷《ちゃたん》、嘉手納《かでな》、読谷《よみたん》には一つずつ、南北に長い恩納《おんな》には二つ、そして名護に一つという程度になるのではなかろうか。那覇市内を二つとして、全部で一〇駅、少し修正しても一五駅が限度かと思われる。「名護―那覇」間の六〇キロメートルを熊本、宮崎、鹿児島県内にあるほぼ六〇キロメートルの路線の例で数えてみても、一五駅程度である。

この「鉄道」にどれだけの人が乗車するか。現在「名護―那覇」間のバスを利用している人は何人で、途中下車の人は何人か。「鉄道」が走るようになったとして、駅の数は限られるので、この何割が乗車するかは未知数である。収入はこれ以外からは生じないのであるから、この数値の押さえは大事になる。

バスではなく「鉄道」になれば乗客が増えるかのように考えている人もいるようだが、自家用車を利用している人が自らの車を捨てて、駅まで歩き、「鉄道」に乗って、また駅を降りて歩いていくということが、どれだけ期待できるのか。自家用車から足を洗おうと思えば、今でもバスに乗り換えることは可能なのであり、「鉄道」ができたら車を捨てるという人の言は信用できない。

「鉄道」の効率が、工費の面でも乗客数の面でも高ければ、採算性にもプラスとなる。しかし、沖縄は小さすぎる。そして、海で隔てられている。北にも南にもつなぐことができない。加えて、十数両も連なって走る東京などとは異なって、一両か二両で走らねばならない。このように沖縄では投資効率が低くなる。沖縄よりも田舎の町で列車が走っている風景を見るとうらやましい思いはするが、それは、その駅の向こうに大きな街があって、そことつながっているから成り立っているのである。ところがこれにも変化が現われていて、小さな駅の場合、列車が停まらないで飛ばしていくケースが増えてきた。

工事費以外のコストでは、日常の人件費が中心になることだろう。運転手や車掌、そして駅員が必要になる。交代制となろうし、一五も駅ができれば相当の人数になる。

こうしてみてきたとき、毎年の赤字をどうするかについて、明確な方針が示されない限り、「鉄道」がいやなのではないが、賛成はできないのである。

自然破壊で賛成できない

「鉄道」に賛成できない理由、その二は、どの路線を設定しても、自然を破壊し、環境を悪くすることにある。今は仮に国道五八号線に「鉄道」を敷設するとして論じてみたが、実際にはあの狭い国道に軌道を付け加えることは不可能である（車をまったく排除するなら別だが）。そこで周辺に拡幅することになろうが、山を削るのか、海を埋め立てるのか、いずれにせよ自然環境への重大な影響が出てくる。沖縄自動車道を使うという考えも浮かぶが、それでは乗客が極端に少なくなろう。やはり人の多く住んでいる所を走らせなければならない。これ以上、山を削り、海を埋め立てることには賛成できないから、「鉄道」には賛成できないのである。

そもそも、五八号線に「鉄道」を付加することは物理的に不可能だという、このことだけで「鉄道」敷設論は消えるべき運命にある。

「鉄道」に賛成できない理由、その三は、バスが打撃を受けることにある。五八号線沿いに「鉄道」が敷かれるとして、駅の数はバス停よりもずっと少なくなる。もちろん、駅の便のいい人々は喜んで「鉄道」を利用することだろう。その駅は、いわばバス停としても主要停留所であろうから、バスは主要な乗客を奪われることになる。それでもバスは廃止するわけにはいかない。バスの使命として、主要ではない小さな停留所を利用する人々の利便性を守るために、たとえそれが少数であっても、守らなければならないからである。「名護―那覇」間のバスは、乗客はかなり減少すると考えられるから、基本的に赤字路線に転落して（今でも赤字だろうが）、公的援助が求められよう。この分もコストとして計算に入れておかねばならない。

「鉄道」に賛成できない理由、その四は、モノレールと競合するということである。那覇市内を走る「路面電車」だとすれば、それはすでに完成が近づいているモノレールと、どのような関係に立つのか。モノレールの採算性に疑問を持っている人は多いのに、そのことを問題にしないで、モノレールとの競合を論ずることもなく、ただ路面電車を提案するという態度は、社会人として「無責任」である。路面電車を提案するなら、モノレールを潰すことと併せて提案すべきである。ただし、その場合はその費用も路面電車のコストに繰り入れられる。

「鉄道」に賛成できない理由、その五は、国際通りなどの渋滞はなくならないということにある。「鉄道」賛成論者の多くは、「鉄道」即「渋滞解消」のイメージを持っているようだ。これは明らかに錯覚である。「名護―那覇」間の「鉄道」は国際通りは通らないであろう。

建設スペースがない

そこで、国際通りなどの渋滞問題では「路面電車」を選択する場合を想定しなければならない。導入論者は、国内外の事例を示して、その利便性、環境面の効果、建設費の安さなどを推奨している。この場合でも、「名護―那覇」間の鉄道ですでに指摘したように、採算面の問題に多少の差が出ても、基本は変わらない。そして、場所、スペースがないという点でも同様である。国内外の事例は、いずれも道路幅が広く、軌道を設けるだけの余裕がある。片道一車線の国際通りのどこにその余裕があるというのか。これも道路の拡幅で対応するとすれば、今度は自然破壊ではなくて、商店破壊となり、莫大な補償金を用意しなければならなくなる。建設コストが「鉄道」より安くなるとした分の大部分が、この補償金で消えてしまう。バスが打撃を受けること、モノレールがいっそう成り立たなくなることも、同じである。もしうまくいけば、電車の乗客の分はバスの乗客が減るのであるから、その補償問題が生ずる点も変わりない。

路面電車の乗客はどれくらい見込めるのか。基本的にはこれも現在のバス乗客数から判断されねばならない。市外は除いて市内だけの乗客数からである。バス停の数と路面電車の停留所数は差がないであろう(国際通りなら入口と出口と真中の三つ)。しかし、それでもバスのように限なく路線が引かれるはずはないから、特定の路線の乗客だけが利用すると考えねばならない。市外からの鉄道の客と同様に、市内の別のバス路線からの客も、いったん乗ったバスを降りて、電車に乗り換えることは難しいからである。

国際通りの混雑の解消は、大きな課題である。しかしそれは別の交通機関を考えることによってではなく、車そのものの乗り入れを制限することによる以外にないのではなかろうか。この通りにつながっているサブ道路の徹底した片側通行とか、ナンバーによる曜日規制とか、あるいは有料道路にしてしまうとか、いろいろな方法を駆使して入ってくる車の量を減らすことである。市外バスの排除も以前から指摘されている重要な課題であるが、これに取り組むことは避けられない。

いま国際通りに直角に交差する大通りが、少なくとも二本計画されているが、このような道路の新設や拡張によってクルマの増加に対処するやり方も問題である。沖縄は「高い軍用地料」に加えて、公共用地取得代金のバラまきによって、「地代社会」に陥っていきつつあり、その分モノを作る産業の発展に障害になっている。

逃れられないクルマ社会

「鉄道」に賛成できない理由、その六は、「鉄道」によっても、クルマ社会から逃れることは、所詮できないということにある。

「鉄道」の賛成者と推進者は、「沖縄の車社会は限界に来ている」とか「車を持たざるを得ない環境が県民の家計を圧迫している。また車を持てない者との間に不公平が生じている。車社会は強者の社会であり、その解消が必要」などと述べている。

私もクルマ社会がいいこととは思っていない。排ガス規制はぜひとも強められなければならない。しかし、車は便利だから普及してきた。家計を圧迫していることも事実だが、それでも普及してきた事実は強い。今では沖縄でも人口四人に一台となっており、家庭に二、三台持っている例も珍しくない。これだけ普及してきた車を、これから排除するのは容易ではない。それにはすでに述べたような、さまざまな規制をかけていくしかないと考える。

問題は、論者が「鉄道」が敷設されたらクルマ社会が解消されると、妄想していることである。鉄道があっても、クルマ社会になってきたのが現実である。これから鉄道を走らせたらクルマ社会が後退するということはありえない。この世の中のどこに、鉄道社会があるというのか。鉄道のある所でもクルマ社会と並存しているのである。

「鉄道」に賛成できない理由、その七は、名護市の活性化には役立たないことにある。

名護市の市街地から那覇市まで、今では車で一時間で来ることができる。「鉄道」ができても一時間という人もいるが、それは論外であろう。三〇分程度と考えたい。時間距離が縮まって便利になるだろう。

この便利さは何を生むことになるだろうか。名護市に泊まる人はいなくなり、ホテルは潰れる。パチンコ屋も成り立たない。スーパーも危なくなる。問題になっている商店街の活性化も遠のくことになる。人々は便利な「鉄道」に乗って、中部へ、那覇へと流れることになろう。

便利になることには両面があるのである。犠牲になる側面には目をつぶって、明るい側面だけを見ようとする、その方法に問題があるというべきである。

名護市の活性化にはつながらないから、一極集中は解消されないし緩和もされない。

なお、土建業者は仕事を求めて、いくらでも事業を引き込みたいと考えていることであろう。それは、その事業の良し悪しや、完了後の効果や、出来上がった施設が赤字になるかどうかとは関係なしに、ただ事業をほしがる傾向をもっている。したがって、これらの業界の意見によって判断すべきことではない。将来に禍根を残す事業を、当面の失業対策的な感覚で実施されては困る。そしてこの工事が始まれば、路線沿いの地域では十数年にわたって工事が続けられよう。その迷惑もある。

以上、七つの理由を挙げて「鉄道」に賛成できないことを述べた。

(『沖縄タイムス』二〇〇〇年一二月四~八日。紙上では「〈鉄道〉導入」という表題だったが、筆者の原題「南北縦貫鉄道に賛成できない理由」に戻した。見出しはタイムス社による)

二　鉄道導入論者に答える

島の規模と採算面で困難

昨年一二月四日から八日までに本欄に掲載された、私の「鉄道不賛成論」に対して、一六日には仲《なか》宗《そ》根《ね》恒《ひさし》氏が、一九日から二三日にかけては高嶺善包《たかみねぜんぽう》氏が、三〇日には安里政弘《あさとまさひろ》氏が、感想や反論を寄せられた。私の回答を期待するというお電話やお手紙もいただいたし、再びこの欄をお借りすることにしたい。

これとは別に、一二月一〇日に『沖縄に電車が走る日』（ゆたかはじめ著、ニライ社）が刊行され、二紙に書評が載り（二四日の比嘉美智子《ひがみちこ》氏と、同日の琉球新報の金城《きんじょう》功《いさお》氏）、また出版祝賀会の報道があった。五日には「実現する会」が一〇万人の署名を集めたと発表し、二六日には県に要請したとも報道された。そして一八日に、県議会沖縄振興特別委員会は、鉄道導入に関する陳情案件四件を採択せず、継続審議とした。その他いくつかの動きがある。私の議論の前にもすでに十指に余る論説が発表されている。これらにも触れながら、論点を整理してみよう。

仲宗根氏は「〈できない〉を〈できる〉にする努力こそが県民の力、つまり民度というものであろう」といい、安里氏も「できない理由を探すより、どうしたら実現できるかを考える姿勢も大切だと思います」という。高嶺氏も「要は、できる方法を考えるか、できない理由を探すのか」。「できない理由を探すのでなく、どうすればできるか、できる方法を県民参加で考え、困難を克服して構築していくところに、進歩・成長・発展がある。できない理由をいくら並べても、そこに問題解決策は生まれない」とくり返す。

私が「できない」としたのは、第一に採算がとれないからであり、第二にスペースがなく物理的に不可能だからであった。採算がとれないのは沖縄島が小さく、人口が少ないからであり、スペースがないのは沖縄島が小さいからである。だから「できる」ようにするには、島の面積を大きくし、人口を数倍に増やすしか方法がない。それは「できない」ことだから、鉄道も「できない」と言っているのである。

論者たちはなぜ「宮古島や石垣島にも鉄道を」と提案しないのか。それは島が小さすぎて、人口が少なすぎて、ばかげているからであろう。「ゆたか氏の本」でも、大東諸島にかつてあった鉄道に触れつつ「これら絶海の孤島に鉄道が再び走ることは、もうないであろう」(三四頁)とある。常識的とはいえ、健全な感覚である。鉄道という観点から見れば、沖縄島も大同小異なのである。「沖縄県だけに鉄道がないのは差別である」(高嶺氏の表現では「絶対的格差」)との論もあるが、この島はそれだけ小さく、人口が少ないというだけのことである。これを差別というのなら、宮古島や石垣島をはじめ、多くの島々はいかなる手を打っても差別され続けることになる。

バス整備 利用拡大が急務

安里政弘氏は、鉄道論議の前に、マイカー自粛とバスの最大限利用を、と提案している。私はこれに賛成である。バスの利用度を高めるための取り組みが先行すべきだし、このことを中心とした交通対策が沖縄でのそれの基本となり続けると思われる。高嶺氏は「来間氏の論調からして、できないのだからあきらめて今のままでよいという印象がある」と書いている。私は交通渋滞対策としての乗り入れ規制、排ガス規制に触れたが、これを現状追認、あきらめと読んだのだろうか。

鉄道導入論者は、バスが使い物にならないかのような議論をしている。日常的にバスを利用している者からすれば、これらは実態を知らない者の妄言のように聞こえる。バスは基本的に「定時定速」で運行されている。利用者にとっては十分前後の遅れはさほど苦にならない。それに我慢できないのは、マイカー族がたまにバスを利用する時である。もちろん、時間帯により曜日により、恐ろしく渋滞するときがある。バス利用者はそれを知っているし、それに合わせて利用し、行動している。

バス利用者も「より定時定速に」と願っている。しかし、マイカー族、つまり「車に乗る人は、自分がその（渋滞の──引用者）原因を作っているのだから、バスの遅れを責める資格はないのだ」（ゆたか氏の本、一一三頁）。

鉄道導入論の前提として、この「定時定速」の機関がないということが持ち出されることがほとんどだが、その役割を担う機関の一つとしてバスがあるのであり、それを「定時定速」に近づけるよう改善するという方法も残っていることを認めるべきだ。

私はバスに期待をつなぎたい。しかし現在のバスの運行には多くの問題がある。「ゆたか氏の本」一一二頁から一二一頁にかけては、そのことを論じている。バス会社と運転手はそれを読んでほしい。その結びの所で次のように述べているが、これは至言である。「路線バスは、弱い者の味方であり、大事な公共交通である。もっとチバリヨー！　頑張ってほしい。バスでなければ行けないところ、バスに任せるべきところはたくさんある。バスのほうが鉄道よりはるかに小回りが利くからである」。

バスを改善する方向での論議が先であり、まずバス否定から始めるのは間違っている。

バスの路線の整理と拡張、車両の小型化を考えよう。身障者や高齢者にやさしいのが軌道交通だというのもおかしい。バスも改善すればそのようなものになることができる。なお高嶺氏は、空港に「降り立った後、目的地まで移動するための交通アクセスは、極めて不便である」（昨年一二月二三日）と書いている。実際にはバスもありタクシーもあって、時間と料金を天秤にかけて、いずれかを利用することができる。何が「不便」なのだろうか。またゆたか氏は、空港や観光地のバスが少なく利用しにくいと書いているが、空港ではなく観光地については確かにそうであろう。それはバスの責任ではない。バスの運行は利用者が多ければ多くなるのであり、利用者が少ないから運行が少なく、不便なだけである。このことは、例え鉄道が導入されても引き続き残る問題であろう。

導入論者の主張に変化

軌道は固定されていて一本道しか動けない。人々は各地に散らばって居住しており、道路は大小、東西南北、縦横に走っている。だから、車の方が便利であり、軌道を駆逐してきた。「クルマ社会」になることをいいとは思っていないが、この現実をしっかり見つめることが出発点になる。

鉄軌道導入論は、この現実に立ちつつも、多くの人が同じ方向に移動するのにばらばらに車に乗るのでは無駄ではないかという発想が根底にあると考えられる。その場合、「たくさんの自家用車での移動」を「一本の軌道車での移動」に置き換えたときに、社会的にコストが安くなるという計算が成り立たなければ、構想倒れになる。それが成り立つ所と成り立たない所がある。沖縄ではどうか。鉄道問題の核心はここにある。それは、他ならぬ「採算性」の問題である。

仲宗根恒氏の論にはこの問題が含まれていないのが、致命的な欠陥である。ゆたかはじめ氏の場合も、金城功氏が指摘したように「電車が走る日に向けての具体的なスケジュールは書かれていない」。ここにも採算性の議論はない。そして高嶺氏の議論は、この問題ではあちこちにブレているのが特徴である。

高嶺氏は昨年三月二日「視座」で、「初めに採算性ありきであってはならない」と書いている。採算がとれないという認識を背景に、国による「高度の視点に立った助成策」が必要ということであった。また四月九日の本欄でも、国鉄の分割・民営化のとき、「赤字の見込まれる…JR各社には債務を承継させず」経営安定基金を設定した。「このように、国は…鉄軌道事業に対して採算性を超越した国策として必要な措置を講じている」といい、一〇月一〇日「論壇」でも「県独自の予算や民間企業の経費で対応できる事業ではない」。他で国が行っているように「鉄道インフラ整備資金を全額国が負担し、運営についても、事業会社が運営できるように国で赤字を埋める仕組みを作り、採算がとれるように」すべきである、としていた。同様の議論は、例えば四月九日「オフィスの窓から」の、河辺義隆氏にも見られる。

しかし一二月の私への応答では異なっている。「私たちは、事業採算性を根拠にしながらも、第一義的に、国策としての鉄道導入を求めて」いるといい、採算はとれるという主張になっている。示された数字は、糸満―名護間の総延長七二・四キロ、六～七両編成で六〇〇～八〇〇〇人の乗客が乗り、三分～一〇分の運転間隔で運行し、運賃は那覇―名護間で一三五〇円、七二キロになったころには「雇用人員は約二七〇〇人ほどになる」。これで「損益収支は一五年で単年度黒字化、三〇年で累積解消」という。また建設費については、「用地費を含む概算事業費約五五〇〇億円」あるいは「用地費を含む総建設コストを四〇〇〇億円以内」で、「来間氏が試算した一兆円よりはるかに少ない」と答えた。また、LRT（次世代型路面電車）なら「最も安価」という。

採算は「とれない」から「とれる」へと、主張が変化したことは明らかである。

公的資金投入も限度が…

私が「採算はとれない」と考えていることに対して、高嶺氏は従来の論調を変えて「とれる」という数字を持ち出してきた。これを検討しよう。

人件費が二〇〇〇人の年五〇〇万円として、一〇〇億円になる。これを運賃の中間を取って六〇〇円で割れば、年に一七〇〇万人、日に四万七〇〇〇人の乗車が必要になる。現在のバス乗車者数をかなり上回る数字である。この他に線路・踏切・駅舎・車両・諸施設・資材の維持費、電気水道料などが必要になる。このように、高嶺氏の示す数字を見ても、採算をとることはきわめて困難と言わざるをえない。

高嶺氏は、数字を提示しながらも自信がないのか、採算論などは「議論百出すれど結論出ず」となるから、それを抜きにして、まず鉄道導入で世論を喚起しようと述べている。もし採算がとれるのであれば、国に負担を要求する根拠は消えるのであり、したがって採算を論じないわけにはいかないはずである。

私は採算はとれないと思っているが、赤字を国や県が埋めることについて、いかなる場合もだめだとは考えていない。問題はその大きさなのである。社会的必要性と効果が大きければ、公的資金の投入もありうることである。その意味で私は「採算がとれないからといって、沖縄に鉄道建設を認めないという論理」（高嶺氏の言）には立っていない。例えば、赤字の補てんが年五〇〇〇万円程度なら許容していい。これが年五億円ならどうか。やや迷ってしまう。しかし、年五〇億円なら絶対に反対である。

導入論者は赤字にならないと強弁することは必要ない。赤字の規模がどの程度かを概算して、その補てんを国や県に求めるべきである。赤字補てんの規模を明示することなく、ただ公的負担を求め、ただ鉄道の利便性を説くだけでは、世間は納得しない。高嶺氏は「国道や、港湾・空港・ダム建設などに採算性を問うだろうか。高規格幹線道路はどうか」とも書いている。これらは維持運営費が大きな額にはならないという点で、鉄道とは根本的に異なっている。それでも「費用対効果」の論議が高まっているのが昨今の動向である。

なお、毎年の採算とは別に建設投資の論点がある。これが五〇〇〇億円か（実現する会）一兆円か（来間）ということも一つの論点であるが、その負担割合ももう一つの論点である。高嶺氏は「整備新幹線もインフラ整備資金を全額国が負担」することになっていて、これを沖縄の鉄道にも適用すべきと述べているが、実際の負担は国が三分の二、地方公共団体が三分の一となっているはずである。その他の鉄道では国の負担割合は二割である。県の負担はどんなに少なく見積もっても一〇〇〇億円にはなる。これが十数年にわたるとしても、県が今後（少なくとも）一〇〇〇億円程度を負担することができるだろうか。毎年の赤字補てんとは別に、である。沖縄を特別扱いにするとしても、国への注文には限度がある。

鉄道導入論は基地との引き換え論

安里政弘氏は、鉄道導入推進議員連盟の設立主旨文に「基地問題で沖縄に関心が集まっている今こそ千載一遇のチャンス」という表現があると紹介しつつ、これを批判した。これは私が「基地問題を背景に、今なら国はいくらでも金を出すとみているのであろう」と書いたことを補強されたものである。これについて高嶺氏は「実現する会は、基地問題と絡めて鉄道導入を提言したことはない」と私に回答した（一二月二三日）。

しかしながら、事実は異なる。氏は昨年一月一四日の琉球新報で「国は、過去の歴史と、今後とも国防の犠牲となり続ける県民に対して〈採算がとれない〉とは言えないはずである」と述べていたし、三月二日「視座」欄では、普天間飛行場移設と絡んだ北部振興策の一〇〇〇億円の使い途（の一つ）として、鉄道への投資を提起していたし、仲宗根恒氏も八月一〇日「論壇」で、同様に、「一〇年で一〇〇〇億円」に触れて「この機こそ千載一遇のチャンスである」と述べていた。また三月二六日「大弦小弦」で、比嘉満氏によって紹介された高嶺氏の言も、採算性論に対する反論として、「いまの日本を（基地負担で）支えている」ことを、国に負担を要求する根拠として指摘していた。高嶺氏はまた四月九日の本欄で、「日本国繁栄の礎として日米安保の下、犠牲となり続けている沖縄」といいつつ、「基地が国策ならば」鉄道も、と書いている。「実現する会」が四月一〇日に発足したことを伝える報道では「会」の「設立趣意書」に「ましてや沖縄は日米安保の犠牲となっており、鉄軌道を国策で措置すべきだ」という指摘があると紹介されている。三月一六日の本欄に登場した石垣用喜氏も、米軍基地問題を持ち出して「今まさに千載一遇の好機」と論じている。河辺義隆氏は四月九日の「オフィスの窓から」で、「今のタイミングを逃せば、二度と鉄道建設の機会はないのではないか」と述べており、「今」が何を指すかは書いていないので、基地問題対応と読み取るのが自然であろう。

いずれにせよ、言葉で表現しなくても、鉄道導入が「基地との引き換え論」であると見ている県民が大半であることは否定しがたい。このように基地と引き換えに何かを要求したら、基地は受け入れなければならなくなるのである。

なお高嶺氏は「鉄道によって車を捨てるとか、車社会が無くなるという非現実的な短絡思考で県民を愚ろうしてはいけない」と書いている。「鉄道によって車を捨てるのか、車社会が無くなるか」と問うたのは私で、私がそう思っているわけではないが、高嶺氏がそれを「非現実的な短絡思考」としたということは、氏自身が車を捨てる人はほとんど出てこないし、車社会は無くならないと考えているということになる。

それでいながら、高嶺氏の本年一月三日の本欄「初夢」では「交通渋滞が解消された」ことをくり返し強調している。氏にとっては、鉄道は交通渋滞の解消に直結するもののようである。ならば、鉄道がどのようにして渋滞解消につながるのかが、説明されて然かるべきであろう。

(『沖縄タイムス』二〇〇一年三月二六〜三〇日。紙上では「〈鉄道〉再論」とあったが、筆者の原題「鉄道推進論者に答える」に戻した。なお、見出しはタイムス社によるが、最後のものは中身に即して改めた)

三　県の鉄道可能性調査を読む

(1)

沖縄県が本年三月に発表した「鉄軌道導入可能性基礎調査報告書」(以下「県報告書」とする)について、「NPO・沖縄南北縦貫鉄道を実現する会」(以下「鉄道実現会」とする)が、意義申立てをしている。その「反論」(例えば、同会高嶺善包会長の本紙一〇月一九・二〇日付)は、数値の扱いをゆがめ、道理を踏まえず、県民を誤らせるものであり、ここで批判しておきたい。県報告書の内容に即して論点を整理しつつ、関連して鉄道実現会の反論を批判する。

第一章では「対象区間と概略ルートの検討」として、鉄道、LRT(低床式路面電車)それぞれ三ルートを検討している。三ルートとは、国道五八号ルートが糸満―那覇―名護を結ぶ線であり、国道三三〇号ルートが糸満―那覇―宜野湾から、沖縄・石川を経由して、恩納―名護と結ぶ線であり、国道三二九号ルートが那覇から与那原《よなばる》を回って沖縄―石川―金武―名護を結ぶ線である。

ここで最も注目されなければならないのは、線路構造である。鉄道の国道五八号ルートの場合、基本的に「高架構造(及び盛土・切土構造)」であり、那覇市域(一一%)は「地下(トンネル)構造」とされている。スペースがないため、五八号線の上に高架橋を建設し、鉄道はその上を走らせるしかない。そして、那覇市内ではそれも不可能で、しかたなく地下に潜らせるという。私は前に、このスペース問題を指摘したが、鉄道実現会はこれには回答していない。これは彼らの弱点だからである。実際には、まさにこの一事だけでも鉄道が不可能なことは明らかなのである。国道五八号線が二階建てになったら、どのような景観になるのか、考えただけでもゾッとする。

また、読谷以北は「複線」ではなく「単線」とされており、ここには鉄道を引くほどの需要が見込めないことを認めた内容になっている。

ＬＲＴの場合は、すべて道路の上を走らせるが、複線では幅が七メートル必要なので、五八号ルートの場合は嘉手納《かでな》―仲泊《なかどまり》で七メートルの、仲泊―名護で四メートルの道路拡幅が必要と考えられている。残り二つのルートでは、ほとんどが道路拡張となる。嘉手納以南では、車道は片側三・五メートルに限定される。

第二章は「概略需要検討」で、一九九五年と二〇一五年の人口を比較している。夜間人口が一・二倍になるというのはいいとして、就業人口が一・三五倍の六二万三〇〇〇人となるというのは過大すぎる。私の試算ではこれより一〇万人も少ない。なぜ過大になっているかといえば、中城《なかぐすく》湾港の開発や埋立てなどの、進行中または今後の計画のすべてが成功するという前提に立っているからである。

(2)

県報告書の第三章では、鉄道の駅の配置区間を、那覇市街地一キロ、中南部市街地二～三キロ、その他四キロとし、ＬＲＴは〇・五キロと想定している。また速度は、それぞれ順に、時速三〇キロ、四〇キロ、五〇キロ、ＬＲＴ二〇～三〇キロとしている。これでは、最高に早い地域でも車並みで、市街地では車よりずっと遅いということになる。「定時」だが速度はのろいということか。

第四章は「概算事業費の検討」で、鉄道で五三〇〇～五九〇〇億円、LRTで九〇〇～一三〇〇億円としたが、いろいろな条件によって「上下に大きく変動する可能性がある」と述べている。第五章は「鉄軌道需要予測」であり、この結果に鉄道実現会は「少なすぎる」とクレームをつけているのである。県報告書の甘い部分には目をつむり、そこを固定させておいて、自分たちに都合のいいように論を進めるのが彼らの方法である。

県報告書は、まず新たな鉄軌道の整備によって、公共交通利用率はどうなるかと問い、「本島地域で見た場合に、どこまでの利用率増加が期待できるかは」「推定が困難」なので、ここでは便宜的に「国内他都市の公共交通利用率を適用する」こととした、と述べている。そうして一二%という数値を引き出した。つまり、鉄道のある都市に住む人々が、鉄道とバスを合わせてどの程度利用しているかをみたら、一二%だったというのである。

次に、沖縄ではバスだけしかないが、この比率が八%なので、鉄道ができたら差額の四%は鉄道に乗るだろうという。これを新たにできるモノレールにも配分して、鉄道利用者は国道五八号ルートで八万四〇〇〇人、LRTは同じく六万二〇〇〇人と計算されている。

県報告書のこの方法には問題がある。新たな公共交通機関として鉄道ができたら、公共交通機関全体の利用者、すなわちバスと鉄道を合わせた利用者は、これまでバスを利用してきた数より増えるのか。鉄道駅の便宜のよい人々の一部はマイカーを捨てるかもしれない。しかし、新たな公共交通機関（鉄道）を利用するのは、圧倒的に、これまで既存の公共交通機関（バス）を利用していた人々の中から出てくるのである。だから、現在バスを利用している八%の人々の中から、鉄道駅の便宜のよい人々が鉄道に移るのであって、バスにも乗っていなかった人が鉄道に乗るのは、例外と考えるべきであろう。

しかも県が設定した一二％は高めの数値である。路面電車のある高知市四・五％、熊本市八・〇％、鹿児島市一一・四％で、三〇〜五〇万人の地方都市平均は八・二％であり、これからはせいぜい八％という値しか引き出せない。しかし県は、鹿児島市一一・四％、広島市一二・八％、五〇〜一〇〇万人の地方都市平均一〇・六％に引き寄せて、一二％と高めに設定したのである。

鉄道実現会は、高めに設定されたこの一二％にしがみつき、このうちのバス利用者の数を引き下げれば、その分鉄道の利用者が多くなるはずだと、県を攻めている。実際、バスの利用者は県の予測を上回って減少している。しかし、バスから離れた人々はマイカーに頼るようになったのであって、鉄道の利用者に戻ることはほとんど期待できないであろう。

ところで、県が示しているように、沖縄の公共交通機関（バス）の利用率が八％であるなら、鉄道のある類似都市のそれと一致している。このことは、鉄道ができてもその利用者はこの中からしか出ないということを示している、と読むべきではないか。

(3)

県報告書の第六章は「鉄軌道事業採算性の検討」である。まず補助・助成制度を検討しているが、結論として鉄道については「完全に当てはまる制度はない」とある。一部に「適用の可能性があるのではないかと考えられる」もののもないわけではないが、確実に補助が受けられるというものは「ない」と述べている。鉄道実現会がかつて補助制度があるといっていたこととは大きく異なっている。ただLRTについては、国四分の一の補助があるが、うち車両購入費にはわずかである。次に、整備・運営・事業主体について述べて、事業採算性に移っている。その結論はこうである。「何れのケースにおいても、事業採算性の確保は困難であることが明らかとなった」「何れのケースも、…四〇年以内の黒字化は得られなかった」。提示された表では「黒字化年」は「六〇年超」とある。もっとも無償資金支援があれば数値は少し動くが、その保証はない。

第七章は「鉄軌道整備に関する事例整理」で、第八章は「期待される効果と鉄軌道整備上の課題」とあり、その「課題」のところで、重要な指摘が数多くなされている。これらの指摘を無視しての鉄軌道導入論は無責任といわなければならない。以下に掲げる。

①「(より)詳細な条件を考慮した路線計画によっては、今回概算した事業コストから更に大きく嵩《かさ》む可能性が十分にあると考えられる」。また、鉄軌道の導入は「単なる一インフラ整備の規模ではない」、「膨大な関連事業が必要となる」。②「都市や地域、交通体系に関する様々な政策や現状の抜本的見直しが必要」である。例えば、市街地再開発、市街地分断への対応、自然の保全、バスの大規模な再編・整備などである。③「今回の検討における需要予測は、他都市圏の事例等を踏まえ、現状の沖縄の一・五倍に相当する公共交通利用率等を適用した仮定値である」。すなわち、現状では八％だが、鉄道導入で一・五倍に当たる一二％になると、甘く仮定した。しかし「必ずしも公共交通利用が高まるばかりではないのが現実である」。そして「県民の自動車に対する根強い利用意識の改革等を推進していくことができるか、が必須の要件と考えられる」。

県報告書の「課題」は更につづく。④「今回の検討では、何れのケースにおいても累計損益の四〇年以内の黒字化は得られず、鉄軌道整備の事業採算性の確保は容易でないこと、採算確保のためには資本金や補助制度以外の多額な無償資金等を要することが明らかになっている」。⑤いろいろな「関係者の合意」が必要であるほか、「具体的な財政面、人材の確保等の裏付けが必要となる」。「鉄軌道事業の採算確保のための地方負担額」、すなわち、無償資金の受け入れなしにすべてを県内で負担するとすれば、その額は、鉄道で一八〇〇億円から三〇〇〇億円、LRTで五〇〇億円「と試算される」。このような負担を「今後の次世代を含めた中で、自らがトータルとしての鉄軌道整備の効果と課題を捉え、その上で負担していくだけの覚悟を持つことが必要であ」る。⑥「自然環境資源の保全」も「十分に吟味することが必要である」。

このような、悲痛ともいうべき声に耳を傾けずして、ただ子どものように鉄道がほしいと駄々をこねているのが、鉄道実現会の面々であるというべきであろう。

(4)

このように、県報告書は、鉄道の需要を甘く見積もったが、それでも採算は気の遠くなるほど現実性がないことを認めたのである。鉄道があったらいいなという気持に異議を唱えるものではないが、合理的に判断して、あきらめてほしいと思う。

沖縄本島でバスに乗った人の数は、復帰九年目の一九八一年度に八四〇〇万人（年間のべ数）いたが、それから一八年たった一九九九年には四二〇〇万人に半減している。

一方、乗用車（全県）は、同じく八一年には二二万台だったが、九九年には四四万台に増加した。バス利用者は半減したが、乗用車は倍増したのである。

このモータリゼーションの流れをよしとするものでないことについては、前にも述べた。しかし、クルマの便利さ（若者にはこれに楽しさが加わるようだ）は抜群で、人々は高価な支払いをものともしない。こうして、その増加は押さえようがないのが現実である。

この現実を踏まえつつ、それでもクルマを減らそうという提案が数多く出てくることを期待する。ただし、論理的に考えて、鉄道ができたらクルマが減るとはどうしても考えられない。便利さは鉄道を上回っているし、高いコストも人々は問題にしていないからである（私はバスとタクシーを利用したほうが安いし、健康的だと考えるから、クルマは持たない主義である）。

鉄道に話を向ける。府県別に鉄道輸送人員の動向をみると、大都市圏では増加しているが、地方では軒並み減少している。例えば九州では、福岡以外のすべての県で減少している。そして、新幹線型の遠距離高速線は地方でも輸送人員を増加させているが、二キロ間隔程度の「各駅停車」型は、急速に縮小していっている。

また、地方中小鉄道は、過疎化もあり、モータリゼーションもあって、路線の廃止が相次いでおり、一九六七年以降、一四六三キロが廃止されているし、今後も予想されている。

このような状況の中で、新たに鉄軌道導入を提案することは、時代錯誤もはなはだしいことなのである。

いま取り組むべきことは、道路の渋滞をなくすために、路上駐車を徹底して取り締まり、各種の乗り入れ規制を工夫すること、バスの路線改善、小型化などではなかろうか。例えば、ナンバーによる規制で、偶数日は偶数ナンバーの車しか乗り入れできないこととすれば、台数は半分に減少する。また例えば、国際通りの路上駐車は、人の乗り降り以外は認めず、商品の搬出入は午前〇時から七時までと、午後二時から三時までというように、一定の時間を限るといい。

もともと無用だったこの調査のために、すでに県は八〇〇万円も支出した。これ以上の無駄な調査はしないでほしい。鉄軌道ではなく「総合交通体系」のための研究は必要であるが。

（二〇〇一年一〇月に『沖縄タイムス』に投稿したが、不掲載）

7　沖縄振興特別措置は見直しを（県の「沖縄振興新計画」を読んで）

本土との格差はなくなってきており、［格差是正が］目標から外れるのは当然だ。だが［それは］国に特別の要求をする根拠が小さくなったということでもあり、高率補助の体系を今まで通り維持するのは矛盾がある。高率補助の弊害は随分出ている。過大な投資をするようになり、行政の健全な感覚がゆがんだ。那覇空港の沖合展開、那覇港のハブ化などと言っているが、需要や実態に合わない。国民の鐘を無駄遣いし、自然にも影響を与えた。特別に要求する状況でないのに、し続けており、他県から不当だと見られないかと危ぐする。［一人当たり］所得は最下位だが、生活実感として県民は格差はないと思っている。人口が平均以上に増加する中で、一人当たりの所得水準を大きな問題［である］かのように議論することはおかしい。生活の質の改善を考える時代だ。だが特別措置をいきなりなくせとは言わない。一〇分の九の補助率を一〇分の八にし、時間をかけて本土並みの二分の一にすればいい。個別に必要なものもあろうが、なくす方向性を示すべきだ。ビールや泡盛の特別措置なども、乱暴になくせとは言わない。ただ本当にないと駄目なのか、厳しく点検すべきだ。

民間主導の自立型経済との目標はいい。しかし国や県の仕事はあくまで基盤整備。それを民間が生かしきれていないのが問題だ。観光振興には賛成だが、国に要求するよりも自助努力だ。情報産業の集積はどの地域でも求めており、県独自の政策であるべきだ。加工交易型産業は、なぜ自由貿易地域の失敗を認めず、またやろうとするのか。基本的に沖縄で［は］製造業は難しい。輸送コストの軽減策は逆にみると、本土産が安価で入ってくることを意味する。国際交流はいいが、その拠点に名乗りを上げてもどうしようもない。世界が求めていない。金融特区も、まず国際金融取引の実績がない。

基地問題に関しては、基地をなくすのが正論で、代わりに何かを求めるべきではない。ただ跡地利用は相当大変な問題で、事業執行［について］の国の責任を明確にすべきだ。

沖縄経済に特効薬はないが、製造業や農業でも努力すべき課題はいっぱいある。国に何を求めるかという話と、どの方向に向かうかという議論は必ずしも同一ではない。国に求める部分、沖縄独自でやる部分を区分けしていくべきだ。

（『琉球新報』二〇〇一年三月二七日。文章は記者がまとめた。やや言葉を補足した）

8 「政治価格」としての軍用地料

今や「鈴木宗男《すずきむねお》問題」［鈴木議員が外務省を私物化し、地元企業に不公正に仕事を取り付け、カネをばら撒《ま》いていた。のち逮捕］が世間の注目を集めている。問題はますます広がる勢いを見せているが、彼は軍用地料の引き上げにも深く関わっていると報道された。沖縄にも、この政治家の進退がどうなるのか、わが身のこととして心配している人がいるということである。

私はこれまでもたびたび軍用地料の問題性を指摘してきた。このことを改めて論じてみたいと思う。私の指摘は、その水準が高すぎるというものであるが、復帰後早いうちは理解されず、その後少しずつ理解されてきて、三〇年を経過した今では多数派になったのではないかと感じている。

それは、現実に、軍用地地主は大きな収入を得ていて、地料のない一般の人々との間に不平等が生じていることが、しだいに実感されてきたからである。物価が沈静化し、地価が下落している中で、ひとり軍用地料のみが上がりつづけており、この不平等の実感はますます拡大しているからである。

数値を確認しておこう。軍用地料を坪当たりの総平均（軍用地料／施設面積）で見ていく。復帰時に一気に値上がりしたことは、ここでは触れない。復帰の年、一九七二年から五年ごとに、坪当たり一四三円、三二〇円、四五七円、五一九円、六八九円、九〇九円ときて、二〇〇一年は一一二三円である。これは、山林を含む総平均であって、都市地区の地料はこの数倍となっていることを忘れないでほしい。これを上昇率で見ると、一二四％、四三％、一四％、三三％、三二％、二四％となる。「軍用地料は年率五％は上がる」と言われているが、この数値で裏付けられる。

物価（沖縄県の消費者物価指数）の上昇率はどうか。同じく五年ごとの数値を示す。九五％、二六％、六％、七％、二％で、最新の五年間隔はまだ資料がない。そこで年ごとにみると、一九九八年をピークに、九九年は〇・一％下落、〇〇年は〇・五％下落、〇一年一〇月を前年同月と比較すると〇・九％の下落である。下落幅は拡大してきた。

地価の方は、ここ一〇年間は下落傾向にある。昨年三月の県企画開発部の発表によれば、「二〇〇一年の公示地価」は、住宅地で六年連続下落、商業地は一〇年連続下落、全用途平均では九年連続の下落である。また、昨年八月の沖縄国税事務所の公表によれば、「二〇〇一年の路線価」は九年連続の下落である。更に、昨年九月の県企画開発部の発表によれば、「基準地価」は、住宅地は三年連続下落、商業地は一〇年連続下落となっている。

人々は、軍用地地主をうらやましく思い、金があればそれを買いに行くようになった。買い手は多いが、売り手は少ない。したがって、相場は釣り上げられていく。株価は不安定で、銀行金利がゼロとなった今では、これ以上の投資先はない。その買い手は本土からも来ている。

軍用地地主の会である土地連は、毎年軍用地料の引き上げを陳情してきた。それを正義だと主張してきた。しかし、物価が沈静化し、地価が下落している中でのその引き上げは、理屈では通らず、政治力に頼るしかないのが現実で、そこに影の部分が生じることになる。特定の政治家が後押しし、その政治家には献金が戻ってくるという影である。鈴木宗男氏はそのような政治家の中でも突出した人だったようだ。

軍用地料が「政治価格」となって久しい。「不労所得」である軍用地料を受け取る者だけがほくほくしていて、沖縄社会においては、そのことが不公平を生み、勤労意欲を削《そ》ぎ、モノを生産する部門の後退を招き、地価の高騰を招いているのである。

沖縄人は、アメリカ占領時代の「島ぐるみの土地闘争」の印象が強く、軍用地地主を犠牲者だと思っている人が多い。私も彼らは犠牲者だったと思っているが、それは過去のことで、今では「高い」軍用地料の恩恵をたっぷり受けており、立場は逆転した。軍用地地主は、軍事基地の返還に反対する最大の組織的勢力になっている。

今、鈴木議員への政治献金をめぐって、新たな不正が追及され始めた。かつての土地連としての組織献金が、個人献金に形が変化しているが、実質は土地連の組織献金であることが明らかになろうとしている。軍用地料の引き上げが正義であるのなら、なぜこそこそと行動するのか。なぜ政治献金が必要なのか。

いつまでも軍用地地主に同情するのではなく、健全な社会を作るために、軍用地料の見直しが必要な時期にきている。

（『沖縄タイムス』二〇〇二年三月一六日）

9　山里永吉「ある基地の街の歴史」

（山里『壷中天地』光有社、一九六三年／山里『沖縄史の発掘』潮新書、一九七一年の中の表題の個所を、来間が二〇〇三年に「校注」を加えたものである。ルビや下線を加え、適宜行替えをし、［　］内に説明を入れた）

［山里永吉　一九〇二年那覇市生まれ、一九二四年日本美術学校中退。琉球博物館長、琉球政府文化財保護委員会委員長を歴任。画家。この本は一九六〇年一一月～六一年八月に「琉球新報」に書いた『壷中天地』が六三年に出版され、更にその中から「沖縄の歴史に関する感想だけを拾い集めて編集し」て、七一年に表題を変えて出版された。七一年の本では「終わりにかえて―ある基地の街の歴史」となっているが、その後半部分を転記した。執筆時期が一九六一年頃で、著者五九歳の作品であり、その先見の明に感動した。私の今の論調と響きあうので、転記した］

しかし、戦前私が知っている美里村《みさとそん》字《あざ》宮里《みやざと》は、とにかく辺鄙《へんぴ》な土地であった。石城《いしぐすく》家は、すでに没落しかけていて、私たちが行くときまってその一門の下門《しもじょう》という家に泊ることになっていた。下門は当時、美里村きっての豪農で城郭のような石垣を構えた広い家であった。いわば親戚のようなものだから、私たちが訪ねると普段つかわない表座敷に請じられて、台所ではあわてたように米を搗《つ》く音が聞えたものである。那覇からの客を歓待するために、新米を搗いていたのであろう。それだけに村の人たちは誰も彼も淳朴《じゅんぼく》であった。

その下門家に泊って、朝起きて顔を洗い、門を出ると前の田圃は朝もやに煙って、「ああ旅に来ているな」、という感を深くした。佐々木信綱《ささきのぶつな》の「鶏の声、水の響きに夜は明けて、神世に似たり、山中の村」という歌、そのとおりの風光であり、おそらく越来王子《ごえく》尚泰久《しょうたいきゅう》以来そのままの眺めではないかと思われるくらい神さびていた。それがなんと、いまの宮里十字路から料亭新橋あたりの話である。有為転変《ういてんぺん》というか、たった一〇年余りでこうも変わるものかと、浦島ならずとも呆気《あっけ》にとられる変わりようである。

人間の生活とか文化とかいうものは時代とともに進展していくのが当然であり、それがすなわち歴史というものであるから、別に宮里十字路が戦後発展し、田園が都会化したからといって驚くにはあたるまいが、あの付近の変わりようは時代の流れを一足飛びに数世紀もとび越えたような変わり方である。おそらく戦前、朝早くから夜おそくまで働いて、いくらにもならなかった農民たちが今は金儲けの簡単なことにむしろ驚いているのではあるまいか。それが良いことであるか悪いことであるか、それを論ずるのは野暮な話である。人間は誰でも生きる権利をもっており、生活を楽しむ特権をもっている。

戦前の沖縄の農民はあまりに惨めでありすぎた。それはむろん日本政府の政治よろしきを得ていない結果であったにちがいないが、一面から考えると沖縄の農民の宿命でもあった。猫の額《ひたい》ほどの畑を耕して、それで年中貧乏しているのが当然のように思われていた時代である。寝ていても軍用地料が舞込んでくる［日本復帰前のことを言っている！］わけではなかったし、基地の街になって天から降ってくるような恩恵もなかった。砂糖をつくっても芋を植えても、または野菜を売りに行っても、買手や商人から叩かれて、手に残るのはわずかな銭でしかなかった。

軍用地料問題で、沖縄が全島をあげて騒いだのは、人々の記憶に新しい［いわゆる「島ぐるみの土地闘争」のこと。一九五五〜五七年、ピークは五六年］。政府も、立法院も、新聞も、まるですべての沖縄人が地主であり、すべての沖縄人の土地が軍用地になっているような騒ぎであった［軍用地に土地を接収された人々の「不幸」を、我がことのように受け止めた］。その所有する土地が、一部でも軍用地に接収された農民は不幸である、といったような宣伝であったが、その結果はいったい、誰に莫大な恩恵をもたらしたのであろうか［一九五九年の軍用地料の大幅引上げ決着にほぼ満足した地主たちは、しだいにその恩恵に慣れ、基地の撤去に消極的になっていった。その後、一九七二年に日本にも復帰して、その「莫大な恩恵」はいっそう「莫大」となった。今では、軍用地主たちの団体である土地連は、明確に基地を容認し、その撤去に反対している］。

農民の土地が接収されて基地になった。基地経済機構が発達して、農民がその基地経済［↓基地収入］に依存する。鍬をすてた手に算盤《そろばん》を握って、それが幸福であるか不幸であるかは、その人自身にきかなければわからないが、基地経済［基地収入］が甘い汁であることは、いまさら論ずるまでもない。その基地経済［基地収入］が大部分、沖縄の財政［↓経済］を賄っていることも事実である。

反米とか親米とかいう言葉があるが、反米も親米も、すべての沖縄人が一人のこらず基地経済［基地収入］の恩恵をこうむっているのも、また否定できない事実である。

基地経済という特殊経済が、いつまでも続くものでないことは誰でも知っている。だから新しい産業を興せといったところで、言うは易く行なうは難いのが現実である。人間ならずとも、生物はすべて安易に生きられる場所に移動していく。それが自然の法則であり、農村の青年が農耕を捨てて、基地や基地の街に集まって来たところで、それを非難するのは無理というものであろう。

産物のない沖縄は、遠い昔から他国に依存して生きてきた。つまり、他国の物産を右から左に動かしてその利鞘《りざや》を稼ぐ中介貿易である。悪くいえば国際的カツギ屋である。それが沖縄経済の宿命のようなものであったから、やがて南方の貿易市場からしめ出しを食ってしまうと、政治家は、その後の自国の財政に誰もさんたる苦心を重ねてきたものであった。

その後の沖縄の経済史は、つまり「陳情の歴史」に変わっていくのであるが、その陳情の歴史がいまだに連綿《れんめん》として、経済援助をアメリカや日本に訴えているのがその実情である。端的に言えば、貰わなければ生きていけない生活である。まったく情けない生活である。

そういう現実を直視するとき、沖縄を救うものは沖縄人でなければならないことが、はっきりわかるであろう。平和な農村も、騒々しい基地の街も、すべて沖縄人が生きるための生業《なりわい》である。時勢と共に村や街がどのように変わっていこうと、そこに生まれ、そこに育って来たがゆえに、人々は各自の生活をそこに見つけたにすぎない。要は自分の立つところを深く掘って、そこに泉を見つけた者がいちばん利巧である。

10　沖縄振興新法について——国会での発言

衆議院沖縄北方対策特別委員会
平成一四年三月一九日（火曜日）
　　午前一〇時二分開議
　委員長　萩野　浩基

○萩野委員長　次に、来間参考人にお願いいたします。
○来間参考人　資料をお配りしてありますが、最初の二枚に、条文ごとに僕の意見を述べてあります。それで、これを先に片づけて、あと全体的な話をしたいと思います。
　まず、観光の振興が出ておりますが、国際観光振興会が海外で沖縄を宣伝するとか、あるいは国際会議の沖縄開催関係情報を沖縄県に提供するとかいうようなことがあるのですけれども、こういうことに、沖縄にだけ国が関与するということが必要なのかと疑問を感じます。共通乗車船券という話も実効性には疑問があります。さらに、空港内に免税売店を認める、これも実効性には疑問があります。今や関税が低くなって、メリットはありません。既に破綻したこの制度に期待するのがおかしい。かといって反対というわけではないのですけれども、賛成はできません。

それから、情報通信産業、産業高度化地域、自由貿易地域、金融業務特別地区、これについてもすべて実効性に疑問があります。

自由貿易地域については、既に破綻しているというふうに現状を見ますけれども、それなのになぜまだ期待をつなぐのかという疑問があります。僕は、前に、二一世紀プランにつながるＮＩＲＡの研究会のメンバーだったのですけれども、そこでも全県自由貿易地域については反対、しかし、地域限定の自由貿易地域については、反対はしない、しかし賛成ではないという意見を出しておきました。今も同じ立場です。

金融業務特別地区についても、これは沖縄にそういう必然性が全くないというところで、また国際的にそういう制度が求められているというふうにも考えられないので、これも、やりたい人がいるからやってもいいよ、だけれども僕は賛成しないし成功しないと思うという意見を出しておきたいと思います。

それから、次のページですが、文化関係は大体賛成です。ただ、大学院大学の設置については、国際的には意味があるかもしれませんけれども、実効性には疑問がありますし、できても沖縄には無縁の機関になるというふうに思っています。そうではなくて、既存の教育研究機関の整備充実ということが基本であるべきだと思います。

それから、沖縄の国際協力及び国際交流に係る施策を推進するとありますけれども、沖縄の経済及び社会の発展に資するため、経済の発展に資するために交流をするというのには、僕は賛成できません。文化、学術の交流は結構ですけれども、経済の面で国際交流というような発想はやめた方がいいというふうに思っています。

それから、次の、沖縄の均衡ある発展のための特別措置で、無医地区あるいは離島関係の項目が四つ五つありますけれども、すべて賛成です。しかし、こういうものを考えるときに、政府といいますか国会といいますか、そういう立場からは、なぜ沖縄の無医地区だけ、なぜ沖縄の離島だけという問題があるんじゃないかというふうに思います。離島における高齢者の福祉の増進というならば、何も沖縄に限定して考えることは必要ないのじゃないか、一般的な問題として処理すべきではないかというふうに思います。

それから、跡地利用の話、これが僕は一番言いたいことなんですけれども、国は財政措置を講ずると言っていますけれども、仕組みは示されておりません。大規模跡地の指定についても、国の取り組み方針を定めるというだけで、内容がわかりません。本来はその内容を法に規定すべきではないかというふうに考えます。特定跡地についても具体策は示されておりません。

大規模跡地給付金の支給というのがありますけれども、軍用地が返還されても、当該土地を使用せず、かつ、収益していないときは、地主に軍用地料相当額を支給するとあります。しかし、問題は、現状は地主の大半が使用しようとはせず、収益しようとはしていない、そういう現状にあるわけですから、こういう規定はいたずらに跡地利用をおくらせる結果になる可能性が高いわけで、これは賛成できません。

ほかにもいろいろありますが、条文に沿った意見は以上とします。

あと、次の資料は、一年前に県が出した基本的な考え方について、自問自答してみてメモをつくったことがあったのでそれをお持ちしました。その中で、高率補助の問題とか、国の投資をどう評価するかというようなことが書いてあります。

皆さんは、先ほどの何名かの方もそうですが、一人当たり県民所得が低いといって大問題であるかのように言いますけれども、僕は全然そうは思っていません。イギリスやフランスよりも高いのです。これでいいじゃないかというのが僕の意見です。それと、失業率の高さ、これは問題ですけれども、失業率という統計自体に疑問が少しありますので、その点からも検討が必要かなというふうに思っています。

これの六ページに、沖縄経済新法の制定に関する意見を書いておきましたけれども、これは経済新法という形で、知事の選挙公約からスタートしたと思いますけれども、新しい法律をつくる必要性というのがあるのかというふうにまず考えました。

一つは、従来の特別措置法がありますから、これの改正で済むのじゃないかというのが基本的に僕が考えたことです。そして、県が新法を要求する根拠として、民間主導による自立型経済の構築のために新法が必要だ、こういう議論があったわけですが、これは本末転倒だ。民間主導による自立型経済の構築ならば、民間でやればいい。そして、国や県はそれを応援すればいい。何も特別立法が必要という論理にはならないのじゃないか。

ただ、一つ、新法が必要だと僕が考えたのは、跡地利用のことです。これはもうそのままではできません。特に普天間基地を考えれば、これが返還されたら、時間も相当かかるでしょうし、大変な問題になるんじゃないかというふうに思っています。ですから、このことについて何か新しい規定が出されるならば、新法という形態もいいのじゃないかというのが僕の意見でした。

しかし、この法案を見ますと、それについては、先ほど言いましたように、具体性が全然ありません。これについての僕の意見は、このページの一〇行目あたりから書いてあります。詳しくは最後に載せてある、僕の著書からのコピーなんですけれども、九八年に出した本〔『沖縄経済の幻想と現実』〕に、跡地利用についての考え方を書いてあります。

どういうことかといいますと、この文章を読みながらいきますが、跡地利用は、本来、地主の仕事であるが、実態からして地主にはできないと考えられます。それなら、地主は、自分たちはできないから、行政にそれを頼むという手順が必要である。それを受けて、特殊法人をつくって、あるいは既存の法人を使ってもいいですが、そこがすべての返還跡地を買い上げるということを考えたらどうかと思っています。代金は地料の二〇倍程度、つまり相場で買うということです。それならば地主も反対しないだろうということ。

それで、地主一人一人の地籍は解明しない〔↓明確にしない〕。これをつくるのにまた数年かかると思います。こういうことはもうやらぬ方がいい。すべてこれまでの軍用地料を基準に、金額に換算して、お金を受け取って、個々の土地への権利を放棄してもらう。

特殊法人は、前もって計画を立てておくから、返還されたらすぐに事業を始め、道路を引き、公園、緑地を設定し、公共施設用地を準備し、商業地も用意して、商業地は周辺のことを考えれば普天間跡地にまたでっかいショッピングセンターをつくっちゃだめだというふうに思いますが、できることなら農地とか工業用地も用意して、残りを住宅として造成する。その上で、必要な人や団体にその土地を売る。土地を売り戻すときに、旧地主を優先することは考えてもいいと思います。

僕がこの沖縄経済について基本的に思っていることは、軍用地料が高い水準になり過ぎた。簡単に言いますと、これも新聞記事［本稿8「政治価格としての軍用地料」］を入れておきましたけれども、この一〇年間、まず物価は横ばいから少し落ちてきました。地価は一〇年前から落ち続けているんです。その中で、軍用地料だけが年率五％も上がっていくというこの異常さは是正しなくちゃいかぬというふうに思っていますが、そういうふうに引き上げられてきた軍用地料が周辺の地域社会に大きな影響を与えているというふうに認識しています。

そういう高い軍用地料が原因で、特殊法人がみんなから軍用地料並みで買ってまた売り戻すという事業をするときに、この法人は絶対赤字になる。ですけれども、このギャップを招いたのは政府の責任ですから、その特殊法人の赤字は政府が負担する、こういうふうにすべきではないかというふうに思っているわけです。

沖縄の特別措置の補助率の部分とか、個別には細かく検討しなくちゃいかぬことはありますけれども、一応、総論的には以上のことを述べたいと思います。（拍手）

○萩野委員長　ありがとうございました。

（議事録による。二〇〇二年三月一九日）

11　「奇策」によらず「動態」作れ

四月に「沖縄振興特別措置法」が旧法に若干の化粧をして施行された。これは、これまでの「格差是正」から「自立経済」へ、目標を変えたとも評されているが、はたしてどうだろうか。

復帰後三十年、公共事業を主体とした国の財政投資額はほぼ七兆円にもなり、産業基盤と生活基盤では格差はかなり解消した。そこで目標を「格差是正」とのみすることは現実的でなくなった。

それでも「一人当たり県民所得」は全国最低で、失業率の高さは全国最高である、ということが問題だとされ、「自立経済」をめざすから「魚よりも釣り具をくれ」と、県が国に要求し、今回の新法となった。

私は「一人当たり県民所得」は国の中では最低といっても、イギリスやフランスよりも高い水準であり、それ自体は問題ではないと考えるし、失業率の高さは、他方での就業者数の増加率の高さと併存していて、職場が失われていきながらの失業ではないという点に留意すべきものと考える。

「莫大」といっていい国の財政投資がなされながら、企業や個人の経済主体がよく育たなかったという現実がある。そのように見たら、課題はいっそうの財政投資にはないと言うべきである。

しかし、沖縄県はそれを要求しつづけ、それに加えて「自立経済」の手立てを要求した。自立を口にしながら依存を強める、矛盾した行為である。

手法として、新法には特別自由貿易地域と観光免税制度という、すでに破綻したものを再掲し、金融特区や情報産業特区、産業集積地域という、実効性がきわめて薄い制度が導入された。

「自立経済」とはそもそも遠大な課題であり、それに向かって一歩ずつ前進していく「動態」を作り出せばいいのであり、何らかの「奇策」で実現するものではないはずである。

県の要求は的外れだが、国はそれを承知で、基地確保のために譲っているように見える。

（『毎日新聞』〝復帰三〇年　沖縄は今〟のうち、二〇〇二年五月八日）

12　復帰三〇年の沖縄経済

沖縄は、今年五月一五日、日本に復帰して三〇年の記念日を迎える。「本土」復帰という人も少なくないが、事実は「日本という国家」への再編入であり、「日本」復帰が正しい。このことを経済に引き寄せて綴ってみたい。

復帰前、したがってアメリカ軍占領下の沖縄経済は「基地経済」といわれた。軍雇用員の賃金、軍用地料、軍による物資・役務の調達、軍人軍属の個人的消費などの「基地収入」が、沖縄の「対外収入」の六割を占め、「輸出」の二倍に上る「貿易」赤字はこれで埋め合わされていた。

その下で、本土と比べて、「三割の物価高、二割の賃金安の生活苦」と認識され、度重なるアメリカ軍・兵による事件・事故に悩まされていた。九割を超える人々が日本復帰を待ち望み、過半の人々が復帰運動を支持した。

復帰して三〇年。実態は明らかに変化した。中でも、財政資金の流入が画期的に拡大したことが大きい。このことは、基本的には「本土並み化」であって、「三割自治」体制に移行したということである。もちろん「復帰特別措置」的な部分も加わっているが、それは「若干」の上積みにとどまる。

道路、港湾、空港、橋梁などのインフラ整備が進んだ。生活基盤についても例外ではない。街と島の外観が（三〇年をかけてだが）一変した。復帰に託した県民の願いは、経済面ではこのようなことだったのであろう。今や「基地経済」ではない。「基地収入」の絶対額は増加しているが、相対的地位は大きく低下した。

今は「財政依存経済」になったというべきである。「3K経済」といういい方もあるが、これは、基地と観光と公共投資の頭をとったゴロ合せであり、分析的な評価ではないので、私は受け入れない。

しかし、軍事基地は縮小されながらも残った。経済面では「良かった」が、基地問題では「不満である」。そこで世論は分裂する。経済を重視する側は「復帰歓迎」となり、基地問題を重視する側は「真の復帰ではない」となる。これが選挙になると、人物の個人的評価や、地縁・血縁もからんで、流動する。

近年は「経済派」が優勢であるが、彼らも基地に対する不満を述べることをはばからないし、時に強い調子で抗議もする。ただ、その抗議は、けっして「基地撤去」まで突き進むことはない。基地は財政資金要求の「担保」だからである。

これに対する日本政府の対応は、基地の若干の「整理、縮小、統合」は進めるものの、その確保は譲らず、基地さえ確保できれば、県民要求には基本的に譲歩するというものである。

県が要求すれば、「一国二制度」的なことでも受け入れる。旧「沖縄振興開発特別措置法」が若干の衣替えをして「沖縄振興特別措置法」として、この四月に施行されたが、それは右の構図を典型的に表わしている。実効性のない「金融特区」「情報特区」「産業高度化地域」「特別自由貿易地区」「免税売店」などで埋め尽くされているのである。

喧嘩両成敗みたいな議論の仕方は好きではないが、他方の「基地撤去派」も、経済問題では弱い。「基地が沖縄経済の発展を阻害している」「基地が撤去されたらもっとよくなる」との主張である。

そんなことはない。基地は膨大なカネをばら撒いている。だからこそ「基地撤去」を言わない「経済派」が幅を利かせているのである。農業や製造業の不振は基地のセイではない。土地が無いからではなく、土地は余っている。基地が撤去されたら、八〇〇億円を超える軍用地料がなくなり、二五〇億円の自治体への基地関連交付金がなくなり、八五〇〇人の軍雇用員が解雇されるのであり、経済的にはマイナスなのである。

しかし、基地は撤去させよう。経済のためではない。人間の尊厳と平和と正常な生活の回復のためである。そのためには経済的な打撃も甘んじて受けよう。打撃は受けても、それは破滅への一歩ではなく、再建への一歩となるのである。経済の飛躍などの幻想を持たず、身の丈の経済を築いていくことへの舵の切り換えが求められている。勤労に基づく生活と、勤労に基づく収入に依拠した社会を取り戻そう。

私のこのような主張に対する支持は、いまだ大勢を占めるには遠いが、静かに広がりつつあるように感じている。

（『産経新聞』二〇〇二年五月九日夕刊）

13　金融特区は成功しない

「金融業務特別地区」（金融特区）が新しい沖縄振興特別措置法（振興新法）に盛り込まれた。沖縄県や名護市では、それを歓迎はするが、条件がきびしいと不満を述べている。

そもそも金融特区とは、税制などの優遇措置を認められた国際金融センターのことである。通常は、オフショア市場と呼ばれている。オフショア取引は、外国人から預かった預金を外国人に貸し付けるなど、非居住者との取引を行うもので、「外―外」取引といわれる。このようなオフショア取引を行う市場がオフショア市場である。

しかし、国際金融センターは、タックス・ヘイブン市場である場合がほとんどである。タックス・ヘイブンとは租税避難地、すなわち所得税、法人税、営業税あるいは利子・配当源泉課税などの租税がゼロあるいは大幅に軽減される国（または地域）のことである。多国籍企業などのための、税金のがれの仕組みなのである。国際金融センターは、歴史の中で成立した先進国の場合は別として、後発国がセンターをめざすときには必然的に税の優遇措置をとるのである。タックス・ヘイブン市場を一般にオフショア・センターと呼称することもあるほどである。

金融特区を要求する沖縄県や名護市は、所得税率などを極限まで低くするように求めているが、それはタックス・ヘイブン的な措置の要求である。沖縄に成立する必然性がないので、このような要求になる。

後進国の国際金融センターはまた、ブッキング・センター（記帳管理地）である場合が多い。つまり、タックス・ヘイブン所在地に名目上の本社・支店・子会社を設置し、そこでは仕分け、記帳、財務諸表作成や経理実務のみを行い、事実上の金融オペレーションは実際上の金融中心地で行うのである。沖縄の場合で言えば、本当の金融取引は東京などの金融の中心地でやり、特区となるであろう名護市ではただ実務を担当するのである。ＩＴ技術の革新、インターネットの普及、決済システムの整備が進んでいるので、いまや銀行のディーリング室の端末をたたけば、瞬時に海外の金融機関に資金を移動させることができる。何も名護にいなくても、取引はできるのである。沖縄への導入論者たちが、国が定めた「二〇人」という雇用最低限の設定に反発しているのは、このようなブッキング・センターとしての特区を考えており、そのためには最小限の人数でも認めて欲しいという立場であり、これを国は拒否しているのである。

金融特区は認められたが、当然ながらきびしい制限が設けられた。したがって、成功するとは考えにくい。国は、本来は認められない制度を、形式的には認めて（その代償として「基地の確保」という大きな成果を手にして）、金融政策の基本は維持しつつ、実質的には機能しないように仕組んだと考えられる。

そもそも政府はこの構想には反対していた。二〇〇〇年三月に来県した薄井信明大蔵事務次官は、名護市が求める金融特区を「一国二制度は無理」と一蹴した。しかし、その後「調査する」に変化した。知事も当初は慎重な姿勢であった。経済界からも疑問視する声が出された。大蔵省は、二〇〇〇年七月の沖縄サミットを控えた四月に名護市に担当者を派遣して、「サミットの会場地でそういう計画があると日本の立場が悪くなる。ダブリン型だけは困る」と非公式に申し入れた、と報道されている。自民党税調も疑問を出した。ところが、最終的には「政治の力」が合理性の世界を打ち砕いた。

名護市が要求したが認められなかったものに「キャプティブ保険」がある。これは、大企業やそのグループが、負担している保険金を子会社を作って再保険にかけるもので、日本では認められていないものである。それを認めさせることが正しい要求なのか、疑問である。

キャプティブ保険を認めないなど、国が制限を設けてきたのは当然であり、これに対して県や名護市が要求していることの方が不当である。国は「減税だけメリットを得て沖縄に少しもメリットがない、そういうペーパーカンパニーであっては困る」(国会答弁)から「二〇人以上」の条件をつけた、「所得控除三五％というのは、もう日本のどこにもない、最優先の優遇措置」(同)であり、それ以上の優遇を認めたら「タックス・ヘイブン」になってしまう、との立場である。したがって、今後とも国は譲らないだろうし、「金融特区」は成功することはないであろう。

四月三〇日に、琉球銀行が「沖縄金融特区の実現に向けて」という報告書を発表したが、これは事実上、「実現が難しい」ことを表明しているようなものである。報告書は冒頭で「地元金融機関としても、同地区の創設には積極的に協力し、また活用することを真剣に検討するものである」と述べている。つまり、「待ってました」ではなく、制度ができたのだから「協力する」といい、これから

「活用することを…検討する」というのである。結論として、「今回示された金融特区の枠組みのなかで何ができるか」。「①金融関連バックオフィス業務、②資産運用業務、③資金管理業務等が考えられる」とある。ここでも、待ち望んだ制度ではないことが表明されているようなものである。自らが主人公ではなく、進出企業に対してバックからサポートする（「進出企業への預金業務・融資業務、外国為替業務等の通常銀行業務サービスの提供、また進出企業のバックオフィス業務の受託等」の「役割」を担えるかもしれない、と述べている）、というのである。しかも、これらの業務を行うのに、よりいっそうの「支援」を求めている。

「前述の業務を特区で行う際に必要な支援として、既に県が必要と考え、実施している通信助成措置として、通信費補助、人件費補助、オフィス賃料の補助がある。その他、更に特区への企業進出を促す措置として、①住民税の軽減、②高速料金の補助、③那覇空港での無料駐車スペースの確保、④特区内への行政出先機関の設置、⑤特区内銀行の支店等に対する地方税の免除等が考えられる」。沖縄の今の言論を象徴するように、言いたい放題である。これほど手厚い「支援」を受ける企業は、はたして「企業」といえるのだろうか。本末転倒ではないか。何のためにこの制度を作らせたのか、疑問は深まるばかりである。

中身もよく吟味しないで、ただ「一国二制度」を要求する。それが認められなければ国が悪いと単純に判断する。しかし、特別自由貿易地域も「一国二制度」なのに機能しないではないか。こんどの金融特区も同じ轍を踏むことになろう。

（二〇〇二年五月七日、『沖縄タイムス』に投稿したが、不掲載）

14　沖縄——「常識」を見直す視点

沖縄経済の現状

沖縄経済について語るとき、人々は常にこういう。一人あたり県民所得が全国最低、失業率は全国最高、と。それ自体は事実であるから、それでいいが、そのことの評価については、私は「人々」と隔たりがある。

「一人あたり県民所得が全国最低」でも、それでいいというのが私の意見である。差はあるが、段差を持っての最低ではないし、イギリスやフランスよりも高い水準である。例えば沖縄県人が鹿児島や青森に旅行をして、所得格差を感じるだろうか。そうではない。沖縄に住んでいて、テレビで各地の実状に触れて、所得格差を感じるだろうか。そうではない。もはや、県民所得やGDPを伸ばすことに汲々とする時代ではあるまい。量的な拡大ではなく、質的な充実を求めよう。

「失業率は全国最高」でも、他方で就業者数の拡大テンポもきわめて高く、その率は各県と比べて、最高の水準にある。つまり、就業者数の増加率が高くても、人口の増加率がそれより高いために追いつかず、失業者が排出するのである。失業率の高いことは問題ではあるが、統計の信頼性の問題もあるし、大問題とは言い難いのである。

さて、「人々」は、これらのことを政治やアメリカ軍基地のセイであると論じたがる。沖縄の復帰後、日本政府は三〇年間で八兆円近くの財政資金を投入した。金額が少ないとはいえまい。では、多すぎることが問題か。そうでもあるまい。問題はやはり何に支出したかという内容に帰着しよう。

内容は、公共事業が九割を超える。それを多い順に並べると、道路、下水道・環境整備等、港湾・漁港・空港、農業農村整備などとなる。これらを限定なしに「無駄な支出だった」ということはできない。別の何かに支出すべきだったという論法もありうるが、国庫金の支出は法律によって規定され、制限されているから、これら以外への支出は難しい。

国は、このような産業基盤や生活基盤の整備を支援して、そこに産業が育ち、生活が快適になることを期待したわけであり、そこに目標の誤りは認めがたい。個別に、この道路は建設すべきだったか、この橋は架けるべきだったか、この土地改良事業はすべきだったかと検討していけば、いろいろと問題はあるであろう。そして、このような財政資金の投入が三〇年間も続けられてきて、そろそろ飽和状態に近づいてきているので、しだいに無駄で過大な事業が増えてきたという指摘は必要だろう。しかし、国庫金の支出が押しなべて不要という論も立てられない。

産業基盤や生活基盤の整備は進んだものの、「そこに産業が育ち、生活が快適になる」ことが弱かったことにこそ、問題点を見なければなるまい。しかし、そのことは国だけの責任とはいえず、沖縄は産業が育つ環境として不利な点があり、育てる力が弱いという面もあることを無視することはできない。

それでは、アメリカ軍基地の存在が、沖縄経済発展の阻害要因なのであろうか。

アメリカ軍基地の現状

その前に、基地に関わる現状を整理しておこう。すでによく知られていることでもあるが、一通り述べることにする。

沖縄のアメリカ軍基地面積は二万三七五四ヘクタールあって、自衛隊との共用を除く専用面積だけでみれば、日本全体の七四・八％が沖縄県に集中している。沖縄県の面積の一〇・五％を占め、沖縄本島面積の一八・九％が基地である。沖縄本島の中では、中部に多くここの二五・四％、次が北部でこの一九・九％を占めている。

面積に関する注目点は、国有地面積の少なさである。日米安保条約では、日本政府がアメリカ軍に施設を提供することになっていて、それは国有地が一般的である。民有地地域が必要であれば、それを国が接収して提供する。ところが沖縄では、アメリカ軍占領支配下で基地建設がなされ、日本政府は関与できなかったために、国有地にならなかった所が多い。比率では、国有三四・二％、県有三・五％、市町村有二九・二％、その他の民有三三・三％である。そこで「軍用地料」という、他ではほとんど見られない問題が出てくる。

また、復帰時とその後に返還は進んでおり、二〇〇〇年三月までに五〇七ヘクタールとなっている。この跡地利用をめぐって問題がある。

基地で働く日本人は八五〇〇人程度で、就業者数に占める割合は一・五％である。準公務員の待遇

参考　米軍構成員等事件件数（2008年5月作成）

年　次	凶悪犯	粗暴犯	窃盗犯	知能犯	風俗犯	その他	計
1972−76	170	311	531	49	7	174	1,332
1977−81	204	274	510	47	10	264	1,178
1982−86	65	164	490	27	8	120	886
1987−91	34	75	331	10	7	97	674
1992−96	19	28	345	3	10	48	453
1997−2001	17	35	129	9	10	53	218
2002−06	15	51	161	34	11	103	375

（出典）沖縄県総務部知事公室基地対策室編『沖縄の米軍及び自衛隊基地（統計資料集）』（2007年3月）．原典は，沖縄県警察本部の資料．

は失業率の高い中では魅力とされる。ただし、日本国籍を得たアメリカ人も少なくない。

在沖アメリカ軍人の数は二万四八〇〇人で、軍属と家族を含めて四万九五〇〇人となる。県人口が一三三万人だから、その四％弱という比率になる。ただし、大半は基地施設の中で暮らしていて、町に出てくる者はごく少数である。基地の中には、小中高校も大学もあり、教会も、運動施設も、売店もあり、生活のすべてが可能となっている。それに、かつて三六〇円もした一ドルの価値が、今ではほぼ三分の一にまで低下していて、基地の外でカネを使うのは容易ではなくなっている。

犯罪や事件・事故は絶えない。しかし、復帰後は減少傾向をたどっている。二〇〇〇年には五三件（うち凶悪犯罪は四件）、六七人（同四人）である。一九七二年の復帰後しばらくは三〇〇件（同四〇件）、三〇〇人（五五人）ほどだった。これは「地位協定」の影響と見られる。不満の多い協定ではあるが、復帰前の沖縄にはそれさえ適用されておらず、「無法地帯」（治外法権）であったのであり、アメリカ軍はその状態を継続することを希望したが、復帰という事態を迎えて拒み通せなかったのである。

基地と経済

さて、経済問題に関わらせて基地問題を考えよう。沖縄県民が、きびしい戦争体験をもち、平和への願いを内に秘めながらも、基地に反対しない風潮を蔓延させているのは、経済の問題からきている。基地は「平和の障害物」であり被害を与えるが、その一方で、さまざまなカネを撒き散らすからである。

最大の問題は軍用地料である。それは多くて、かつ単価が高すぎる。多いのは面積が広いからであるが、それだけでなく単価の高さによって増幅されている。そして、物価が上がらず、地価が下がっている中で、ひとり上昇を続けている。もちろん、地主が基地に反対しないように仕向けているのである。

軍用地料の総額は、復帰前年が三一億円、復帰の一九七二年が一二六億円で、この時に四倍になった。これらは年度移行のため、両年とも一〇・五か月分である。翌七三年は一八二億円、その後の継続的な上昇の結果、二〇〇〇年度の当初予算で八二六億円である。一八年間で約六倍になった。この額は、農業粗生産額九五三億円の八七%、経費を除いた農業生産所得四八九億円の一・七倍にあたる。沖縄は「農業県」であるよりは、はるかに「軍用地料県」なのである。

単価は地目によって異なるが、山林でも農地並みの高さというように、割高になっている。そして、嘉手納以南の地域では、宅地は宅地、その他のすべての地目は「宅地見込み」とされ、この二種となる。復帰前に山林・原野として地料を受け取っていた土地も、復帰後は都市近辺だから宅地に準ずるとされたために、いきなり一〇〇倍になったところもあるわけである。

この軍用地料を受け取る地主数は約三万人いる。一人あたりでは二七五万円となる。月二〇万円以上の「不労所得」を受け取る「地主階級」が分厚く存在している。とはいえ、彼らは好き好んで基地に提供したわけではない。強制的に収用されたのである。だから、戦後の二〇年ほどはさまざまな辛酸をなめさせられたであろう。これは同情に値する。

しかしながら、歴史はそこに止まってはいなかった。一九五九年に地料水準が引き上げられ、立場の逆転が始まった。軍用地料のある者は喜び、ない者はある者をうらやむようになっていった。そして、先ほど述べた、復帰の時の大幅引き上げがきた。一気に四倍になり、その時から今日まで、更に六倍に上昇した。

当初は、県民の多くが軍用地主に同情していた。県民の生活苦を象徴するような存在であった。だから一九五〇年代に「島ぐるみの土地闘争」が燃え上がった。ところが、しだいに状況は変化してきて、地主は軍用地料の高さに満足し、今日では基地の返還には反対だと公言するようになった。彼らの生活の実態も豪華な住宅に住み、豪華な家具や車を備え、豪遊する姿が見え始めた。もはや同情の対象にはすべきでないのである。

このように言うと、軍用地主の会である土地連は、大半の地主は一〇〇万円前後であって、生活費に使っているだけだと弁解する。入ってきた金を生活費に使うのは当然であって、問題は生活の中身と水準にある。通常の月給取りの元に毎年一〇〇万円もの「追加収入」があることを想定してみるといい。その大変さが自覚されていない。

とはいえ、それは地主が進んで求めた結果でないということも事実である。他人の収入をうらやみ、使い方をなじるのはよしたほうがいいかもしれない。

ところが、このような実態が、地主でない県民一般にもマイナスの影響を与えているのである。それは地価水準の上昇である。沖縄の地価は高い。一人あたりの県民所得が四七位であるというのに、地価は一四位である。

軍用地料の次に問題になるのは、自治体に対する基地関連交付金などである。県や市町村は、「基地があるから」を理由に国に迫り、国は「基地が維持できるなら」と、その要請に応える。その額はどんどん増額され、県内でも「基地のない市町村のことも考えてほしい」という声が上がっている。

自治体財政の基地依存度は、次のとおりである。金武町三三・一％、恩納村二一・六％、宜野座村二六・六％、嘉手納町二五・六％。絶対額で多い方をあげると、名護市三七億円、沖縄市三一億円、金武町三〇億円、恩納村二五億円、嘉手納町二一億円などとなる。

軍雇用員の問題もある。復帰後七〇〇〇人まで減少していたが、最近は八五〇〇人に増加している。これは、その賃金を「思いやり」と称して、日本政府が肩代わりしているため、アメリカ軍が潤沢に使うようになったためという。二〇〇〇年度末には、「予算が残っているから」と、雇用員の掛け込み募集があって問題化した。

このほか、漁業補償が一九億円もある。

これらによって、「基地の返還は求めず、カネを求める」、「基地被害には抗議するが、基地の返還は決して求めない」という沖縄のあり方、近年特に目立ってきた沖縄の卑屈なあり方が出てくるのである。その文脈の中で日本政府に対して、時に強くあたる場面がある。「地位協定を見なおせ」「移設先の基地は一五年の使用期限を設けよ」という。しかし、「基地には協力して、カネは出してもらう」という基本姿勢に立っているので、政府から見て少しも痛くはない。

基地の代償としての「経済振興策」

いま、政府は沖縄県からの要求は、それがカネで解決のつくことであれば、すべてを受け入れる態度を取っている。その中には理屈では説明つかないものも少なからず含まれている。行政の原理からは容認できないもの、他の府県との公平性を欠くことになるものなどもある。そのような要求があったとき、行政官は一応問題点を指摘するが、それでも沖縄側が粘れば、結局は容認する。

このことは、沖縄にとっても決していいことではない。政治家の「活躍」の場が広がり、見返りに票はもらえるし、献金を受け取れる。そのことは、国レベルだけでなく、県・市町村のレベルでも言える。

普天間基地の移設先とされる本島北部地区に対する「北部振興策」が、一昨年決まった。向こう一〇年間、年に一〇〇億円を提供するという。地元は、それが「基地容認」と引き換えだと知りつつ、それには触れずに受け入れた。ところが地元からは有効な提案が出てこない。それでも、そのことは政府の責任にはならず、提案できない地元が悪いということになる。復帰後すでに過大な投資がなされてきた、その上に積み上げる投資だから、アイデアはそうそう出てこないのである。

二〇〇二年四月から、旧法を衣替えして「沖縄振興特別措置法」がスタートした。その理念も内容も、上に述べた状況の延長線上にしかない。したがって、政府は「こんなことが本当に必要なのか、有効性があるのか」と問われれば、「沖縄県の要望に沿いました」というだけなのである。

例えば、「特別自由貿易地域」は旧法にもあったし、すでに動いているものであるが、想定されたように企業は寄って来ず、広大な敷地が開いたままである。また、空港の免税売店制度も旧法にあったが、これを空港外にも認めることになった。しかし、空港内の免税売店は復帰当初とは異なって、しだいに利用者が減っていって、ついに撤退し閉店したばかりである。もっとも、アメリカの会社が入るというので、そのための工事をしているところであるが、会社が変われば成功するというものでもあるまい。

また、金融業務特区、情報通信産業特区、産業高度化地域などを設けるというが、そのいずれに成算があるというのか。このようなことは、単なる税制優遇措置で立地するかどうかが決まるものではなく、沖縄の現実からくる何らかの必然性の上に立っていなければならないはずである。

このように、政府自体が成算があるとも思っていないことが、沖縄県の要請だからと制度化されていく。この構図では、どう転んでも政府には責任がなく、政府は基地容認という回答を取り付けることで満足することになる。

再び、基地と経済

復帰後の八兆円にも及ぶ国の財政投資は、産業基盤・生活基盤の整備には役立ったが、その下で産業はあまり育たなかった。近年出てきた基地容認の代償としての「経済振興策」も、同じ路線上にあるので、結果に変わりは出ない。そして、新しい制度としてもてはやされている特別自由貿易地域や金融特区には実効性がない。

これらのことを含めて、やはりすべて基地が問題なのではないかと考えるのも自然な成り行きかもしれない。しかし、これも当たらないのである。

製造業や農漁業が発展しないのは基地のセイではない。地価が高いことの影響は受けているが、土地が足りないからではない。基地の事故や騒音のためでもない。基地は街づくりをゆがめているとはいえるが、経済的には所得をもたらしているものであって、マイナスには作用していない。

軍事基地は、戦争につながる装置であるから、「絶対悪」というべきであろう。そして、日常的にも危険を抱えさせられている。無くすべきである。

だが、このことと経済問題とは別なのだ。基地がない方がいいというのは、経済問題からきていることではない。経済問題としての基地は、カネを撒くという意味でプラスといわざるをえず、基地の撤去は経済的にはマイナスなのである。マイナスであっても基地は無くすべきと主張したい。

そのマイナス面は、先に見たことの裏返しだから、くり返しを避けることはできないが、簡単にまとめておこう。まず軍用地料の八二六億円が無くなる。自治体の受け取っている交付金が無くなる。九億円の漁業補償金が無くなる。八五〇〇人の軍雇用員が職を失う。それでも、基地は返還させようというのが私の立場である。

軍用地料は無くなるが、その代替利用によって全額とはいかなくても、ある程度（半分くらい）は新しい収入源をえられよう。そこには雇用の増加も期待できる。地主たちは、これまでの異常な収入に頼った生活から、勤労に基づく健全な生活に転換すればいい。自治体は、これまでの異常な特別収入に頼った運営から、通常の慎ましやかな運営に戻ればいい。漁業者は漁業を再開すればいい。軍雇用者は、以上の結果生まれてくる新しい健全な仕事に従事すればいい。

基地が返還されれば経済的にはマイナスなのだが、打撃的なマイナスではないのである。だから、これらを理由に基地の返還要求をちゅうちょしたり、反対するのは許されない。

反対に、基地がなくなれば経済的にプラスになるという主張もある。これにも私は反対する。基地の跡地利用では現在の軍用地料を上回る収入は発生しない。それほどまでに地料は高くなりすぎている。沖縄にはこれ以上のショッピングセンターを作るべきではない。商業以外の立地は、工業でも農業でも収益は上がらない。ただ、いびつな街が是正され、不労所得が排除され、平和で健全な生活の場が拡大することは期待できるし、経済的にはマイナスであり、産業を興すことは困難であっても、それに立ち向かうしかあるまい。だから、基地は撤去させたいのである。

(地理教育研究会編『地理教育』第三一号、二〇〇二年七月)

15　基地撤去と経済発展の関係をどう考えるか（丸山和夫氏との「論争」）

二〇〇二年九月二八日

『一坪反戦通信』（№一三八、二〇〇二年七月二八日一坪反戦地主会関東ブロック発行）に、私への批判が載っている。書き手は「編集後記」の「（ま）」氏である。

関東ブロックの学習会では来間泰男氏をお招きして沖縄の経済についてわかりやすく解説していただいた（付録に講演全文を掲載）。「軍事基地は絶対悪であるから無くすべき」という。まことにしかり。しかし、「経済問題としての基地は、カネを撤くという意味でプラスといわざるをえず、基地の撤去は経済的にはマイナスなのである。マイナスであっても基地は無くすべき」という。そうだろうか。〈富〉とは単なる金ではない。環境資源は、通常市場価格こそ存在しないが、生活や生産に多大な便益を与えている。「グリーンGNP」は環境上の〈富〉の増加や減少をも含めた真の経済的な福祉の大きさを表す指標である。〈経済的にはマイナスであっても基地は無くすべき〉では、人々を納得させることはできないだろう。大田《おおた》が稲嶺《いなみね》にあっさりと負けたことでもわかる。残念ながら、一般の人々は反戦地主のように高潔ではない。基地はいや、でも金は欲しい。それはしかたがないことだ。基地撤去は経済的にも〈ペイする〉ことを示さなければ、人々の総意に基づく基地撤去は不可能だ。経済学者にはそれが求められている。〈土地は万年。金は一時〉（阿波根昌鴻《あはごんしょうこう》、二頁参照）（ま）

そこに見えるように、私の講演記録は「付録資料」として掲載されている。若干の誤植があるが、致し方もあるまい。

この「編集後記」の「そうだろうか」以下を検討させていただく。

「〈富〉とは単なる金ではない。環境資源は、通常市場価格こそ存在しないが、生活や生産に多大な便益を与えている。〈グリーンＧＮＰ〉は環境上の〈富〉の増加や減少をも含めた真の経済的な福祉の大きさを表す指標である」とある。

私は「〈富〉とは金である」と述べただろうか。そもそも「富」については論じていない。私が「経済問題としての基地は、カネを撒くという意味でプラスといわざるをえ」ない、といっているのは、「富」を論じているのではない。おっしゃるとおり「環境」は福祉の指標としては大きな要素であろう。しかし、「経済」というものはカネが増え、カネが動き回れば「発展」するものなのである。つまり、「経済」や「経済発展」というものは、そもそも「善」ではなく、「善悪」併せ呑むシロモノなのである。そのような「経済」にとって、基地がもたらすカネは「プラス」に作用する、と私は言っている。そして、ぜひ読みとってほしいことは、「経済的にプラス」だから基地を容認しようとは決して言っていないことである。このような私の議論に「〈富〉とは金である」という主張が含まれているか、再度ご検討願いたい。

次に、(ま)氏は「〈経済的にはマイナスであっても基地は無くすべき〉では、人々を納得させることはできないだろう。大田が稲嶺にあっさりと負けたことでもわかる。残念ながら、一般の人々は反戦地主のように高潔ではない。基地はいや、でも金は欲しい。それはしかたがないことだ」と述べている。私は「基地がなくなれば経済的にプラスになるという主張もある。これにも私は反対する」と述べた。(ま)氏は、この「プラスになるという主張」に同調しているようだ。それでは「人々を納得させることはできない」というが、(ま)氏自身が納得していないのであり、まずは(ま)氏に納得してもらわねばならないようだ。

私は、基地撤去が経済的にマイナスになる要素を挙げた。(ま)氏はこれを認めないのかどうか。軍用地がなくなるのだから軍用地料はなくなる、軍雇用員も解雇される、などのことを認めない人はないと思うが。次に、認めるとしても、「もっとプラスになる」という要素が提起できるのかどうか。私はできないと述べた。(ま)氏はできるのか、それを問いたい。

大田が稲嶺に負けたのは、私の論では「人々を納得させることはできない」ことの証拠となるのか。大田は私の論とはずいぶんかけ離れていた。この言を「革新勢力が保守勢力に負けたのは」と読み替えていえば、「革新勢力」が「経済振興策」を批判できず、それに引きずられていて「基地撤去」だけで闘うから負けるのだ、と言いたい。「経済振興策」そのものを批判しないで、それはいいことであるかのように受けとめて、基地問題を論じるようでは、沖縄に展望はこない。そもそも大田こそ「基地カード」を振りかざして「経済振興策」を取り込もうとしていたのであり、その限りでは、稲嶺の場合と同一なのである。

「革新勢力が保守勢力に負けたのは」、私の論が間違っているからではなく、私の論では「人々を納得させることはできない」からでもなく、私の論で人々を納得させる取り組みがなされていないからなのである。つまり、私の意見は少数意見に留まっており、これが多数意見になることがなければ、「革新勢力は保守勢力に負け」続けるだろうし、知事選挙で勝利しても、沖縄を正しい方向に導くことはできないであろう。

（ま）氏は、多くの人々の立場を「基地はいや、でも金は欲しい」と描いて、「それはしかたがないことだ」と容認している。①「〈富〉とは単なる金ではない」と、私を批判した論理と、「金は欲しい」と言い、金を「富」として求める人々の立場を容認する論理とは、どのように調和しているのだろうか。②私は金を求めてはいない。私は人々に対して金を求めてはだめだ（勤労に基づいて獲得した金は別である）、と呼びかけているのであって、「金は欲しい」という主張を批判する。決して容認しない。③このような「世論」が主流である間は、世の中は絶望的なのであり、私はこれを批判する。しかし（ま）氏は「それはしかたがないことだ」と容認しているその延長線上に、どのような展望を持っているのだろうか。

（ま）氏の答はこうである。「基地撤去は経済的にも〈ペイする〉ことを示さなければ、人々の総意に基づく基地撤去は不可能だ。経済学者にはそれが求められている」と。「経済学者」（ここでは私）に対して「基地撤去は経済的にも〈ペイする〉ことを示」すよう求めているのである。私は「それはできない」と述べた。それができなくても「人々の総意に基づく基地撤去は不可能」ではなく「可能だ」と思っている。(ま)氏のように、「基地はいや、でも金は欲しい。それはしかたがないことだ」といっては、基地のばら撒くカネに翻弄されて、しかも「経済振興」も実現せず(私はそれを求めないが)、基地はいつまでも残り続けることになろう。

私の論は、現在はまだ少数意見だが、(ま)氏を含む「心ある人」に受け入れられ、いずれ多数意見になる日を待っている。

(編集部注　本誌前号(第一三八号)の編集後記に対して、来間泰男氏からご意見をいただきましたので、掲載いたします(原文横書き)。編集部では、この件に関しまして読者の皆様のご意見を募集中。なお、「(ま)」は関東ブロック運営委員の丸山和夫です。)

(第一三九号、二〇〇二年九月二八日)

二〇〇三年六月二四日

私の「(ま)さんの批判に答える」(二〇〇二年八月二七日、『一坪反戦通信』No.一三九、二〇〇二年九月二八日掲載)に対して、「(ま)さん」こと丸山和夫氏から「反論」が届いた。これにコメントしたい。

①丸山氏は「私としては講演を拝聴して、〈そもそも「富」については論じていない〉ところに違和感を感じてあの文章を書いた」という。

私は「富」とは何かを論じていない。しかし、「富」をひたすら求める風潮には異議を唱えている。

②丸山氏は「沖縄の過去・現在・未来を論じるときに、狭義の〈経済〉(カネの動き)だけを対象にしてもあまり意味がない。私は(広義の)〈経済〉とは、単なるカネの動きではなく、人々の〈生活の質〉をも数量化したものと理解している(門外漢が勝手な定義をしては困ると言われそうだ

が)」という。

立派なご意見で、私のようなちっちゃな経済学者には手に負えない大きな課題であり、質を量で表わすにはどうしたらいいいか、私には皆目分からない。

③丸山氏は「編集後記の文脈では〈特定の経済主体〉とは沖縄の人々。〈財〉は単なるカネではなく、安心して暮らせるという〈生活の質〉をも含めたものだ。つまり、単なる狭義の〈経済〉ではなく、〈生活の質〉を含めた〈広義〉の沖縄経済を論じてもらいたかったということである。〈富〉ではなく、そのまま〈経済〉を使うべきだったかもしれない。その点は反省している」という。

かの「編集後記」には、「特定の経済主体」の話は書かれていない。「財」についての記述もない。「富」について、「単なる金ではない」とあるのみ。自分の発言をその文言に即して述べるのではなく、表現を変えてくるのでは、対応は難しい。

④私は「基地撤去が経済的にマイナスになる」ことを論じて、「(ま)氏はこれを認めないのかどうか」、また「次に、認めるとしても〈もっとプラスになる〉という要素が提起できるのかどうか」と問いかけた。

これに対して、丸山氏は次のように答えている。「基地撤去によって、軍用地料も基地交付金も軍雇用員の賃金も無くなる。これはカネの動きとしてはマイナスである。議論の余地はない。問題は、基地撤去にこれを補う潜在的要素があるかどうかだ。私はあると思う。カネの動きだけでも」、と。

具体的には三つの点を指摘した。そして「つまり、基地の存在によって、その土地から得られる潜在的な収入や雇用が押さえられている」と結論している。「これでも基地を撤去したら〈金銭的にはマイナス〉になるのであろうか。もちろん、これに〈生活の質〉を何らかのかたちで貨幣価値に置き換えることができれば、プラスはさらに増えるだろう」。

つまり、丸山氏は初めには「基地撤去が経済的にマイナスになる」ことを認めた。そのことに「議論の余地はない」と。しかし、基地が撤去されたら、その経済的マイナスを補う「潜在的要素」があるかといえば、「私［丸山氏］はあると思う」として、一定の論証をした上で、「これでも基地を撤去したら〈金銭的にはマイナス〉になるのであろうか」と結論を逆転させた。

そして、その「潜在的要素」を裏づけるものとして、いろいろな数字を挙げたのである。これらが「面積に比して、基地から得られる収入の割合ははるかに少ない」ことを示しているかどうか。沖縄県の面積に占める基地面積の比は一〇・四％（丸山氏は数字を示してはいないが）、なのに「軍関係受取は県民所得の四％、六％を占めているにすぎない」、だから軍関係受取が二倍になるほどの所得獲得の可能性を示している、という論理である。

県民所得は土地面積に比例するものではなく、すべての経済活動の結果である。土地をわずかしか使わないでも大きな所得をあげる企業もあれば、農業のように広い土地を使いながらも小さな所得しかあげることのできない分野もある。山林などはほとんど所得を生まない。これらすべての結果が県民所得として集計される。

丸山氏は、基地は面積比で一〇％なのに所得比で五％しかないのは、基地が所得獲得を削減しているから、としている。なぜ面積比と所得比が対応せねばならないのか。沖縄の米軍基地の七〇％近くは北部の山林に設定されている。山林の所得獲得力が、農地より低く、ましてや都市的土地利用と比べて大きく落ちることは自明である。したがって、丸山氏の示す数字は、基地の多くが山林に設定されているにもかかわらず、標準よりはるかに高い所得を獲得できている現実を示すものなのである。これは、基地が返還されたらもっと多くの所得を獲得できることを示しているのではなく、その逆である。

⑤丸山氏は「大田が稲嶺に負けたのは、基地撤去が沖縄の〈経済〉にとってプラスであることを選挙民に納得させることができなかったことだ」と考えている、という。「来間氏と大田が、経済振興策への評価など多くの点で異なっていることは理解しているつもりだ」。

私は「基地撤去が沖縄の〈経済〉にとってプラスである」とは思わないし、そのようなウソを宣伝して選挙民の歓心を買おうとすることは、一種の詐欺だと考えている。いわゆる「経済振興策」は、基地の容認と引き換え条件なのであって、丸山氏が理解を示してくれたように、大田は今の稲嶺につながる、そのような「経済振興策」獲得路線の定置者であった。

⑥丸山氏は次のように言う。「来間氏は、〈私の意見は少数意見に留まっており、これが多数意見になることがなければ、『革新勢力は保守勢力に負け』続けるだろうし、知事選挙で勝利しても、沖縄を正しい方向に導くことはできないであろう〉という。残念ながら氏の意見が多数意見になることはないと私は考える」。

このことについては、見解が違うということを確認するだけでいいだろう。

そして、丸山氏がそう言うのは、次の理由からである。「〈『金は欲しい』と言い、金を『富』として求める人々の立場を容認する〉[これは私が丸山氏に対して言った言葉である]のは、それが悲しいかな人間の現実だと思うからである。だから、〈経済的にはマイナス〉だったら、それは多数意見にはならないだろうと悲観しているわけである」。

私は丸山氏より、人間をもう少し信頼したい。人間のすべてが金の亡者《もうじゃ》ではない。そして、時代の進展とともに、金よりも、心や自然や環境を大事に思う人々が増えつつある。その方向に期待し、それを助長したい私と、そんな人間が多数になることはないと「悲観」する丸山氏との、違いが対照的に示されている。

基地撤去は「経済的にはマイナス」である、「マイナスであっても、基地は無くすべきだ」というのが、私の主張であることは、丸山氏も紹介していただいているとおりである。しかも、私は「経済的にはマイナス」であっても、「打撃的なマイナスではない」とも述べている。基地問題は平和の問題であり、経済をからませてその是非を論ずべきではない。この主張が多数意見になる日を夢見ている。

⑦丸山氏は「しかし、私は、右記のように〈基地撤去は経済的にも『ペイする』〉と楽観している。だから、多数意見として基地撤去は可能だし、そのことによってのみ沖縄の未来が開けると確信しているからこそ一坪地主になったのだ」という。

すでにみたように、丸山氏の経済論は勘違いの論でしかない。その勘違いをもとにして「楽観」されても、展望は開けない。

金の亡者の人間を変えることに「悲観」している丸山氏は、ここでは「独自の経済論」を持ってきて、基地撤去後の沖縄経済を「楽観」している。

私は、「基地がなくなれば経済的にプラスになる」という論に対して「反対」だと主張した。ここでは繰り返さない。しかし、それと反対の意見を言うのであれば、なぜ私がそのように主張したかを、その論拠にそって検証し、反論を書くべきではないか。

丸山氏に限らず、通常聞きなれた議論とは異なる私の議論に初めて接した多くの人々が、「すぐに納得」ではなく、「まず反発」を感じただろうと私は予想する。しかし、互いに真実を求めていこうではないか。私の議論が基地の撤去運動にマイナスと考えるのか、どうか。いつまでも沖縄経済のきびしい、か弱い真実に目をつむって、「経済発展」の幻想を追いかけ続けるのか。

そうであれば、政府は、今後とも次から次へと「経済振興策」を提起して、基地容認者を増やし、沖縄県民を懐柔していくことであろう。

（第一四七号、二〇〇三年六月二八日より）

二〇〇四年一月九日

丸山氏は、自らの論証が「大雑把なもの」と認めつつも、なお「基地撤去は金銭的にもプラス」「単純な金の動きでは基地撤去がマイナスとしても、基地の〈社会的費用〉を勘案した全体で考えた場合、経済的効果はプラスになる」と言い続けている。

また、私が「（今では）〈軍用地に取られておいてよかった〉というのが圧倒的多数の地主の気持（傍線丸山）と現実をきびしく指摘したことについて、「そうかどうかははなはだ疑問ではあるが」とつぶやきながらも、「〈取られておいてよかった〉と考えても自然のことだ」と、私の指摘を受け入れた。そのうえで「しかし、個々の地主の利益と、沖縄県全体の経済的利益とは必ずしも一致しない」

と続けている。

私は、軍用地料が高いことを理解してもらうためにこの現実を引き合いに出したのである。地主たちが高い地料に満足しているということは、返還後の土地利用による金銭的収入は、この高い水準を超えることは困難だということであり、この一事を見ても、「基地が撤去されたら経済的にプラスになる」などと楽観することはできないと主張しているのである。丸山氏は今、軍用地料に満足している地主たちの存在に気付いた。なのに、「撤去後プラス」説を譲らない。

そして、「撤去後プラス」は「一〇年、二〇年先、あるいはもっと先だろう」と、言う。丸山氏はいくつかの資料を挙げており、「基地と経済」について、この問いろいろと勉強されたらしい。結構なことである。そして、「撤去後プラス」を簡単に説明できると思ったのに、そうではないことに気付かれたらしい。そして、その「プラス」になる時期を延々と先に延ばすことによって、あくまで「プラス」説を固持しようとされている。

もう、宜しいのではないか。私は今後とも「基地の撤去は経済的にはマイナスだが、それでも基地を撤去させよう。基地の存否問題を経済の問題にするな。平和と人権と自由と人間の尊厳の問題としてのみ考えよう」と言い続ける。丸山氏は「基地の撤去は経済的にプラスだ。だから基地を撤去させよう」と言い続けたらいい。いずれも基地の撤去を目指すという共通点があるのだから、敵対することはない。それぞれでやっていこう。どちらが世論を獲得するかは、そのうち分かるだろう。

（第一五二号、二〇〇四年一月一五日）

16　大学に米軍ヘリが落ちた日

八月一三日午後二時すぎ、沖縄県宜野湾市で、米軍のヘリコプターが墜落した。本体は沖縄国際大学に落ちたが、それ以外の地域にもローターと呼ばれる回転翼の一つがもがれ落ちたし、さまざまな破片が附近二十数カ所に散った。また、広い範囲で油が撒き散らかされた。あるアパートのドアには、銃弾のように飛んできた物体が丸い穴をあけた。

このヘリは墜落しながら、大学の本館にぶつかって爆発、炎上した。大学は、小道一つ隔てて普天間飛行場と隣接している。

渡久地《とぐち》朝明《ともあき》学長は自らの執務室のあるこの本館で、午前中は仕事をしていた。そのあと研究個室に移ったのだが、その数十分の偶然で難を逃れた。また、館内には二十数人の職員が仕事をしていた。「わっ」と声が上がり、パニックとなった。ヘリの落ちたすぐそばで仕事をしていたはずの職員二人は、たまたま出張で不在だった。最も近くにいた電話交換手はショックで仕事もできなくなった。

普天間飛行場ではすでに連絡を受けていたようで、待ち構えていた米兵十数人が、ヘリの墜落した場所をめがけて、基地のフェンスを乗り越え、大学の構内にかけこんで来た。その間、わずか五分。

米軍は、手早くあちこちに二重三重にテープを張りめぐらし、立ち入りを禁止した。

私は事故を知らずにバスで大学に向かっていたのだが、大学から五〇〇メートルも離れた交差点で、米軍によってバスの通行は阻止された。事故の状況も知らずに大学への道を歩いた。途中で同僚に会い、わが大学の構内に落ちたことを知らされた。

米兵の数はどんどん増えていった。軍の消防隊よりも早く、宜野湾市消防署も駆けつけ、消火にあたった。乗員の「ヘルプ・ミー」の声。一人は重傷、二人は軽傷と発表された。放射能か有毒ガスがもれる危険性でもあるのか、防毒マスクのようなものをおびている兵もいる。

沖縄県警も駆けつけたが、脇役にすぎなかった。そこは米軍が主人公で、大学関係者を含めて一切の立ち入りが禁止され、写真撮影をも強圧的に制止しようとしていた。後日、県警は警備区域を分担したと言ったが、実態は阻止線の確保だけだった。

墜落したのは、米軍最大のヘリコプターである。メーンローターの直径は二四メートル、五五人を乗せることもでき、重さは一七トンの鉄の塊である。その残骸は、日本側には触れさせず、県警の共同調査要請には無回答が続き、三日もかけて米軍が現場から持ち去った。持ち出すために植木が邪魔になり、焼けた木々のほとんどは根元から切り倒された。「この木は切らないでくれ」と叫んだ事務局長の機転によって、建物を指さすような形の黒焦げの木が残された。

建物の壁や屋上のコンクリート片が剥げ飛び、窓ガラスは割れ、ドアはゆがんで開かなくなった。このような建物の受けた打撃と、中の書類などの散乱状況をみれば、死傷者が出なかったのは奇跡としかいいようがない。落下地点から五〇メートル離れたところには集合住宅がいくつもあり、一〇〇メートル先にはガソリンスタンドもあるのである。

これ何だ。米軍の起こした、民間地域、しかも大学構内での事故でありながら、日本側は何もできなかった。日本での米軍の活動を制限するはずの「日米地位協定」がくびきとなった。川口外相は、米軍単独の事後処理を「地位協定違反ではない」という。ならば地位協定は改められねばなるまい。しかし「改定ではなく運用改善をする」という。何も手をつけないという表明と読める。

九月一二日、沖縄国際大学のグラウンドに三万人が集まって、抗議の市民大会が開かれた。沖縄県民の怒りの声はまだまだ収まらない。県民大会も開催されるべきだ。普天間飛行場での航空機の飛行停止と、基地そのものの撤去まで、手を休めることはできない。


（『朝日新聞』二〇〇四年九月一八日）

17　沖縄県の基地容認政策の犠牲者——ヘリ墜落の宜野湾市と沖縄国際大学

はじめに

「起こるべくして起こった」とは、多くの人が口にし、書きとめた言葉だった。

これだけの軍事基地があり、日常的に演習をしているこの沖縄で、事件・事故・犯罪が繰り返されているこの沖縄で、沖縄国際大学だけが「無風地帯」でありつづけることはできない。また、この大学もその校舎建設中の一九七二年一二月に、OV10ブロンコ観測機から燃料タンクが落下する事故を経験していた。

二〇〇四年八月一三日午後二時過ぎに、アメリカ軍普天間飛行場のヘリコプターが、基地に帰る途中で、わが沖縄国際大学の本館（一号館）の壁面に激突しながら墜落し炎上した。夏休みの期間中だったので、校内にいた学生・教職員の数は少なかったとはいうものの、七一四人はいた。

それは、機体重量一五トン（有効積載量一六トン。合わせると三一トンになる）、高さ九メートル、長さ二二メートル、ローター（回転翼）の直径二四メートル、人なら五五人も乗せられるという、アメリカ軍所有最大の輸送用大型ヘリコプターであった。否、もっと正確にいえば、本体はこの大学に落ちたのだが、そこに至るまでに、ローターの一本を落としてバイクを押しつぶし、大学の近くにも数多くの破片や部品を撒き散らしたのだから、落ちたのは、沖縄国際大学だけでなく、宜野湾市の広い範囲にわたっているというべきである。

この事件は、国がアメリカ軍基地を国内に受け容れ、復帰前からあった沖縄県内の基地の多くを残したこと、沖縄県もそれに抗議し、撤去や縮小を求めたこともあるものの、現在ではそれを容認する態度をとって、見返りに「経済振興策」を受け入れているということ、それらの「犠牲者」として起こったものというべきである。

以下では、①アメリカ軍基地と沖縄経済の基本的な関係、②とりわけ最近強められているその経済振興策について、③それが実際は沖縄の「経済振興」には寄与しないこと、④なのに、それが推進されるのはなぜか、政府と沖縄県はどのような関係にあるのか、ということについて述べていきたい。

アメリカ軍基地と沖縄経済

軍事基地は、さまざまな事件・事故を引き起こし、軍人や軍属による犯罪や事件・事故を引き起こすという意味では、地域住民にとって否定的な存在である。

しかし、それは一面であって、経済問題としてはほぼ正反対の性格をもっている。基地は地域経済に金銭的にプラスの影響を与えるといっていいからである。このことが、基地に対する自治体や住民の肯定的な対応を引き出している。

沖縄県もそのような意味で、肯定的に対応している自治体であるが、基地の密度が高く、事件・事故・犯罪がひんぱんに起こるので、それには抗議するし、「整理・縮小」を看板に掲げている。県内の市町村自治体も、多くは同様の姿勢といっていい。

沖縄県以外の自治体でいえば、政府の望む「基地との共存・共栄」を掲げて、ほとんど全面的に肯定する立場をとっているものが多い。

さて、基地は金銭的にどのように地域経済に関わっているか。

第一は「軍用地料」の支払いである。基地用地は、日米安保条約上は国有地を提供することが原則で、民有地である場合には、それを国が接収して国有地にした上で、アメリカ軍に提供する。しかし、若干の土地は民有地のままで強制的に、あるいは同意を得て、提供される。その場合は、国が「軍用地料」を地主に支払うことになる。それは細切れ的にしかない。

ところが、沖縄県だけは民有地が全体の六六%を占めている。沖縄では、戦争の延長線上に、アメリカ軍によって土地が支配されたし、一九七二年の復帰の際もそのまま使用が継続され、その後に地主と国との契約が進められてはきたが、国による買収は本格的には行われていないため、民有地のままで、国が間に立ってアメリカ軍に提供している場合が多いのである。

したがって、「軍用地料」の存在は沖縄県に特有の問題である。ともあれ、二〇〇二年度現在八六八億円（うちアメリカ軍基地は七六五億円、自衛隊基地は一〇三億円）が、国から支出されている（〇一年度は八四九億円）。民有地は沖縄県有地三・五%、市町村有地二九・二%、私有地三三・〇%に分かれている（国有地が三四・三%）ので、この軍用地料もこれにほぼ比例して配分されていることになる。つまり、軍用地料の半分は県と市町村に渡るのである。

基地がもたらす金銭の提供の第二は、基地従業員の賃金である。沖縄県には〇三年度で八六七八人が雇用されており、その受け取る賃金は五一〇億円（〇一年度）ある。

その第三は、「軍人・軍属の消費支出等」とされ、五四二億円（〇一年度）が計上されている。以上の合計は一九〇一億円となる。

これを、国（防衛施設庁）の財政支出（〇三年度当初予算）の方からみれば、「基地周辺整備法」に基づく経費一七六億円、軍用地料八六八億円、漁業補償一八億円、その他「思いやり予算」とされる①施設の移設費一八九億円、②基地従業員対策費八七億円、③従業員給与三七五億円、などがあり、合計は一七七七億円となる。

更に、同じ国でも、自治省関係の基地交付金が六五億円ある。

上の第一〜三の合計一九〇一億円との重複部分を除くと、合計で二四〇〇億円が「基地が地域にもたらす金銭的効果」となる。

一覧表にまとめてみよう。データの時期を二〇〇一年度に統一することにする。

この数字は、沖縄が基地に関わって、いかに多大な金銭的補償を受けているかを示しているが、それをすべて不当なものとすることはできないし、実際に受けている被害や迷惑に対する償いとして、当然のものを含んでいることを認めないわけにはいかない。

また、これをみて「基地経済」という言葉を思い浮かべる人も多いであろうが、基地依存度（県民総所得に対する軍関係受取の比でみる）は、一九六〇年前後は二五％もあったが、復帰時点で急落し、今では五％に落ちており、「基地経済」とはいえなくなっているということも見誤ってはならない。

軍関係受取（県民所得統計）		国の基地関係予算（当初）	
		基地周辺対策経費	191 億円
軍用地料	868 億円	施設の借料	854
		漁業補償	19
		その他の補償等	25
		提供施設の整備	169
		提供施設の移転	42
軍雇用者所得	510 億円	基地従業員対策 85 給与費 392 労務管理関係 12 小計	489 億円
		◎その他とも防衛施設庁関係合計	1,788 億円
		助成交付金 調整交付金 ◎自治省関係合計	25 億円 40 65 億円
軍人・軍属の消費支出等	542 億円		
合計	1,901 億円	合計	1,853 億円
		左に含まれていない費目の合計	511 億円
		総計	1,901 ＋ 511 ＝ 2,412 億円

いずれにせよ、軍用地地主（約三万人）と、県・市町村が「基地容認勢力」となり、平和と人権擁護の立場からの基地撤去要求と対立する構図ができているのである。

基地容認の見返りとしての経済振興策

それだけではない。沖縄県は近年、基地容認の見返りとして、国から特別の「配慮」を得ている。

まず第一に、一九九五年の少女暴行事件をきっかけに盛り上がった「基地批判」の声をうけて、普天間飛行場が撤去されることとなり、その代替地は北部・名護市の辺野古海上と決められた。これを容認した県と名護市と北部町村に対して、「北部振興策」を打ち出し、その額は年間一〇〇億円を一〇年間にわたって続けるとしたことである。

第二に、「基地所在市町村に関する懇談会（島田懇）事業」というのもあって、内閣官房長官の私的諮問機関として「経済振興」に取り組んでおり、関係二五市町村の提案の中から事業化を進めている。

第三に、二〇〇二年四月に成立した「沖縄振興特別措置法」（旧「沖縄振興開発特別措置法」の改正法）に盛り込まれている各種施策である。それには次のようなものがある。

①国際観光振興会は、外国人観光旅客の沖縄への来訪の促進のための海外における宣伝及び国際会議等の誘致の促進のために必要な措置を講ずるよう努めなければならないものとする。②「情報通信産業特別地区」において、課税の特例措置を講ずることにより、情報通信産業の集積の牽引力となる特定情報通信事業を行う企業の立地を促進する。③「産業高度化地域」を指定し、課税の特例等の措置を講ずることにより、産業高度化事業を行う企業の立地を促進し産業の高度化を図る。④「特別自由貿易地域」活性化事業を実施する法人の事業について、地方税の課税免除等を行った場合の減収補塡措置を講ずるとともに、国等の援助のための規定を設ける。⑤「金融業務特別地区」を指定し、課税の特例等の措置を講ずることにより、金融業務の集積を促進する。⑥国は、沖縄の国際化に係る施策の推進に努めるものとする。また、国際協力事業団も国際交流基金も、沖縄の国際協力及び国際交流の推進に資するよう努めるものとする。等々である。

この法律ができてまる三年が経過した。このうち何が実現し、「経済振興」に役立っただろうか。

他にも、国立高専が設置され、大学院大学（沖縄科学技術大学院大学）の設置などが進められている。

それは「経済振興」に役立たない

そもそも、このような「経済振興策」には期待できるものは何もなかったのである。あれほど喧伝された「金融特区」は、国際金融のウラの部分を担い、世界中を駆けめぐる大資産家の投機資金や、ユーロマネーなどに利得の便宜を図ろうとするものであって、正義とは思えないものであるが、百歩譲って趣旨がいいとしても、沖縄には国際金融に関する基盤はなく、実績もないので、成功するとは考えられないのである。さらに、もし成功したとしても沖縄の「経済振興」には無縁であり、わずかの雇用が生じるだけである。

「情報通信産業特区」についても、「金融特区」と同様に、課税の特例が設けられたが、それだけで情報通信産業の集中的な立地が進むものではない。

「特別自由貿易地域」たるや、最も惨めな結果となっている、「振興策」失敗の最たるものといえよう。中城湾《なかぐすく》に広大な埋め立てを進め、企業を誘致しようとしているが、今もってわずかな企業がさびしく、細々と動いているだけである。

私は、このような施策のすべてに反対してきたわけではない。「やりたければやりなさい。しかし、私は成功するとは思わない」と、繰り返し主張してきたのである。もう、結果は出たというべきであろう。

なぜ無意味で無駄な振興策が続けられのか

それでは、なぜ実現性がなく、成果も期待できない、無意味で無駄な政策が法律で決められ、実行に移されようとしたりするのであろうか。

これは国よりも県に責任がある、と私は考えている。県は、基地容認の見返りとして、経済振興策を求めてきた。前の大田知事の時にそれは始まった。マスコミのいう、いわゆる「基地カード」である。それをより露骨に推進しているのが、今の稲嶺知事である。国もそれを受け容れる姿勢をとっている。国にとって、基地の維持は重要な課題であるからである。

ところが、知恵が浮かばない。特別な制度を求め、カネを求めるが、効果的な政策を提起できない。そこで、奇想天外な提案が次々に出されてきた。おそらく国の担当者は、それは実現性がないとか、効果がないとか、意見をしているものと思われる。

しかし、沖縄側の提起は、いつも強引で、「基地カード」をちらつかせながら、政治力で押し切ってきた。国の側では、沖縄からの要請を受け容れたのであって、国が提案したことではないのがほとんどだから、うまくいかなくても責任はない。しかし、基地の維持という目的は果たせる。

これが現在の「国─県」の関係であり、構図である。

「北部振興策」などは、年間割当の金額を使いきれずに大きく余している。使った事業は惨憺たる内容のものがほとんどである。

「経済振興」は、カネがあればできるというものではない。「箱モノ」といわれる無駄で、維持費に多大な負担がつきまとう施設を造って、「振興」できるものではない。

ひたすら「経済振興」を求めるのではなく、「東京」に象徴されるような、人が溢れていて、にぎやかで、騒がしく、犯罪の増加しているような、「経済先進地」に近づこうとするのではなく、「経済振興」はほどほどにして、身の丈にあった、地道な取り組みを強化していくことこそが、求められている。

これまで「基地容認」の見返りに「振興策」を要求してきたが、「振興策」は断って、「基地撤去」に転換することが、喫緊に求められている。

おわりに

沖縄では、しばしばアメリカ軍基地に関わる事件・事故・犯罪が起きる。すると、県知事をはじめ自治体の首長や、議会がすぐ抗議をする。議会の場合は常に全会一致である。それがなされるところに「沖縄的な状況」がみられる。それは悪いことではなく、良いことである。

しかし、注意しなければならないのは、その抗議は、ほとんどすべて「基地の撤去」までは踏み込まない。撤去されては困るという本音が見え隠れしている。

今回の、宜野湾市と沖縄国際大学に墜落し、炎上した、ヘリコプターの事件・事故についても、このあたりをしっかり見つめつつ、各自治体や議会や、また各種団体や個人が、今後どのように対応していくか、注目しておく必要がある。

（黒沢亜理子《くろさわありこ》編『沖国大がアメリカに占領された日—8・13米軍ヘリ墜落事件から見えてきた沖縄／日本の縮図』青土社、二〇〇五年）

18　軍用地料引き上げの経過と現在——宜野湾市を例にして

アメリカ軍占領初期の軍用地料

軍用地料はサンフランシスコ講和後に支払われるようになったが、一九五一年度と五二年度には、遡って支払われた（一九五三年三月、布令第一〇五号による）。また、表には掲げなかったが、一九六七年一月の布令第六〇号によって、一九四七年一月一日から五〇年六月三〇日までの地料も、「講和前補償」として支払われた。

当初の軍用地料の水準は、極端に低かった。アメリカ軍は日本勧業銀行の専門家を招いて調査をさせ、戦前の物価と地価の対応を参考に、地料を算定させた。しかしながら、実態は戦後インフレが昂進しており、それは非現実的な水準とならざるをえなかった。

これに対する住民の抵抗によってしだいに引き上げられていった。

一九五九年の引き上げ

特に一九五四〜五八年に展開された「島ぐるみの土地闘争」をうけて、アメリカ政府と軍は軍用地

表1　1951-59年度の軍用地料（全沖縄・総額）

年次	総額	指数1	指数2	指数3
1953年度（1952年4月28日～53年6月30日）	137,446,312			
同上1年分換算	117,811,128	100		
1956年に沖縄地区工兵隊が再評価した額	357,313,530	303	100	
1959年に改定された額	716,212,495	608	200	80
1956年の査定に反発して地主が要求した額	891,089,482		249	100

（注）来間泰男『沖縄経済の幻想と現実』（1998年，日本経済評論社）による．琉球政府行政主席官房調査課編『軍用土地問題の経緯』（1956年）により作成したものである．

表2　1951-59年度の軍用地料（宜野湾村・B円／坪）

年度	宅地			田					畑		
	1等	2等	3等	1等	2等	3等	4等	5等	1等	2等	3等
1951	21.60	13.60	6.40	8.84	8.14	6.73	5.23	3.74	6.08	5.60	4.86
1952	21.60	13.60	6.40	10.58	9.73	8.05	6.24	4.48	7.28	6.71	5.82
53-55	21.60	13.60	6.40	12.43	11.43	9.45	7.35	5.25	8.55	7.87	6.84
1956	27.00	18.24	11.16	24.00	18.80	15.20	10.70	7.00	14.70	11.50	9.30
1957	38.46	25.84	17.86	24.78	20.02	16.72	11.84	8.30	15.62	12.66	10.62
1958	49.92	33.44	24.56	25.56	21.24	18.24	12.98	9.60	16.54	13.82	11.94

年度	畑		山林		原野		墓地	拝所	雑種地	池沼	保安林
	4等	5等	1等	2等	1等	2等					
1951	3.89	3.17	1.98	1.01	0.85	0.43	0.43	0.43	0.43	0.43	1.98
1952	4.66	3.79	2.38	1.20	1.02	0.52	0.52	0.52	0.52	0.52	2.38
53-55	5.47	4.45	2.80	1.40	1.20	0.60	0.60	0.60	0.60	0.60	2.80
1956	6.60	4.30	1.50	0.96	0.96	0.60	0.60	0.60	0.60	0.60	1.50
1957	7.56	5.32	1.82	1.20	1.68	1.12	1.40	1.40	1.14	1.14	1.82
1958	8.52	6.34	2.14	1.44	2.40	1.64	2.20	2.20	2.22	2.22	2.14

（注）1. 沖縄県軍用地等地主会連合会（土地連）編『土地連30年のあゆみ／資料編』（1985年）掲載の「軍用地等賃貸借料単価表」の中から，宜野湾村の数字を引用し，整理し，貨幣換算をし，指数を加えたものである．
2. 「1951」（年度）は，50年7月1日-51年6月30日である．
3. 「1952」（年度）は，51年7月30日に始まるが，52年4月28日にサンフランシスコ講和条約が発効したので，4月27日までの地料である．その後の分は「53～55」（年度）の地料が適用されている．
4. 51・52年度の原表ではドル表示だが，1ドル＝120B円で，B円に換算して掲げた．

表3　1951年度と58年度の比較（1951年度＝100の指数）（宜野湾村・B円／坪）

年度	宅地			田					畑		
	1等	2等	3等	1等	2等	3等	4等	5等	1等	2等	3等
1951	100	100	100	100	100	100	100	100	100	100	100
1958	231	246	384	289	261	271	248	257	272	247	246

年度	畑		山林		原野		墓地	拝所	雑種地	池沼溜池	保安林
	4等	5等	1等	2等	1等	2等					
1951	100	100	100	100	100	100	100	100	100	100	100
1958	219	200	143	143	282	381	512	512	516	516	108

表4　1958-59年度の地料（宜野湾村・1958年度はB円／坪，59年度はドル／坪）

年度	宅地			田					畑		
	1等	2等	3等	1等	2等	3等	4等	5等	1等	2等	3等
1958	49.92	33.44	24.56	25.56	21.24	18.24	12.98	9.60	16.54	13.82	11.94
→ドル	0.42	0.28	0.21	0.21	0.18	0.15	0.11	0.08	0.14	0.12	0.10
1959	0.75	0.50	0.40	0.24	0.21	0.20	0.14	0.12	0.17	0.15	0.14

年度	畑		山林		原野		墓地	拝所	雑種地	池沼	保安林
	4等	5等	1等	2等	1等	2等					
1958	8.52	6.34	2.14	1.44	2.40	1.64	2.20	2.20	2.22	2.22	2.14
→ドル	0.07	0.05	0.02	0.01	0.02	0.01	0.02	0.02	0.02	0.02	0.02
1959	0.10	0.08	0.03	0.02	0.41	0.03	0.04	0.04	0.05	0.05	0.03

（注）1. 前掲『土地連30年のあゆみ／資料編』による．
2. 「1958」（年度）はB円表示のほかにドル換算額を示した．120B円＝1ドル．
3. 1959年度は「土地借賃安定法」による規定である．そこでは宅地の等級が1964年度から5等級へ，69年度から12等級へと細分化されているが，この表では4等級以下は省略した．したがって，1958年を100とした指数は，等級の基準が異なっているものと考えられる．
4. 雑種地，池沼，溜池については，誤植と思われる箇所があったので，訂正した．

表5　1959年の引き上げ率（宜野湾村・1958年度＝100の指数）

年度	宅地			田					畑		
	1等	2等	3等	1等	2等	3等	4等	5等	1等	2等	3等
1958	100	100	100	100	100	100	100	100	100	100	100
1959	180	200	221	111	120	129	131	148	120	130	138

年度	畑		山林		原野		墓地	拝所	雑種地	池沼溜池	保安林
	4等	5等	1等	2等	1等	2等					
1958	100	100	100	100	100	100	100	100	100	100	100
1959	139	156	153	161	205	207	228	228	250	250	153

料の引き上げを中心とした妥協策を打ち出した。それが一九五九年に琉球立法院が定めた「土地借賃安定法」による決定方式である。これは、軍用地以外の一般の地料を含めて「最高借賃」を規定した。宜野湾市を例にとれば、この時、宅地は五等級に細分され、六九年には更に一〇等級に細分された。また、これとは別に「一九五八年七月一日」以降に接収される場合の地料が設定された（表1・2）。

これを指数化したのが次の表である。更に、これをやや簡略にすれば、次のようになる。一九五一年から五八年にかけて、宅地は二・三〜三・八倍（平均二・五）に、田は二・九〜二・五倍（平均二・七）に、畑は二・七〜二・〇倍（平均二・五）に、山林は一・四倍に、原野は二・八〜三・八倍になった（表3）。

それが、一九五九年の新地料では、前年に比べて、宅地は一・八〜二・二倍（平均二・〇）に、田は一・一〜一・五倍（平均一・三）に、畑は一・二〜一・六倍（平均一・四）に、山林は一・五〜一・六倍に、原野は二・一倍になったのである（表4・5）。

一九五九〜七一年の軍用地料

一九五九年の引き上げは、地主の要求を八〇％程度満足させるも

表6　1959–72年の軍用地料（宜野湾村・ドル／坪）

年度	宅地			田					畑		
	1等	2等	3等	1等	2等	3等	4等	5等	1等	2等	3等
59–63	0.75	0.50	0.40	0.24	0.21	0.20	0.14	0.12	0.17	0.15	0.14
64–68	0.83	0.60	0.46	0.24	0.21	0.20	0.14	0.12	0.19	0.17	0.16
69–72	1.23	0.92	0.71	0.32	0.29	0.27	0.19	0.16	0.26	0.23	0.22

年度	畑		山林		原野		墓地	拝所	雑種地	池沼	保安林
	4等	5等	1等	2等	1等	2等					
59–63	0.10	0.08	0.03	0.02	0.41	0.03	0.04	0.04	0.05	0.05	0.03
64–68	0.11	0.10	0.03	0.02	0.05	0.04	0.05	0.05	0.06	0.06	0.03
69–72	0.15	0.13	0.04	0.03	0.07	0.05	0.13	0.13	0.09	0.09	0.04

（注）1. 前掲『土地連30年のあゆみ／資料編』による.
2.「72」（年度）の終期は，6月30日ではなく，復帰前日の5月14日である.

表7　1959年から69年（72年も同じ）の引き上げ率（宜野湾村・1959年＝100の指数）

年度	宅地			田					畑		
	1等	2等	3等	1等	2等	3等	4等	5等	1等	2等	3等
59–63	100	100	100	100	100	100	100	100	100	100	100
69–72	148	200	216	136	138	137	136	136	158	167	158

年度	畑		山林		原野		墓地	拝所	雑種地	池沼溜池	保安林
	4等	5等	1等	2等	1等	2等					
59–63	100	100	100	100	100	100	100	100	100	100	100
69–72	151	158	145	155	169	173	315	315	180	180	145

のであったことが分かる（表1）。

それから日本復帰の一九七二年までの引き上げ経過は、次のとおりである。五年ごとの見直しとなっている（表6）。

一九五九年から五年ごとに改定された。そこで、五九年から六九年（六九〜七二年は同一水準）への引き上げ率をやや簡略にして示す。宅地は、五九年の一等級から七二年の一等級にかけては一・五倍に、五九年の五等級（最下級）から七二年の一〇等級（最下級）へは二・二倍になった。田は一・四倍に、畑は一・五〜一・六倍に、山林は一・五〜一・六倍に、原野は一・七倍になった（表7）。

復帰時一九七二年の大幅引き上げ

軍用地料は復帰時に大幅に引き上げられた。それは、「契約」を拒否する地主の切り崩しが主たるねらいであったと思われる。総体として六倍になったとされるが、地目別には引き上げ率は多様である。

まず、全県的な引き上げ額とその率は次のとおりである（表8）。

復帰後の地料は、市町村ごとにではなく、基地施設ごとに公表されている。宜野湾市内の基地は、キャンプ瑞慶覧、普天間飛行場、キャンプ・マーシー（七六年三月返還）、キャンプ・ブーン（七四年一二月返還）があるが、ここでは普天間飛行場の地料を掲げた。これは、これら四つの中で最も低い地料である。また、復帰後は「宅地」と「宅地見込地」の二区分しかない（表9）。

表 8　復帰時の大幅引き上げ（全県・総額＝億円）（1972 年度＝ 100 の指数）

年度	総額	指数
1972 年度（1971 年 7 月 1 日～72 年 5 月 14 日，321 日間）	31 億円	100
昭和 47 年度（72 年 5 月 15 日～73 年 3 月 31 日，321 日間）	126	407
他に，見舞金 25 億円，協力謝金 10 億円等もあって	190	613

（注）沖縄では，1972 年度と昭和 47 年度とは，別の年度である．

表 9　復帰時の引き上げと引き上げ率（宜野湾市・1972 年度＝ 100 の指数）

年度	宅地			田					畑		
	1 等	2 等	3 等	1 等	2 等	3 等	4 等	5 等	1 等	2 等	3 等
69～72 →円	1.23 443	0.92 331	0.71 256	0.32 115	0.29 104	0.27 97	0.19 68	0.16 58	0.26 94	0.23 83	0.22 79
復帰時	1,031	1,031	1,031	726	726	726	726	726	726	726	726
引上率	233	311	403	631	698	748	1068	1252	772	875	919

年度	畑		山林		原野		墓地	拝所	雑種地	池沼	保安林
	4 等	5 等	1 等	2 等	1 等	2 等					
69～72 →円	0.15 54	0.13 47	0.04 14	0.03 11	0.07 25	0.05 18	0.13 47	0.13 47	0.09 32	0.09 32	0.04 14
復帰時	726	726	726	726	726	726	726	726	726	726	726
引上率	1344	1545	5186	6600	2904	4033	1545	1545	2269	2269	5186

復帰後三〇年間の引き上げ経過

復帰後も軍用地料は年々引き上げられている（表10）。物価の上昇が止まり、地価は下落が始まって一〇年前後にもなるというのに、軍用地料だけが上がり続けていることは、社会の中に矛盾を広げている。

現在では「最高の投資先」として「軍用地の購入」が盛んになっている。買い手は、土地の利用ではなく地料の取得が目的で、その地料は年々確実に上がると期待されているのである。また、買い手は沖縄県内の人に限らない。

〇一年四月一四日付の『沖縄タイムス』の連載「ポスト三次振計　自立への挑戦　第二部・課題」で「軍用地料の評価」が掲載された。この記事の中で「地元銀行担当者」が「軍用地料は毎年確実に値上がりが期待できる。その資産価値の上昇はとどまりそうもない」と述べている。軍用地主は軍用地を売りたがっているだろうか。軍用地については「売り手市場」であって、値上がりが進んでいるのが実情である。他に有効な投資先が見当たらない現在では、軍用地の購入はすべての資産家のねらうところとなっている。この記事の中でも沖縄市の不動産業者が「軍用地は広告を出せば半日で売れることもある」と述べている。

『週刊タイムス住宅新聞』（〇一年四月一三日付）によれば、次のとおりである。金武町キャンプ・ハンセンの軍用地一一〇〇平方メートルが一二五〇万円で売りに出ている。坪当たり三万七五〇〇円である。場所は山地と考えられる。「求む物件」の欄では軍用地が七社から求められている。これだけでも買いたい人が多くて、売りたい人が少ないのが分かる。買い手のうち一社は希望価格を提示して

表 10　復帰後の引き上げ経過（普天間飛行場，円／坪）

年度	坪当たり単価（円）	総　額	全県の総額
1972	宅地　1,031 円／宅地見込地　726 円	919 百万円	12,629 百万円
1982	宅地　2,541 円／宅地見込地　1,871 円	2,707 百万円	37,399 百万円
1992		4,225 百万円	56,814 百万円
2001	平均　4,427 円	6,002 百万円	85,427 百万円

（注）72・82 年度は，前掲『土地連 30 年のあゆみ（資料編）』により，01 年度は沖縄県総務部知事公室基地対策課編『沖縄の米軍及び自衛隊基地（統計資料集）』（平成 14 年 3 月）によって算出した．総額はこのほか，同基地対策室編『沖縄の米軍基地』（平成 10 年 3 月）による．

「全県の総額」はアメリカ軍基地と自衛隊基地の地料の合計であ．上記『沖縄の米軍及び自衛隊基地（統計資料集）』による．

いるが、嘉手納飛行場で坪一一万円、普天間飛行場で坪九万円、キャンプ瑞慶覧《ずけらん》で坪八万円とある。これをそれぞれの軍用地料と対比してみると、嘉手納三四倍、普天間二六倍、瑞慶覧二四倍などとなる。先の『沖縄タイムス』の記事中の「地代の三〇倍前後の取引も珍しくない」は当を得ている。

『週刊タイムス住宅新聞』（〇三年四月四日付）は、普天間飛行場四三六平方メートルが一六九九万円という売り広告を掲げている。これは坪当たり一二万八〇〇〇円で、地料の二九倍に当たる。この新聞には、「軍用地買取ます／売ります」（丸成不動産サービス）、「軍用地売買／仲介／担保貸付」（開南コーポレーション）、「軍用地・中古住宅・売アパート・売地等求む」（とまとハウジング）、「軍用地買取・仲介・融資」（大真不動産）、「求む軍用地全域」（ハレルヤ住宅）などの広告もある。『琉球新報』（〇三年四月四日付）の「リビングニュース特集」欄には、ハレルヤ住宅が「那覇（滑走路希望）／年地料六〇〇万前後の軍用地、至急求む」「三四倍」、また「カデナ飛行場／年地料二〇〇万〜六〇〇万前後の軍用地求む」「三五倍」との広告を出している。

（沖縄国際大学経済学部編『経済論集』第一巻第一号、二〇〇五年三月）

19　米軍基地使用料は、誰が、いくら払っているのか

「軍用地買います」

沖縄では、町角に「軍用地買います」という広告が貼られている。新聞にもその買い広告や、売り広告が連日のように載っている。軍用地（アメリカ軍の使用地）を売買するというのは、どういうことか。アメリカ軍からすれば、自分たちの使っている土地が、勝手に売買されたのでは大変だろう。実は、これはアメリカ軍の使用地を削り取って売買するのではない。その使用は侵すことなく、貸し手の変更が行なわれるだけなのである。

日本にあるアメリカ軍の使用地（軍用地）は、日米安全保障条約（安保条約）に基づいて、日本政府から無償で提供されている。それは国有地であることが一般的であり、私有地である場合は、それを国が買収して提供することになる。

沖縄の場合は、一九七二年の日本復帰まで、この条約は適用されておらず、アメリカ軍が地主に有無を言わせることなく使用してきたものであり、私有地や県有地・市町村有地が多くの割合を占めている。その地代（軍用地料）は戦後七年目から支払われるようになった。もちろん、それはアメリカ

軍が支払っていた。沖縄が日本に復帰して、安保条約が沖縄にも適用されたが、それに伴って、軍用地料は日本政府が支払うことになった。沖縄のように、私有地などに軍用地料が支払われる例は、他府県では少ないが、ゼロではない。

日本復帰前の軍用地料

私有地などがアメリカ軍によって使用されているのであるから、その使用料である軍用地料の支払いを地主が受けるのは当然のことであるが、戦後初期には、戦闘の継続状態であるとして支払われなかった。安保条約の前提として、一九五一年に調印された「対日講和条約」（サンフランシスコ条約。日本と戦争を交えた国々が調印した）によって戦争状態が終ったので、その翌年四月の同条約発効の日から、アメリカ軍は軍用地料を支払うことにしたのである。

しかし、当初の地料水準はきわめて低く、地主たちは契約に応じなかった。そこで、契約がなくても契約したとみなすという、強引な布令（軍の命令で、法律に相当する）を出して、使用を続けた。人びとはこれに抵抗していたが、アメリカ軍は一方で新たに土地を接収するなど、強権的な態度を改めなかったので、県民総意での「島ぐるみの土地闘争」が起こった。一九五〇年代半ばのことである。

結果は、「核基地」として沖縄を使用し続けたいアメリカ軍が譲歩して、軍用地料が引き上げられた。一九五九年に決定されたその水準は、地主要求の八割を満たすもので、闘争は静まった。他に仕事のない時代であり、ぜひとも農地を取り戻して農業をしたいのに、それができない、その所得に見合う補償を求めた地主たちの要求は、しかしながら、それをすべて地代に集約させたところに問題が潜《ひそ》んでいた。

地料（地代）は土地の使用料であり、その土地を借りた人や事業体が支払うものであるから、借りた側の生活や営業を圧迫しない水準に決まる。高すぎて営業が成り立たなければ借りない。沖縄での軍用地料には、このような本来の地代のほかに生活補償の要素が入ってしまった。要求としては当然に見えても、地代の水準としては「高く」設定されてしまったのである。

復帰時とその後の軍用地料引き上げ

その八年後の一九七二年に「復帰」がきた。日本政府は、アメリカ軍に代わって、地主と使用契約を結び、使用料を支払うことが必要になった。政府としては、日本の法体系からして、契約無しに土地を使用することはできない。そこで地主との契約を進めることを第一として対処することになり、その有力な手段として地料を大幅に引き上げた。その総額は、三一億円から一二六億円へと、一気に四倍にもなったのである（この時は別に見舞金、協力謝金などとして六四億円が支払われた）。これにより、政府の狙いどおりに契約が進んだ。それでも契約を拒否する人びとは「反戦地主」と呼ばれるようになったが、その数はしだいに減っていった。別に「一坪反戦地主」が組織された。

復帰時に大幅に引き上げられた軍用地料は、その後も確実に上がっていった。それから三五年後の今では（二〇〇五年度）、総額は米軍基地関係七七五億円、自衛隊基地（米軍基地から引き継いだ）一〇九億円、合わせて八八四億円となり、復帰時の七倍にまで膨《ふく》らんだ。これは、今では日本政府が負担しているのである。アメリカとは異なって、アメリカ軍基地の維持という目的のためには金銭負担を惜しまない日本政府は、それがどのような影響を与えるかに配慮することなく、ばら撒《ま》き続けたといっていい。

このことは、軍用地料の入る人びとが「自分の土地が軍用地に入っていてよかった」と感じるようになったという一方で、それのない人びととの間に不公平感、矛盾を拡大していった。軍用地主たちは、今では、日本政府がアメリカ軍と掛け合って、軍用地を返還させよう（しよう）とする（そのような事例は少しずつある）と、「返還反対」を公言してはばからないのである。

軍用地料の高いことからくる諸問題

軍用地料の高いことがどのような問題をかもし出しているか。まず、地価・地代水準を全般的に引き上げる。沖縄は九州では福岡と並ぶ高さである。地主たちは働かないでも入ってくる軍用地料という名の「不労所得」で金銭的に満たされる。金額の多い人は働かなくなり、農業や商業などの営業は真剣さが欠けてくる。一方で、豪邸を建て、豪華な家具をそろえ、自家用車を複数台持つ。旅行にひんぱんに出掛け、酒を飲むなどの遊興につぎ込む。またパチンコ・スロットなどのばくちにはまり込み、投機に走る。その反面、詐欺《さぎ》に引っかかる。人びとは、子や孫はどのように育っていくのだろうか、と案じている。

このような指摘に対して、地主たちの組織する「沖縄県軍用地等地主連合会」（土地連）は、そんなに金額の多い人は多くない、大半は一〇〇万円以下で、生活費に使っている、と反論する。しかし、一〇〇万円程度なら少ないと言えるだろうか。通常の収入に加えて、月に一〇万円もの「不労所得」

があれば、どれほど豊かな生活ができるか、考えてほしい。金は生活費に使われるというが、問題はその内容と水準にある。

土地連は、今や、アメリカ軍基地を残してほしいと、積極的に働きかける団体になっている。基地の被害は県民全体で被《こうむ》るのに、そのことへの後ろめたさは微塵《みじん》もみせることなく、基地撤去と平和の願いに敵対しているのである。

この軍用地料はまた、沖縄県や市町村にも支払われていて、その一部は字《あざ》（行政区）にも支払われている。そこにも多様で深刻な問題があるのであるが、ここでは触れなかった。

（歴史教育者協議会編『歴史地理教育』増刊号、二〇〇八年三月、特集・沖縄から見える日本／副題・沖縄戦・教科書・基地・文化）

20　琉球独立論者の沖縄経済論批判

真久田正《まくたただし》が『うるまネシア』第九号（特集・ちゃーすが沖縄）（二〇〇八年一〇月三〇日発行）に、「シリーズ・沖縄独立研究・序説⑨　沖縄単独州への提言―〈復帰・反復帰運動〉の轍《てつ》を踏まぬ警鐘＆〈独立への序曲として〉―」を書いている。彼は、この『うるまネシア』の編集員である。

真久田正の「沖縄単独州賛成論」とその批判

真久田は、まず、今年（二〇〇八年）七月一二日開催の、沖縄大学土曜講座「道州制・自治州、あなたはどうする―沖縄の自治と自立―」で、仲地博《なかちひろし》琉球大学教授の講演をうけて、「第一回沖縄民衆議会」が開かれたとき、一三名の「民衆議員」の一人として「参加した」こと、その時は時間が足りず、「用意していた発言主旨の半分も喋れなかった」ので、「このとき述べたかったこと」をこの稿で書き示す、という。

「一　道州制（沖縄単独州）論議をめぐる現状認識」に続いて、「二　沖縄単独州について賛成である理由」を掲げて、次のようにいう。第一は、「県民（ウチナーンチュ）が心を一つにし、沖縄の未来について真剣に考え、未来への夢をもって政治に参加していくまたとないチャンスが到来しつつあるのではないかと感じられることです」。第二は、「沖縄単独州は間違いなく〈琉球独立〉の一ステップになる可能性を秘めていると感じるからです」。第三は、「その具体化が段々迫ってくると、これまでの独立否定・独立反対派の人々…の影が段々薄くなっていくだろう、その存在感が次第に希薄になってくるのではないかと予感するからです」。

このように「沖縄単独州について賛成である理由」を三つ挙げているが、要するに、琉球独立に向かって進みたい真久田は、沖縄単独州をめぐる論議が高まっていく中で、琉球独立への道が開かれていき、その反対派には打撃になるだろうということである。

そして「見通し」を次のように語っている。「わたしの見通しでは、多分沖縄単独州になっても米軍基地はこのまま残るでしょうし、地域経済もおそらく今とはほとんど変わらないか、あるいは今より大分悪くなるかも知れないとみています」。「今のような補助金頼みの〈県〉には戻れない」し、「従来どおり特別措置」をとってもらうこともできなくなり、「自分たちで何とかしなくっちゃあというこことになるはずです」。真久田は、更にその先を見通して、単独州ではだめだ、「やはり沖縄は独立した方がいい。自分たちでお互いの知恵と資金を出し合い、自分たちで生産力を高め、自分たちでアジア諸外国との貿易を広げ、自分たちの力で新しい沖縄を創っていくのだ」という方向に進むだろう、という。

真久田の議論はまだまだ続くし、私（来間）への批判はもっと先で出て来るのだが、ここで、この議論について、その欠陥をいくつか指摘しておきたい。

第一に、「今のような補助金頼みの〈県〉には戻れない」という。しかし、「補助金頼みの〈県〉」ではよくないが、すべての補助金が来なくなるわけではあるまい。国は沖縄単独州からも国税を徴収し続けるのであり、その一部を単独州にも配分することは、権利として要求すべきことである。「補助金」と表現するから「おねだり」的なイメージになるが、政府が当然に負担すべきものを、政府の義務と責任で負担させることは、単独州になっても変わりはない。

第二に、このことと関連するが、政府が進めている道州制は、それぞれの地域の「独立」への橋渡しをしようとしているのではなく、しっかりと日本国の中に留め置くことを前提に、中央政府の負担を地方に転嫁しようとしているのであり、その見返りに、若干の「国基準」を緩和して、地方に「自主決定権」を与えようというものである。主は、地方への負担の転嫁にあり、従として、地方自治権があるのである。したがって、その主従を見誤って、軽々と道州制論議に乗っかっていくことが、そもそも問題なのである。もちろん、そのかぎりで、「補助金」が減ることは確実で、第一で述べたことは、その減り方を政府任せにするのではなく、地方の実情に即して、その配分を要求すべきことを述べたものである。

第三に、特別措置について述べる。真久田はそれがなくなることを否定的にとらえているようだが、まさにこの点に道州制の妙味発揮の場があるのではなかろうか。それは、これまでのように「特別措置」ではなく、自主的な措置に変わるのであり、「特別」が「一般」に昇華することなのである。道州制を求めるとすれば、唯一このことにメリットがあるというべきであろう。なのに真久田は、道州制になれば「特別措置」がなくなると考えているのであり、自己矛盾に陥っているのである。

第四に、真久田は沖縄自治州では早晩行き詰まって、「自分たちで」知恵を出し合って、「自分たちで」資金を出し合って、「自分たちで」生産力を高めて、「自分たちで」諸外国との貿易を広げ、「自分たちで」稼いで、「自分たちで」新しい沖縄を創っていく方向に流れると展望している。なぜ今そうしないのか。沖縄自治州の段階でそうするのか、それもうまくいかないだろうから、独立琉球国の段階に行ってはじめてそうするのか。日本国の沖縄県という体制がそれを阻んでいるのか。この点の考察が欠落している点に、真久田のみならず、独立論者に共通の問題があると思う。

この点をもう少し議論しておこう。真久田の例示のすべてが経済問題であるからである。「自分たちで」知恵を出し合って、資金を出し合って、生産力を高めて、諸外国との貿易を広げ、稼いでいくという、真久田の経済戦略は、けっして成功することはないであろう。今でもそうすればいいのに出来ていないことが、独立したら出来るという、その論理を提起すべきである。中央政府が沖縄の経済発展を望んでいないとでもいうのだろうか。中央政府がそのことを妨害しているとでもいうのだろうか。

琉球の独立を論ずるとき、経済問題を抜きにしては無責任であり、真久田もそこに最大の問題があることを認識しているから、このような文章になっているのだと考えられる。繰り返しになるが、そのさい明確にすべきことは、いまなぜ「知恵を出し合って、資金を出し合って、生産力を高めて、諸外国との貿易を広げ、稼いでいく」ことが出来ていないかであり、それは独立によってどのように変わると考えられるか、である。

沖縄単独州になったら地域経済は「今より大分悪くなる」と予想する真久田は、そうならない道を独立に求めているが、なぜ独立したら悪くならないといえるのかという問に答える義務がある。しかし、真久田はその回答を持ち合わせてはいない。「経済政策として我々は、当初から道州制だけでなく独立まで視野に入れた政策の研究を進めていく必要があるということです」、「確かな経済政策とその実行を保証する新しい法制度を今から十分想定しておく必要があると思うのです」と、「三　沖縄単独州の実現へむけた提言」の三つ目で述べている。

真久田の経済政策論議

「四　経済政策論議について」に進んで、真久田の議論を検討していきたい。真久田はまず、「おそらくほとんどの人が気づいていないだろうと思われる」として、「統計の問題について簡単に触れて」いる。それは、GDPや県外収支や基地収入や観光収入などの統計は、「よくわからな」いが、「何かおかしい」というのである。その一つは世界農林業センサスであり、二つは観光入域客数であり、三つは事業所統計であり、四つは軍用地料である。

農業センサスについては「調査方法自体が実にいい加減なのです」と述べている。具体的に検討しよう。農産物の分類方法が全国一律で、「沖縄の現状とは全然合わない」というが、農産物の名称が「全国一律」で何が問題なのだろうか。真久田は、このセンサスが沖縄については、サトウキビなど特別の項目を設けていることを知らないようである。また「その数値」は、「農協とか一部の報告者の報告に頼っているだけ」というが、地域ごとに多くの調査員を配置して、聞き取りを進め、機械で集計している事実を知らないようである。「例えば産地直送とか相対売りの数値などは全然入っていない」というが、それはセンサスの性格を知らない者の言い方である。センサスは構造的なものを調査するのであって、「産地直送とか相対売りの数値」を知りたければ、別の統計に当たるべきなのである。

観光客数については、「航空会社や船会社からの〈乗降客数〉の報告を基に年一回のアンケート調査の数値を勘案して機械的に算出しているにすぎません」と述べている。これでは意味不明だが、それは真久田が混乱し誤解しているからである。観光客数の推計の母胎となる数値は、航空客と船客の実績から求めている。それ以外には観光客の流入はありえないのだから、その数値は信頼できるものである。問題は、その数のうち「観光客」といえるものがどれだけかが分からない。そこで「年一回のアンケート調査の数値を勘案して」推計しているのである。それは、旅行の目的が何か、沖縄でいくら金を使ったかという質問などを含めているが、観光客の定義は「県外からの客」すべてとなっていて、観光をしない人も観光客として扱われる。県外か県内かをアンケートの調査結果から比率を出して、先ほどの「航空客と船客の実績」に掛けて推計しているのである。アンケートの回数が少ないことや、調査方法に問題がないわけではないので、われわれが利用するときはそのことを念頭において慎重に扱っている。特に「いくら金を使ったか」という統計は、統計といえるものではない。しかし、この観光入域客数の数値がでたらめだということはない。いくぶんのあいまいさを含んではいるが、信頼できるとすべきである。

「商業統計、工業統計、事業所統計なども沖縄の場合は対象事業所の規模やその他の条件設定基準の面で実情と照らし合わせてみるとどこかおかしい面があります」というが、具体的な指摘がないので、何がおかしいのか、理解しかねる。

また「〈軍用地料〉に関する統計に至っては元データがベールの向こう側にあって不透明なまま、防衛庁が出してくるデータを信じるしかないというのが実情である」とも述べている。軍用地料を支払っている当事者（防衛庁）が出してくるデータの、どこが不透明といえるのだろうか。それは国家予算書にも計上されているものである。真久田は、この軍用地料が実際はもっと多いと考えているのか、もっと少ないはずだと考えているのか、知りたいものである。

このように述べてきて、「まあ、そんなことはどうでもいいじゃないかとは思うのですが、いずれにせよ国や県のGDPとか対外収支とか観光収入とかという統計数値は、こういうようにかなりいい加減な数値を積み上げて算出されているのです」と、この統計の話を結んでいる。なーんだ、ここまで真剣に付き合ってきたのは、馬鹿だったということか。「そんなことはどうでもいいじゃないか」ということに、読者（私）はさんざん付き合わされてしまった、というわけである。自らのこの統計に関する議論は、「どうでもいいこと」だったのか。それでいて、真久田は、この「検討」（とは言いがたいが）を根拠に「統計数値」はすべからく「かなりいい加減」と主張し続けるのである。自らの統計調査と統計数値に対する無理解を棚にあげておいて、結論だけはしっかり「かなりいい加減」と断言しているのである。

私は危惧する。真久田をリーダーの一員とする将来の独立琉球国は、うまくやっていけるだろうか。現実を主観的に認識して、特に経済問題に疎くて、統計数値を信用しない、このような国家はどのように運営されていくのであろうか。この文章の末尾に「居酒屋独立論」で結構という記述が出てくるが、そのレベルでの議論なら、文章を公にすべきではなかろう。

真久田の来間批判とそれへの回答

さて、本題の私（来間）への批判の部分に進める。

「こういう統計数値を何の疑いもなく使用しながら経済論議をしている」「経済学者が道州制や独立論に関連して、基地収入や観光収入、地方交付税、国庫補助金、その他の県外受け取り額などの統計数値を並べたてて、これらがなくなれば沖縄経済はたちまち疲弊するのだというような結論を導き出してくることについては、わたしはどうしても黙っていられません。その典型例が先々月（5・31）の「ティーチ・イン」（押しつけられた常識を覆す―経済の視点から）で、農業経済専門のあるパネリストが述べていたことでした」。

もちろん、この「農業経済専門のあるパネリスト」とは私、来間泰男のことである。このように、批判の対象に引き出しながら、名前が明確であるのにその名前をいわないという手法は陰湿なものであり、私の気分はいいものではないが、そのことはここでは不問にする（ティーチ・インは、県立博物館・美術館で開催され、メインの報告者は平恒次《たいらこうじ》、私は仲地博と大城肇《おおしろはじめ》とともに、サブ報告を担当した）［本書第三部2］。

ここで私が述べたことに対して、真久田は次のように「反論」している。「特に沖縄が独立した場合、沖縄社会はたちまち経済的に疲弊するという理屈は、昔からよく言われた〈イモ・裸足論〉と同じで、ほとんどの経済学者が異口同音にそう主張します。しかし、わたしはそんなことは経済学者に言われなくても小学生でさえ分かる簡単な理屈であって、そんなものは経済学でもなんでもないと思います」、「アホらしい話です」。

まず、批判する相手（来間）の議論を正確にとらえてほしいと思う。私は、「独立して〈食っていけるか〉どうかは、その内容と水準の問題です。〈食う〉だけなら、おそらくできるでしょう。どのような内容（生活様式）で、どのような水準（生活水準）で〈食う〉ことができるか、が問題なのです。独立は、水準を落として生きていくという決意が伴うことなのです」と発言している。それは、会場で配った印刷物によって確認できるはずである。ところが、真久田はこれを、私が「沖縄が独立した場合、沖縄社会はたちまち経済的に疲弊する」と言ったとして扱っている。私は「食ってはいける」が、その内容と水準は大いに変わる、と言ったのである。

これをかつての、例えば日本復帰直前の初の行政主席選挙での論議と対比しているが、あの「イモ・ハダシ論」は、いますぐ復帰したらそうなると、復帰論者への脅迫として提起されたものであったが、私の場合は、独立を主張するなら、経済的ダメージを覚悟して主張してくれ、と言っているのである。独立論者への脅迫ではないのである。

しかし、真久田はこの議論を批判するのかと思えば、そうではなく、そんなこと「小学生でも分かっているよ」というのである。そして「アホらしい話です」と述べている。私の議論が間違っているとは言わずに、「アホらしい」と言う。これは単なる侮蔑であって、それ以外の何物でもない。

彼は続けている。「そうではないのです」と。私の議論を彼らしいアレンジをしてではあるが、紹介していて、それに続けて「そうではない」というのだから、経済的ダメージはないというのかと思えば、「従来の補助金」に「代わる収入源を確保すればいい」、「そういう収入源を自分たちの力で作ればいい」、「ウチナーンチュにはそんな能力は」あるのだと述べている。これは、ダメージを受けることを前提にしての議論であって、ダメージ対策の提案である（そのような理解であれば、「そうではあるが」と続けるのが、日本語の語法であろう）。

これは、すでに議論したことと重なるが、そのような「収入源」が期待できるのであれば、なぜいま確保しないのか、ということになろう。「沖縄独自の法・制度」を作れば、「新しい産業を興し、貿易を振興し、観光産業をさらに発展させてい」くことができるだろうか。

私は、あの「ティーチ・イン」で、次のように述べた（実際には配布した資料に書き込んだだけで、時間の関係で省略したが↓本書第三部2に収録）。「多くの政治家・評論家、マスメディアを通じて政治を論ずる人たちは、政治は自分たちが考えたとおりに〈変更〉〈変革〉することができると考えているようです。私もそう思っています。だから、政治改革に期待を持っています。しかし、〈変革〉できないこともあります。それは経済にかかわる多くの物事です」、「経済は経済法則で動くのであって、人間の意思によって思い通りにすることは出来ないものなのです。失業率を政治の力で下げることはできません。普天間飛行場の代替基地を名護市・辺野古地区に移転・新設する、その見返りとして出された〈北部振興策〉は、総じてうまくいっていません。ただ、カネだけは落ちています。あの時〈人口を二倍にする〉などと、できもしないことを大声で叫んで、この政策はスタートしたのです。経済の振興は、カネでできるとはかぎらないのです」、「経済〈政策〉によって経済が変革できるというのは幻想です。正確に言えば、経済を政治の力によって変革することは、一時的にはできるが、最終的には経済法則に流されていくものなのです。このような私の意見は、〈独立〉〈自立〉に伴う経済問題について、経済の困難は政治の力で解決する（できる）とか、改善する（できる）とかの考えに対して、それは〈甘い〉とする考えにつながっているのです」。

真久田氏は、来間に「反論」すると大声をあげながら、私の意見には具体的に触れることもなく、私が「経済を政治の力によって変革することは、一時的にはできるが、最終的には経済法則に流されていくものなのです」と述べていることに対しても何ら触れることなく、政治の力で経済を変えると言うのみです。

ついでに言えば、私は人生のほぼ半分を社会主義への理想でつないできました。しかし、社会主義は「政治の力で経済を変える」という主張であって、現在の私はこの立場をとっていません。それは、他ならぬマルクスに従って経済学を学習して得た結論でした。琉球独立論者たちは、まだ「政治の力で経済を変えることができる」というドグマに取り付かれているのでしょうか。

「ティーチ・イン」の会場で配った発言要旨の末尾には、次のように書いておきました。

「〈自立〉〈独立〉のことでいえば、その方向性は正しいし、私も賛成です。しかし、経済には（文化問題もそうでしょうが）政治では解決しないことがあるのです。〈自立〉で経済にかかってくる課題は、けっして小さくはないのです。それを覚悟して進みましょう」。

また、その「ティーチ・イン」終了後にまとめたパンフレットには、少し文章を書き加えてありますが、その一部には次の文言が入っています。

○独立を主張するのなら、これらの公共投資を基本的にすべて拒否することとセットに主張してほしいと思います。独立論が、そのような〈拒否〉を鮮明にしたうえでなされるのなら、私は反対しません。そのようなことは自分たちの力でやってみせるという、根拠のない〈カラ威張り〉はしてほしくないのです。

○平［恒次］先生は私に、次のように漏らしたことがあります。私の「独立論は〈空想〉だ」と。それには、いろいろな意味が含まれています。まず、先生が沖縄経済の現実に根ざして議論してはいないという「引け目」があることでしょう。そして、いろいろな状況からして独立への道は険しい、そのことを思う（先生はそう思っておられる）と、「現実」から離れていることになるので、「空想」といって、自分を揶揄するのです。しかしながら、この「空想」という言葉は、平先生にあっては、「幻想」に近いのではなく「理想」「ユートピア」に近い用語法なのです。「議論が科学的に深まっていけば、可能性がないわけではない」という、希望を託した提案なのだと思います。

そのかぎりで、私は「琉球独立論」の敵対者ではありません。「理想」を求めることに異議はないのです。ただ、県民が現実を離れて「幻想」を追うようであれば、経済学者の一人として、それを現実に引き戻すことが、私の社会的な義務だと感じているのです。

（原題は「真久田正〈沖縄単独州への提言〉における批判への回答」。二〇〇八年一一月一日執筆、のち『うるまネシア』第一〇号、二〇〇九年五月に収録）

21　泡瀬干潟埋立の経済問題

一

そもそも泡瀬《あわせ》干潟の埋立の発端は、中城《なかぐすく》湾港新港地区の工業団地、「特別自由貿易地域」の設定にある。そこに隣接して大型船が着岸できる深い護岸を建設し、航路を造る、その浚渫工事で余る土砂をどこに使おうかということで始まったもので、埋立が先に決まり、その利用計画が後を追いかけているのである。

(1)　その大元の工業団地は、思うように企業が立地せず、土地はほとんど売れず、工場を建てる企業も少ないので「賃貸工場」を建ててみたが、それでも企業はやってこないで、ガラガラに空いたままである。これは事実上破綻しているのである。

(2)　それでも、関連した大型港湾の建設計画は断念されることなく、工事が進められている。まず西埠頭が建設されたが、その利用率は低く、それでも東埠頭の建設が続けられている。

(3)　これらとリンクして、大型船の航路を造るために浚渫される土砂の処理場として、泡瀬干潟の埋立事業がスタートした。この「中城湾港（泡瀬地区）臨海部土地造成事業」は、その採算性が当初から問題にされていた。沖縄県でも二〇〇二年、当時の稲嶺知事が計画の見直しを指示していたし、今回もまた二度にわたって司法の判断が出されたのである。

(4)　泡瀬干潟の埋立事業は、まず埋立が決まり、後で利用計画がついていくというように、順序が逆になっている点が特徴的である。利用計画の策定はその専門業者であるコンサルタント任せ、コンサルは注文者に気に入られようと、あれこれと「夢」を描いて提出する。県や市は「夢」に飛びついて、実効性もなく採算性もないのに、それをよく点検することもなく採用する。

(5)　その問題点が外部やマスコミから指摘されると、あわてて見直しに取り組む。「経済的合理性」などは初めは何も考えていなかったのであるが、指摘を受けてあわてて取り組んだ。それでもなかなかうまい説明はできない。時代も展開し、計画時のようなバブルはとうにはじけている。ますます説明が難しくなった。「自然保護」（干潟の保全）の機運も高まってきたし、「無駄な公共事業」という議論も盛んになってきたし、いっそう厳しい対応が求められるようになった。

(6)　とるべき道はただ一つ、埋立計画を中止することである。そうすれば、干潟とそこに棲息する動物、植物は破壊から守られるし、国や県や沖縄市の財政にアナを空けずに済む。その決断をしないことが、今回の混迷を招き、解決を遅らせているのである。

二

新しく提出された「事業計画」（案）、すなわち「スポーツコンベンション拠点形成案」は、これまで提出されてきた多くの疑問に答えるものになっているだろうか。否である。庶民の常識的な感覚とはかけ離れた「夢」の多いプランが提示されるとき、実際にはコンサルタントがそれを作成するのであるが、需要見込みを過大に見積もることが常である。

(1) まず、入域観光客数の推計が過大である。昨年（二〇〇九年）の観光客数は五六五万人だった。これは前年（二〇〇八年）の六〇五万人と比べて四〇万人の減少、六・六％の減少である。日本復帰後の落ち込みとしては、沖縄国際海洋博覧会の終わった翌年に次ぐ、二番目に大きな落ち込みである。五六五万人というのは、三年前、二〇〇六年の五六四万人と同じ水準に戻ったということであり、観光客の増加が今後とも見込まれるのか、疑問が投げかけられている。

(2) ところが、今回の説明資料（資料2-1、八頁）を見てみると、二〇〇九年から四年後の平成二五年すなわち二〇一三年には七二三万人という推計値が提示されている。これを二〇〇九年と比較すれば一五八万人も増やさなければならないことになるが、一五八万人という数字は過去の一〇年分の増加分と同じであり、それを四年間で達成するというのは過大な見積もりである。その延長線上に平成二五年すなわち二〇一八年の推計値八四八万人が掲げられているのである。

資料には、実績値と推計値を示したグラフが掲げられているが、このような計算は、基礎となる数値をどこに取るかによって変わってくるものである。増加率の高い時期を含めた推計にするか、増加率の低い、落ち着いた時期を推計の根拠にするか、それによって変わった結果が出るものである。コンサルタントは、それが高めに出るように推計して見せるのが常である。

(3) なお、観光客数の推計はかなりいい加減なものであって、飛行機や船で沖縄に入ってきた客数に、県人と県外人の割合を掛けて出しているが、その割合はほとんど根拠がなく、かつて七割を切っていたものを、最近はほぼ九割が県外人として推計しているものである。最近では船客というのはほとんどないが、飛行機に乗っている人の九割が観光客だという、そんなことが信じられますか。このことは県でも見直し作業が始まっているはずである。

(4) 今回のプランの参考資料としては、このうち中部の東海岸にどれだけ来るかという推計値も出されているが、その根拠の根拠が揺らいでいるのである。

(5) 次に人口の推計値も示されている（資料2−1、八頁）が、これも過大に描かれている。五年ごとに行われる国勢調査によって検討されているが、五年ごとの沖縄県の増加率は、復帰後しばらくは六％を超えていたが、最近は三％から四％程度となっており、国立人口問題研究所の推計値では、二〇一〇年（今年、平成二二年）に向けての五年間では二・三％、さらに五年後の二〇一五年（平成二七年）に向けては〇・四％とされている。これは説明資料にも掲載されている。沖縄の人口は、全国的には特異であり、多くの県で減少が始まっているのにまだ増加しているのであるが、それでも一〇年以内には減少に転ずることが予想されているのである。

(6) 説明資料には、「コザ・石川圏」の人口推計が掲げられている。一九八〇年の二四万人から二〇〇五年の三二万人まで増加してきた。五年ごとに五％から八％の増加率である。しかし、これも増加が続くとはいえない状況である。それなのにこの説明資料では、今年、平成二二年（二〇一〇年）には増加率は二二・一％三九万人となり、平成二七年（二〇一五年）には増加率一八・六％で四六万人になると推計されている。例えば、沖縄市の人口は、最近の、二〇〇八年から二〇〇九年にかけての一年間の増加率は〇・七％である。これから五年分の増加率を推定すれば、二二％や一九％などと高率になるはずがない。

(7) そのことが計算のミスから生じたことが分かった。五年間隔の国勢調査の数字を基に五年ごとの推計値を出したのであるが、提示されているグラフを見ると、その五年ごとの推計値を一年ごとの推計値として誤まって使っているのである。グラフの年次メモリは、前半の実績を示した部分では五年刻みだが、推計を示した部分は一年刻みになっている。このグラフの最後の実績値、すなわち平成一七年（二〇〇五年）の次のメモリの所、すなわち「平成一八年」とある所が、実は平成二二年（二〇一〇年）の推計値であって、それをグラフから読み取ると、ほぼ三三万人となっている。そして、「平成一九年」とある所が、実は平成二七年（二〇一五年）の推計値であって、それをグラフから読み取ると、ほぼ三四万人となっている。

また、人口の予測を直線の傾向線でみることは方法としても間違っている。

(8) この誤った推計から、平成三〇年の「コザ・石川圏」の人口は四六万人とされ、三四万人より一二万人も多くされているのである。

(9) このような観光客数と人口について推計を誤まったところから、過大な「利用者数」の「計画」が導き出されている。そのことを訂正したら、この計画はどうなるのだろうか。

(10) そもそもこの計画には、企業立地の説得性がない。埋立が完成するのは先のことだから、今の時点では予測できない面はあろう。しかしながら、「商業エンターテインメント施設」に一五〇万人、「臨海商業施設」に一九万人などという設定は、どうみても説得力がない。

(11) また説明書では、「経済波及効果」が試算されている。これは、データの取り方で大きく変動するものであり、またこの手法は、主題の（この場合は埋立後の土地利用の）影響を大きく描くことに利用されるものであり、いわば自画自賛の手法なのである。

三

ところで、今はどのような時代だろうか。財政赤字が膨大に膨らみ、地方財政にも危機が訪れている。

(1) アメリカのサブプライムローン証券化の問題から「世界金融危機」が訪れ、その影響は世界に、日本に及んで、景気はなかなか回復していない。そもそも世界金融危機に至る背景過程には、カネが世界中に有り余っていて、投資先が見当たらないという状況があったのである。石油や食糧などが有望だとなると、世界中のカネがそこに集中的に投下されてその価格が高騰するが、需給の逼迫があったわけではないから、そのうち収まってしまう。このようなモノの生産から遊離したカネ余り現象が、今の時代を覆っているのである。

(2) この危機対策のためにも、アメリカでも日本でも財政が出動されたが、それ以前からアメリカは軍事費に相当額を支出してきたし、今もそうしている。このことがアメリカの財政赤字を加速している。日本でも民主党を中心とした連立政権が成立して、多様な補助金が支出されるようになりそうで、財務大臣は消費税の引き上げを検討し始めていいのではないかと発言した。

(3) 国の財政危機は地方財政にもしわ寄せされてきている。いわゆる「三位一体の改革」なるものは、地方への権限委譲とセットに進めるということをいいながら、地方交付税交付金の削減が先行している。「夕張」に象徴されるように、地方財政危機は各地で問題になっている。

(4) その対策として、一年前から「自治体財政健全化法」が動き出したが、これは市場原理をこの分野にも持ち込んで、「本体の財政」、「病院経営」、「レジャーランドなどの第三セクター」を一つにして、連結決算をさせ、「自治体も経営に失敗すれば破産もあるぞ」と追い込んでいこうというものである。そもそも自治体は「本体の財政」をしっかり運営すべきものである。それは住民の生活・福祉・医療・教育などの維持と改善と発展に寄与すべきものである。近年の自治体はその本来のあるべき姿から逸脱している面があることを私は認めるものであるが、これらをすべてひとからげにして評価するのは誤まっている。特に、福祉・医療・教育などを「経営」という観点から処遇しようというのは正しくない。公立病院を廃止に追いやっていいのか。

(5) ただし、「レジャーランドなどの第三セクター」に自治体が手を出すことは、本来のあり方からの逸脱であり、経営が成り立つかどうか不透明であるのに温泉場を設けたり、スキー場を経営してはならない。政府はこれまで、これらを自治体にさせるように誘導してきたのであり、今になって、その経営に失敗したら自治体でも破産させるぞというのは、政府の責任転嫁である。しかし、自治体もあまりに「事業経営」に乗りすぎた。そのことは反省すべきである。これからは、基本的には「事業経営」には手を出さず、生活・福祉・医療・教育などの分野にしっかりと取り組んでいくことが必要である。これらの分野は「費用対効果」とは関係なく、運営されるべきものである。このことと、「事業経営」とは区別しなければならない。

(6)　今回の泡瀬干潟埋立事業は、「事業経営」に当たる。失敗すれば沖縄市を破産に導くような性質の問題である。これはきびしく「費用対効果」が問われなければならない分野である。そのことを裁判所も指摘した。私は、今回の修正計画もその「経済的合理性」を説明できていないと考える。速やかに事業から撤退すべきだと考える。

（泡瀬干潟埋立事業を考えるシンポジウムでの報告、二〇一〇年二月二八日、沖縄市で）

22　九五年転機の沖縄経済「振興策」

はじめに

一九七二年五月一五日、沖縄は長いアメリカ軍の占領支配を脱して、日本に復帰した。今年の五月は、あれから三八年目となる。沖縄に日米安保条約と地位協定が適用されたのはその時である。沖縄は「安保三八年」なのである。

アメリカ軍の占領支配下において、ただでも貧困な財政状況におかれていた「琉球政府」は、裁判所、立法機関と法務、税関、警察、郵政などの「国家的事務経費」も負担し、学校教育、伝染病・獣疫・防疫対策などの費用も負担していて、「夜警国家」（国家の任務が対外的防衛・国内治安維持など最小限の夜警的役割に限定されている国家）のような状態にあった。そのため、社会秩序の維持に汲々として、社会的基盤整備や経済振興のための支出などはまず考えられなかった（日本の中の「沖縄県」と独自の「琉球政府」との違い）。

日本復帰後の沖縄県には「沖縄振興開発特別措置法」と、それに基づく「沖縄振興開発計画」が立てられ、社会的基盤整備や経済振興のために、三十数年間に八兆五〇〇〇億円をこえる財政資金が投入された。当初は、「本土並み」の状況に近づけるための性格が強かったが、それを三〇年間も続け、その後も「開発」の語を抜いて「沖縄振興計画」が続けられており（二〇一二年まで）、しだいに「不要不急の公共事業」の比重が増していった。

一五年前の一九九五年九月、アメリカ兵三人による少女暴行事件があり、同年一〇月、それに抗議する、大きな、超党派の県民大会の開催があった。国もこれを容易ならぬ事態と受け止め、当時の橋《はし》本《もと》内閣が普天間基地の返還を打ち出した。それは「SACO合意」として協定された。それとともに、「特殊沖縄的支出」が始まり、文字どおり基地受け入れの代償として支出されるようになった。

「普天間米軍基地の県外・国外移設」を掲げた鳩山《はとやま》内閣が、五月にも結論を出すという切迫した状況の中にあって、本稿は、九五年を転機とする沖縄経済「振興策」に焦点を当て、具体的には「SACO合意」、「島田懇談会事業」、「北部振興策」などを取り上げる。

軍事基地をめぐる沖縄の状況

軍事基地は、日常的に戦闘の訓練をしている施設である。そこで、航空機が落ちたり、何かを落としたり、騒音をまき散らしたりする。わが沖縄国際大学には、五年半前の八月一三日に、大型ヘリコプターが落ちてきて、炎上した。演習のために、実弾が住民の居住地に飛んできたりもする。また、基地の中には軍人・軍属とその家族たちが住んでいる（一部は基地の外にも住んでいる）。基地の中には売店あり、学校あり、スポーツ施設あり、教会ありで、かれらの暮らしはそこで完結できるようになっているが、時には外に出てくる。乗り物に乗り、買い物をし、遊び、観光したりする。そこで、かれらを原因とする事件・事故が起こる。

このような軍事基地はいらない、外に出て行ってくれ、というのが沖縄県民の多数意見である。しかし、相対少数ながら、軍事基地を容認する人びともいる。その代表は、基地に土地を貸している地主―軍用地地主である（契約を拒否する「反戦地主」は一〇〇人を割った）。その軍用地料（総額）は、復帰直前の年度に三一億円だったものが、復帰の年度に一気に一二六億円となり、見舞金や協力謝金を合わせて一九〇億円が支払われた。その後も引き上げが続いた。初めのうちは年五％程度、近年ではさすがに一％前後になっているが、毎年引き上げられてきた。〇七年度におけるその額は、アメリカ軍基地関係七七七億円、自衛隊基地関係一一四億円、計八九一億円であり、復帰前年の二九倍、復帰の年の七倍となった。その恩恵を受けている軍用地主たちが約四万人もいる（農家戸数は約三万戸）。

基地受け入れの代償としての「経済振興策」

問題は、基地問題との関係で特別に支出される財政の問題である。

これも、アメリカ軍基地や自衛隊基地のある国内の各地に一般的に支出されているもの（「一般的支出」とする）と、沖縄に限って支出されているもの（「特殊沖縄的支出」とする）の区別がある。「一般的支出」は、基地を受け入れさせるために設定されたというよりも、基地がすでにある地域への補償的対応だと見てよい。この「一般的支出」でも沖縄の比重は高いが、それは、「沖縄だから」支出されているわけではなく、沖縄にその額が多くなっているのは、七四％のアメリカ軍基地（自衛隊との共用を除く専用施設）が沖縄にある（面積では国土の〇・六％しかないのに）ことによる。

その「一般的支出」には、まず「防衛施設周辺環境の整備等に関する法律」（基地周辺整備法）に基づく障害防止工事（第三条）、住宅防音工事（第四条）、民生安定施設（第八条）、そして特定防衛施設等所在市町村助成交付金（第九条）がある。二〇〇八年度（当初予算）の場合、一一七四億円のうち、沖縄県には一五七億円、一三％が支出されている。また、総務省関係では、「国有提供施設等所在市町村助成交付金に関する法律」に基づくいわゆる「助成交付金」[1]と、「施設等所在市町村調整交付金交付要綱」に基づくいわゆる「調整交付金」[2]がある。〇八年度の場合、「助成交付金」は二六億円、「調整交付金」は四二億円であった。

（1）国が所有する固定資産のうち、アメリカ軍に使用させている固定資産や自衛隊が使用する固定資産の台帳価格に応じて、基地所在市町村に交付。市町村がこれらの資産に対しては固定資産税を課することができないため、固定資産税に代わる財源補塡の性格を有するものと解されている。

（2）アメリカ軍の所有する固定資産には固定資産や都市計画税を課することができないし、住民税や電気ガス税等の市町村民税も非課税となっている。基地外に居住する軍人軍属やその他の家族は公共的サービスを受けながらも非課税である。これらを補塡するものとしての交付金である。

とりわけ問題なのは「特殊沖縄的支出」にある。このようなものが出てくる背景には、九五年の少女暴行事件、それに抗議する県民大会の開催があり、当時の大田《おおた》昌秀《まさひで》県知事による「代理署名」の拒否があった。ここに、沖縄が基地問題を批判的に提起すれば、国は各種の「経済振興策」を打ち出すという関係ができ始めたのである。

SACOの合意と基地返還プログラム

同じ九五年の一一月、SACO（沖縄に関する特別行動委員会）[3]がスタートし、翌九六年一二月にその最終報告が発表された。その前、九六年四月に、橋本首相が普天間基地の返還をアメリカ側と合意したと発表している。

（3）SACOについては、沖縄県知事公室基地対策課編『沖縄の米軍基地』（二〇〇八年三月）の説明文を掲げる。

まず「SACO設置の経緯」。平成七年（一九九五年）九月の米軍人による少女暴行事件を契機にした県民の基地問題の解決を求める強い要望や、国内外の沖縄の米軍基地問題に対する世論の高まりを背景に、日米両政府は、沖縄県における米軍施設・区域に係る問題の改善、及び基地の整理・統合・縮小に、真剣に取り組むこととなった。／日米両政府は、同年一一月一日に来日したペリー国防長官と河野外務大臣、衛藤防衛庁長官との調整を踏まえ、一一月一九日、APEC（アジア太平洋経済協力会議）で来日中のゴア副大統領と村山総理大臣との会談で、沖縄における米軍施設・区域の整理・統合・縮小の促進と航空機騒音等、基地から派生する諸問題による県民の負担軽減のため、SCC［日米安全保障協議委員会―来間］の下に「沖縄における施設及び区域に関する特別行動委員会（SACO＝Special Action Committee on Facilities and Areas in Okinawa）の設置を決定した」。なお、後に「沖縄に関する特別行動委員会（SACO＝Special Action Committee on Okinawa）に名称を変更した。

次に「SACO最終報告の概要」。平成八年（一九九六年）一二月のSACO最終報告は、普天間飛行場の全面返還を含む一一施設、約五〇〇二ヘクタールの土地の返還に合意するとともに、県道一〇四号線越え実弾砲撃演習の廃止や航空機騒音の軽減措置、さらに日米地位協定の見直しについて、航空機事故調査報告書の公表や米軍公用車への番号標の取り付け等について一定の改善を図る内容となっている。／しかしながら、SACOの合意事案がすべて実施されたとしても、本県には、依然として在日米軍専用施設面積の約七〇パーセントの米軍基地が存在することから、過重な基地負担をしてきた県民の意向に応えるため、SACOで合意された施設以外についても、さらなる米軍基地の段階的な整理縮小が必要である。

SACOで合意された「土地の返還」には、普天間飛行場（四八一ヘクタール）のほか、北部訓練場の過半（三九八七ヘクタール）、キャンプ桑江《くわえ》の大部分（九九ヘクタール）、那覇港湾施設（五七ヘクタール）など、条件付きの返還が滞っているほか、読谷《よみたん》補助飛行場（一九一ヘクタール）、楚辺《そべ》通信所（五三ヘクタール）などが実現している。

なお、このSACOに基づく合意の実施に関連して、例えば県道一〇四号線越え実弾砲兵射撃訓練の日本本土各地への移転に伴う費用などが、日本政府によって負担されている。そして一部は関係市町村にも交付金が支払われている。ただ、これはまだ「基地受け入れ容認の代償としての特殊沖縄的支出」ではなく、むしろそれは本土の市町村に対して多く支払われている。

転機としての「島田懇事業」

基地受け入れの代償としての性格が明確な事業の仕掛けは「島田懇談会事業」に始まった。

法律に基づかず、沖縄県だけに支出され、基地対策として機能しているものの先陣を切ったものが「島田懇談会事業」(島田懇事業、島懇事業ともいう)である。

正式には「沖縄米軍基地所在市町村活性化特別事業」といい、慶応大学教授(現千葉商科大学長)の島田晴雄《しまだはるお》を座長として、一九九六年八月に発足した。この事業については、渡辺豪《わたなべつよし》『国策のまちおこし—嘉手納からの報告』(凱風社、二〇〇九年一〇月)がその発端、経過、実態、問題点、そして本質を、余すところなく描いている(「　」内は同書からの引用である)。渡辺は、「沖縄タイムス」の記者で、主題は、沖縄防衛局(防衛省の地方機関)の那覇市から嘉手納町への移転問題におかれているが、それは「島田懇事業」によって財政的な裏打ちを受けており、そのため、この事業についてもくわしい実態が解明されている。ここでは「島田懇事業」に焦点を絞って紹介する。

「島田懇事業」は、沖縄の基地所在市町村に対して、それらの市町村からの提案に基づいて、使途を限定することなく、国が沖縄県を通さずに直接、市町村に補助金を交付するというものである。「島田懇事業」の発端は、一九九六年六月一六日、「のちに沖縄担当首相補佐官となる岡本行夫《おかもとゆきお》」が、知人を介して、「嘉手納《かでな》町長の宮城篤実《みやぎとくじつ》」と夕食会をもったことにある。岡本は、中央の政治家にコネのなかった宮城に、梶山静六《かじやませいろく》内閣官房長官に面談するよう促した。岡本は「内閣官房長官・梶山の〈密使〉として沖縄にかかわ」りはじめたのであった。嘉手納町長以外にも、多くの基地所在市町村と面談を重ねたうえで、岡本は七月中旬に橋本首相に会い、「構想は非常にいい」と承認され、島田晴雄を座長に推薦した。

懇談会の委員の人選でポイントとしたことは、「メンバーの半分以上を沖縄の人に就いてもらう」

こと、「〈いつもネガティブなことしか取り上げない〉地元二紙の社長と、連合沖縄会長の渡久地政弘《とぐちまさひろ》」を加えること、であった。「運動論として基地の整理・縮小を唱えてきた渡久地や、県内世論に影響力をもつ地元紙の社長をメンバーに加え、議論を重ねた懇談会の協議過程そのものが、県民各層を納得させるだけの〈体裁〉を整えるのに大きく寄与した」。

事業の経過は、以下のごとくである。一九九六年八月二六日、島田懇談会の初会合。九月一四日、現地視察初日。一一月、答申。九七年三月、解散。

九七年六月、「解散した島田懇談会をフォローアップするため、政府は**有識者懇談会**を発足させ、那覇市内のホテルで第一回会合を開いた。座長に引き続き島田晴雄、副座長に稲嶺恵一《いなみねけいいち》〔後の県知事—来間〕を選出し、有識者懇談会の下に稲嶺をキャップとする作業部会を設置。プロジェクト実現に向け、具体的なアドバイスを行い、市町村とともに作業を進めることになった」。

〇八年一一月、内閣府が島懇事業の「実績調査報告書」をまとめた。「島懇事業は二五市町村（合併により現在二一市町村）から提案されたプロジェクト（三八事業、四七事案）を九七年度から実施し、〇七年度で継続中の一事業（金武町のふるさとづくり整備事業）を除き終了した。予算額は本年度（〇九年度）までの累計で約八三六億円〔八三〇億円—来間〕に上る」。

これは、どのように評価されるのか。渡辺の著書は、この事業の性格と「（国側からみた）成果」を描ききったものであり、多くの引用になることをお許しいただきたい。

「島田懇談会事業は、沖縄の基地所在市町村を対象に、国がピンポイントで振興策を配分するシステムを確立し、その後の政府の基地政策の分岐となった。これは露骨な〈アメとムチ〉政策である**米**

軍再編交付金など現在に至る防衛省の基地政策に発展させるヒントを政府に与えたのみならず、国が補助金で揺さぶりをかけつつ、基地問題のターゲットとなる市町村行政に直接介入していく先例にもなった」。「〈自立的な経済発展〉に向け、国が直接サポートする島田懇談会は、自治体が主体的にまちづくりを考え、行政能力を磨く修練の場になった。一方で、高率補助の至れり尽くせりの国策事業は、その旨《うま》みが増すほど自治体が中央依存を深めていく矛盾する機運も醸成した。…それは自治体に〈基地があることのメリット〉を想起させる契機にもなった」。「だが、プロジェクト自体は〈箱もの〉中心で、沖縄開発庁（現内閣府）主導で行われてきた従来の社会資本整備の域を出ないもの、と見ることもできた」。「岡本らによって既存の法律の枠を超えた**島懇事業**が編み出されたことで、首長たちに基地絡みの振興策を受け取る〈権利意識〉が定着し、保革にかかわらずそれを県民世論に公然と発する風土も醸成された。…これにより、〈ひも付き〉の振興策が基地政策に有効に作用するとの教訓を政府側に与え、アメとムチ政策へと発展させる契機となった」。「日米安保の根幹をなす既存の在沖米軍基地すら維持できないという政府の危機感の発露として生まれた振興策の一つが島懇事業だったと位置付けられる」。「沖縄側には、〈基地と経済振興〉を表立って取引きすることを是認する風潮が芽生えると同時に、基地関連収入が途絶えることへの恐れも植え付けられた。九六年以降の島懇事業をはじめとする沖縄への巨額な振興投資は自治体の基地依存を強めた、という意味で政府は一定の〈成果〉を収めたといえるだろう」。

ここから、国の沖縄に対する「特別」な財政支出が始まった。それは、基地を受け入れることと引き換えであることがあからさまにされており、受け取る自治体の側もそれを承知で「いただく」という、賄賂性が備わったものとなったのである。

基地押し付けのための「北部振興策」

島田懇事業の「成果」をふまえて、次に国が出してきたのが、普天間飛行場の移転先として名護《なご》市辺野古《へのこ》を指定し、その名護市に受け入れてもらおうと打ち出した「**北部振興策**」であった。年間一〇〇億円、一〇年で一〇〇〇億円を用意して、公共事業と非公共事業を半分ずつとし、事業の目的は限定せず、地元からの要請によって交付するものである。

私は、沖縄県が名護市や北部地域の自治体の同意を得るために九九年一一月に発表した「北部振興策」を「琉球新報」紙上で批判した（その後、一二月には国の「北部振興策」が発表された）。題して「まやかしの北部振興策」である［本書第一部2］。そこでは、新基地を「軍民共用空港」にすること、名護市に大きな港を造ること、那覇と名護を鉄道で結ぶこと、人口を二倍に増加させること、などの提案を批判した。

また、二〇〇〇年五月二二日、ヘリ基地反対協議会主催の「第四回連続市民講座」で講演して、次のように発言した［本書第一部4］。

①今回の「北部振興策」は、そもそも動機が不純である。普天間基地の辺野古周辺への移設受け入れと引き換えに、北部の「振興」をしようというのである。したがって、基地受け入れと引き換えに出してきた「北部振興策」はいらない、お断りする、というべきものである。

②しかし、北部振興会、各市町村、そして北部地域の人々はこの「振興策」を歓迎しているように

見える。基地移設には触れないで、「振興策」だけは受け入れようという動きのように見える。このことがまず問題である。今回の「振興策」は、基地を拒否したらなくなってしまう、条件付きの「振興策」である。「だったらいらない」となぜ言えないのか。

③今回の「北部振興策」に特徴的なことは、金額が先に決まっていて、内容は決まっていないということである。本当のところは、国は「北部振興」のために何かができるとは考えていないと思われるが、ポーズとして、力を尽くしますといえば、責任を果たしたことになってしまうのである。

④このため、地域の側から、あわてて要求を考えることになった。そうであるから、いい考えが出てくるわけがない。報道によれば、「国、県の作業進行に比べ、北部市町村の準備状況は遅れ気味で、体制の立て直しが急がれている」という。結局、「北部市町村は一九九四年にまとめた『北部拠点都市地域基本計画―自然交響都市圏の創造21』を北部地域の将来像のたたき台とした」にとどまった。そして、当面は二年間の計画を出すことに落ち着いたようだ。

⑤即座には提案が出て来ない、もう一つの理由がある。すでに要求は出尽しているのである。復帰後の沖縄全体の振興策において、高率補助などの特別措置を含みながら、多くの事業がなされてきた。いわゆるインフラの整備はずいぶん進んだ。そこに、もっと要求しなさいといわれても、出すものがないという側面も出ている。

⑥これらを通して特徴的なことは、本来の眼目であったはずの「軍民共用空港」を活用する話がまったく入ってないことだ。国はもともとの「北部振興策」では、「軍民共用空港案を念頭に検討する北部地域における新空港整備については、同空港を活用した空港関連産業や空港利用産業の立地及び

発展の可能性についても併せてその検討を行うこととする」と述べていた。しかし、地元からは何の提案もなかった。

だが、名護市をはじめ北部の市町村は、この「北部振興策」を受け入れ、普天間基地の辺野古への移設に同意する意思を示した。

「島田懇事業」の「恩恵」

これらの事業については、地元二紙が間断なく報道してきた。例えば、沖縄タイムスは〇三年一月～二月、「脱閉塞感・島田懇事業中間報告」を連載した。この中から「恩恵」と判断できる例を選んでみよう。

まず、伊江村《いえそん》のゴルフ場である。「ゴルフ場やゴルフ練習場は対象外」だが、ゴルフ場を「多目的広場」との位置づけで「伊江村村民レク広場」として整備したこと、地元で意見をまとめてくれば、基本的に使途を問わないという事業であること、これに加えて「九割が国費という潤沢な国庫補助をひねり出す島田懇談会事業」が「ゴルフ場建設を可能にした」。「ゴルフ場の整備総事業費は約三三億円。伊江村の年間財政規模の約半分に当たり、これは「基地所在の対価としての政策的な特別事業であった」のである。

次は、恩納村《おんなそん》を核にした「北西部四村観光連携型養殖整備事業」である。「米軍基地が所在する市町村にのみ、導入されるはずの島田懇談会事業」だが、「基地のない伊平屋《いへや》、伊是名《いぜな》の二村にも同事業が導入されている」。この事業がそれだ。「基地のある恩納村が事業主体となり、伊平屋、伊是名、伊江の三村で生産する水産物を恩納村側で引き受けて加工、付加価値を高めて流通、販売を行う取り組みで、四村の水産業活性化を図る狙い。…普天間飛行場の代替施設問題で本島北部を訪れた当時の首相側近に対し、他市町村に比べて窮乏する離島の現状が訴えられ、苦肉の策として認められた」。二一億円が投入された。

三つめは、嘉手納町《かでなちょう》である。その島田懇談会事業は、「嘉手納タウンセンター」として総括されているが、そのうち最大の一六五億円をかけた「市街地再開発」は、嘉手納ロータリーを含む中心市街地の再開発事業である。また「マルチメディアタウン事業」は〇二年二月に開館したもので、「安保の見える丘」近くの屋良《やら》地区に、展望施設を伴う〈道の駅〉という名の建物を建てた。その他を合わせて、「総事業費は約二五〇億円。島田懇事業の全体予算の四分の一に当たる」。「嘉手納飛行場を中心に町域の八三％を米軍基地が占めている〝基地の街〟に対する対価だ」。

渡辺豪の本は、この嘉手納町にかかる島田懇事業の話を中心に構成されている。これらは、カネがあったからつくった事業というべきである。

「島田懇事業」の結末

「基地受け入れの見返りとしての特殊沖縄的支出」としての「島田懇事業」と「北部振興策」の結果はどうなったのか。ほとんどは「地域活性化」にはつながらず、「経済振興」はできなかった。それどころか、自治体に新たな財政負担を強いてしまった。

渡辺豪も次のように指摘している。「自治体にとって〈つかみカネ〉の財源で手掛けられた島懇事業の多くは十年余を経て、財政面で地元を圧迫する〈重荷〉になりつつある」。

具体的には、次のような事例がある。「予算額約一七億八〇〇〇万円で整備したうるま市の〈きむたかホール〉は当初計画で維持管理などにかかる歳出を二八三八万円とし、ホール稼働率五八%と見込んでいた」が、稼働率は変動が激しく、歳出は当初計画を大幅超過し、年間二〇〇〇万円前後は自治体の一般財源からの補てんに頼らざるを得ない状況だ。「同ホールが開業した〇一年度以降の自治体財政からの補てん総額は、二億円を超える見通しだ」。「うるま市は〇五年度の合併後、石川市、具志川市、勝連町、与那城町の旧四市村の島懇事業を継承した。この結果、同市は〈箱もの〉四施設の運営や維持管理にかかる負担も抱えることになった」。

渡辺はいう。「〈経済の自立〉を標ぼうする島懇事業を検証するのであれば、採算性という尺度は必須だろう。しかし、内閣府の報告書は各事業の〈事業実績〉については利用人数の推移などのデータを添えて紹介しているが、運営維持や管理委託にかかる自治体の〈財政圧迫〉に関する具体的な金額には一切触れていない」。

渡辺は、宜野座村《ぎのざそん》の「かんなタラソセンター」にも触れている。これは「予算総額二一億八〇〇〇万円で整備した第三セクターの海洋療法施設」だが、その「年間利用人数はオープンした〇三年度に一七万五五四六人だったのが、〇八年度は一一万四八三一人に漸減」。宜野座村は二五〇〇万円の出資金に加え、〇六年度以降、毎年追加出資し、「〇八年度現在の村の出資額は計七二六〇万円、出資比率は六六%に達している」。

他にも、那覇市の「NAHAぶんかテンブス」、沖縄市の「中の町・ミュージックタウン」など、問題が多いものがある。

「北部振興策」の光と影

一〇年間の「北部振興策」を終えて、「沖縄タイムス」紙は二〇〇九年一一月～一二月、「北部振興策一〇年」を連載した。要点を紹介しよう。

本島最北の国頭村《くにがみそん》の場合、「国が北部振興策を始めた二〇〇〇年以降、村の人口は一〇％も減り、過疎化は、むしろ加速している」。雇用は、「名護以北が非常に厳しい」。

「宜野座村《ぎのざそん》ITオペレーションパーク」は「総事業費約三八億円をかけて建設された北部振興策の目玉事業の一つだ。二〇〇二年に完成した国内初の本格的な公設インターネットデータセンター、サーバーファームと、ことし三月に完成した第二サーバーファームからなる」。「村は〇二年、情報通信産業特別地区（情報特区）の指定を受けた」。「入居企業は現在［〇九年一一月］九社。就業者数は四四九人で〈役場を抜き村内で最大の雇用の場〉（村担当者）となった」。「施設を管理する村は歳入面でも恩恵を受ける。入居企業のテナント料合計は年間約一億円。現在入居率七割弱の第二サーバーファームの企業誘致が進めばさらに増える。入居企業の法人税収は〇八年度で約三六〇〇万円だった」。

名護市の「みらい三号館」は「北部振興策で一六億円余りをかけて整備された」。「外国為替保証金取引（FX）を行う外為どっとコム名護支店」の大島支店長は、「当社の経常利益は、沖縄電力を超えました」「東京に本社を構える同社の全従業員は二四七人だが、名護支店（九九人）は昨年の経常利益一三一億円の半分を稼ぎ出した」という。「一〇月末現在、名護市内に二六社が進出し、九五六人を雇用。法人市民税は〇七年度、三億九八八二万円だったが、〇八年度は九億四五四七万円と倍増。既存の地元企業の納税額が伸び悩む中、一位の外為どっとコム七一〇〇万円、二位のかんぽ生命保険五八七八万円など、進出した金融・情報企業がけん引した」。

名護市の食肉センター。「長方形の鉄筋二階、延べ床面積一万一七五四平方メートルの広大な施設に、衛生的な解体処理室や梱包室など最新の設備を備える。名護市食肉センターは、三〇億五千万円をかけ、北部振興策第一号として二〇〇三年に操業を開始」。「七万九千頭からスタートした豚の処理数は着実に増え、〇八年度は当初目標だった一二万頭を千頭超えた。初年度こそ赤字だったが、〇八年度決算は一一七五万円の利益を計上した」。しかし、「畜産業の環境が厳しさを増す中、〝黒字決算〟が続く保証はない」。

大宜味村の特産品加工施設。「〈シークヮーサーの里〉として特産品による村おこしを進めようと北部振興策で、総事業費約五億六〇〇〇万円をかけて整備し、二〇〇五年二月に完成」。「年間一〇〇トンの加工用シークヮーサー処理が可能だが、加工用の収穫が始まった一〇月中旬の操業開始予定が大幅に遅れ、本格稼動の見通しがたっていない」。生産は伸びているが、加工用価格の下落で、見通しが立たないのである。

園芸作物の生産が盛んな北部。北部振興策で、二〇〇四年から〇六年、「農業用ハウス」を提供する〈園芸農業活性化事業〉を導入した。「総事業費は三年間で計三六億二五〇〇万円。伊江島を除く北部一一市町村、約七〇〇農家が利用している。ハウス設置には一般的に、一千万円程度かかるという。北部振興策の補助率は九割で、農林水産省の他の事業の補助率（三分の一〜二分の一）を大きく上回る」。農家にとっては、施設整備の出費が少なくて済むメリットがある。

東村ふるさと振興株式会社は、「県内最大の福地ダム湖面から、やんばるの自然が体感できることをセールスポイントに、沖縄初のダム湖専用遊覧船〈ゴンミキ号〉が二〇〇五年に就航した。野生生物に配慮し、音が静かで大きな波が立ちにくいモーターが搭載された自然観測船だ」。「東村が、〇五年度北部振興策を利用し、乗降用浮桟橋や案内場建設など、総事業費約一億八五〇〇万円で整備した」。しかしながら、運航予測は当たらず、「ゴンミキ号は〇五年一〇月の就航からわずか二カ月で運休した。少雨で水位が下がったため」だ。「当初想定していた年間運航日数一〇カ月以上に対し、〇六年以降の年間運航日数は三〇日から四五日間」。「年間最大二万九〇〇〇人を見込んでいた乗客数も…〇八年三五一二人と減少傾向だ」。

名護市は市営住宅を建てた。北部振興策を利用して、「八階建て（五六戸）で、総事業費は約一三億一四〇〇万円。〇六年度に事業開始、〇九年度中に完成予定だったが、大幅にずれ込む見込みだ」。市建設部によれば「北部振興策を利用しないと、今後できる見込みはな」かった。「ほかにも北部振興策として、事業途中も含めて市内九ヵ所に市営住宅を建設」している。

名護市辺野古《へのこ》（人口約二一〇〇人）の「辺野古交流プラザ」。「集落の入り口でひときわ目立つ赤瓦の建物は、二〇〇七年に完成した」。「総事業費約九億一七〇〇万円をかけた〈豪華公民館〉だ。…事業費には、〈普天間〉受け入れとのリンクが問われた北部振興費約八億四〇〇〇万円が使われている。北部振興策が〈公民館〉建設に使われた事例はほかにない」。「交流プラザは施設内部も充実。一階には六〇〇人収容可能な大ホール、歴史資料館など。二階には十数台のパソコンを備えるコンピューター室、総合学習室、図書館がある。階段、トイレはバリアフリーだ。二階のスポーツレクレーション室は一台約二八〇〇万円のマルチジムをはじめ、約三〇〜四〇万円のマッサージ機やエアロバイクなどがずらりとならぶ。」。「プラザの落成式典には、那覇防衛施設局長（当時）が出席し、プラザ建設を北部振興事業と位置づけた上で、祝辞を述べた」。

このようにして国に完全に乗せられた辺野古地区の人びとは、〇六年四月、何と「一世帯あたり一億五〇〇〇万円の一時金と毎年二〇〇万円の永代補償」を要求した、との新聞報道があった。これは、誰にも支持されず、そのうち消えてしまったようだが、基地受け入れには条件を出すことが許されるという「ゆがんだ感覚」が根づいてきた事例の最たるものである。国の基地押し付けの政策は、関係住民の正常な感覚をもゆがめていく。

おわりに

「島田懇事業」は、アメリカ軍基地の諸問題で悩みを抱えている市町村に対し、また「北部振興策」は、普天間基地の移設先となる名護市と北部地域の市町村に対し、それぞれ国が直接手を差しのべる方式をとり、地元の提案に基づいて、使途を問わず自由に使ってもいいという、まったく新しい支援方式を導入したものであった。

その成否は、一面で地元の提案の質が問われるものでもある。事業の失敗例が少なくないが、その責任は国だけにあるとは言い難く、維持運営費を考慮に入れずに箱モノつくりを進めた側にもある。

しかし、国は個々の事業の成否には無関心のようだ。それは提案者側の責任として突き放し、自らの求める「基地容認」と「移設容認」というしっかりした「成果」をものにした。

一方で国は、したたかに、地元・沖縄の口を封じる手を打ってきた。その一つは、九七年四月に成立した「米軍用地特別措置法」の改定によって、使用期限が切れた後も国の継続使用ができるようにしただけでなく、九九年七月の再改定で、市町村長や県知事に委任していた「代理署名」や「公告縦覧」そのものを、国の直接執行事務として、地元の「抵抗権」を奪ったことである。もう一つは、〇七年五月に成立した「米軍再編推進法」に基づき「米軍再編交付金」を出すことにしたが、それを再編事業の進捗状況に対応させて「出来高払い」としたことである。これは、「北部振興策」を提供しても、いつまでも辺野古移設が進められなかった「反省」から制度化されたものとされている。すなわち、ムチの政策も忘れてはいないのである。

本年一月の名護市長選で、名護市辺野古への移設に反対する候補が勝利したし、自民党沖縄県連も「県外・国外移設」を要求する事態に変化していて、二月二四日には、沖縄県議会が全会一致で「県外・国外移設」を要求する決議を採択した。

広範な国民の「政策転換」の期待を担って発足した鳩山政権であるが、普天間基地の移設先探しで迷走している。この連立政権は、これまで自公政権によって進められてきた「基地沖縄」の固定化政策を、根本的に「転換」することはできないのだろうか。

（新日本出版社『経済』二〇一〇年六月号）

23　アメリカ軍基地の受益者たち

沖縄の普天間基地の撤去をめぐって、県民の意見が「国外か県外」ということで一致していることは、よく知られるようになった。政府はこれまで、沖縄に基地を受け入れさせようと、たくさんの資金をばらまいてきた。金銭だけでなく、制度や施設においても認めてきた。それは、近年ますます露骨になり、強化されてきたが、それと反比例して、世論は基地の撤去の方向に流れてきた。

しかしそれが「一枚岩」ではないことも、また事実である。基地用地には約四万人の地主がおり、彼らの土地はアメリカ軍基地の三分の一を占めている（国有地と県・市町村有地もそれぞれ三分の一）。もともとは土地を奪われて悲惨を味わった人びとではあるが、その後その水準は引き上げられ、日本復帰と同時に六倍にもなり、それから三八年を経て、さらにその七倍になった。今では、県・市町村有地を含めて九〇〇億円である。地域によってその地料水準は多様だが、本島中部にある普天間基地では、坪当たり四〇〇〇円、地主一人当たり二二〇万円ほどである。この「受益層」が、団体として基地の撤去に反対している。もっとも、近年は大声をあげることはない。

次に、自治体の場合、基地があるが故に、各種の交付金を受けている。それには「損害賠償」的なものもあるが、近年では基地受け入れと引き換えに交付されるものが増えてきた。それぞれの首長は、それを受けて各種のハコモノを作り、有権者にアピールしている。この「受益層」は、自治体住民全体ではなく、その首長と取り巻き政治家に限られているのではないかと疑われるが、それが首長たり得ていることは注意点である。

三つ目に、基地に雇用されている従業員である。彼らの組織する労働組合は、復帰前には基地撤去・縮小につながるはずの復帰運動の一翼であったが、その後はしだいに基地撤去を口にしなくなっている。職場を失うという現実を恐れるからである。

まさに、基地がなくなれば経済的に困るのは、これらの分野である。それでも、沖縄経済全体からすれば、その比重（基地依存度）は五％ほどにとどまる。「基地がなければ経済が成り立たない」ということはない。

それでは、「基地がなくなれば万々歳」かといえば、これらの「痛み」を考慮せねばならないということもあるが、戻ってくる基地用地が、積極的に活用でき、経済の向上につながるかどうかという、別の不安もある。土地が増えれば、農業・工業・商業などの産業にとって「良いこと」のように思われがちだが、これらはそもそも元気がない。そこそこやっているが、積極的な展望はほとんど描けないのである。そこに土地が戻ってきても、前向きに展開できるという保障はない。農地は既に縮小の方向にあり、ショッピングセンターは飽和状態にあり、製造業の新たな展開の余地は小さい。

私は、次のように主張している。「基地が返還されれば、沖縄経済はもっと良くなる」というような、根拠のない議論はやめるべきだ。基地問題を経済の問題に直結するな。軍事基地は戦争のためにおかれ、兵士の訓練のために機能している。そんなものは認めないという、平和にかかわる問題であり、それは「絶対悪」なのだ。経済を良くするために基地の返還を要求するのではない。たとえ経済面で打撃を受けても、基地は撤去させるべきなのだ。経済面でのプラスが期待できれば、基地撤去の要求はより強くなろうが、それが期待できなくても要求すべきことなのだ。

（原題は「沖縄の基地と経済」、日本平和委員会杉並支部編『平和新聞・杉並版』第一二四号、二〇一〇年六月二五日）

24　基地問題論争で見られる「沖縄経済は基地依存」の誤解

沖縄には、アメリカ軍基地を受け入れる代償として多くのカネが落ちている、と思われている。また、沖縄経済は基地に依存していて、基地がなくなると経済が成り立たない、と思われている。これらの認識はどれくらい正確なのであろうか。このことを、歴史をたどり、現実に即して考えてみよう。

戦前の沖縄経済

戦前（近代）の沖縄経済は、一言でいえば、日本の中の「後進地域」であった。近世の社会のありようが日本本土とは異なり、一八七九（明治一二）年の「琉球処分」で日本に編入されたものの、すぐには同一の政策をとることがかなわず、約二〇年間は「旧慣」諸制度が残された。二〇世紀の入り口で「沖縄県土地整理事業」が実施されて、土地制度と租税制度が改革され、これを契機に、ようやく「商品＝貨幣経済」に入ったのである。

食糧の中心は甘藷《かんしょ》（さつまいも）であったが、米も少しは作った。また、甘蔗《かんしゃ》（さとうきび）を生産して、それを農家自ら加工して含蜜糖《がんみつとう》（黒糖など）を製造した。甘蔗はまた、分蜜糖《ぶんみつとう》（白糖の原料糖）生産にも向けられ、大型工場に搬入された。工業には他に、泡盛・織物・漆器・陶器などの、後に「伝統工芸」とされる分野があり、それなりに移出されたが、移出額二〇〇〇万円のうち、砂糖類が一五〇〇万円（七六％）を占めていて、他はわずかなものであった（一九三五年）。

米・麦の単位面積（一〇アール）当たりの収量は全国平均の半分で、農具は乏しく、無肥料といわれるくらいで、農業の生産力は低かったし、工業のそれも同様であった。

経済全体の構造は、甘藷と、若干の米を作って食べ、甘蔗を加工して砂糖を作って移出し、他に泡盛・織物なども少し移出して、不足の米や農産物、そして生活用品雑貨などを移入していた。対外収支は償わず、移民や出稼ぎ者の送金がその欠を補った。

アメリカ軍の占領支配が始まった

沖縄戦（一九四五年）は、沖縄の社会を激変させた。地上における戦闘のため、六〇万人の人口のうち一二万人以上が犠牲になった。砲弾で土地は荒れ、道路・橋梁などの社会資本は破壊され、製糖工場など多くの生産施設が潰され、設備や原材料が失われた。

そこに、アメリカ軍の占領支配が始められた。最初の一年間は、人びとを軍の設定した十数か所のキャンプに収容した。このとき、軍の使用する基地用地の大半は「接収」されていた。キャンプから開放されて、元の居住地に帰ることが許されても、帰るべき土地が基地とされている場合もあった。生産の復興は進まず、アメリカ軍の補給物資を主体に、若干の島産品を供出させて、それを配給するという段階から、戦後の生活は始まった。物価と賃金は統制されていたが、それは「戦果（軍物資の窃盗)」「パンパン稼業」「密貿易」などと結びついた闇価格・闇取引などによって、まもなく破綻した。

アメリカ軍は一九四九年二月に、沖縄に恒久基地を建設する方針を正式に決定して、実施に突き進む。清水建設や銭高組や鹿島建設などの本土企業が導入され、基地建設工事が各地で展開した。人びとは土地を奪われて行き場がなく、このような工事に働きの場を見いだした。沖縄経済は「基地経済」だとの表現が現われるのは、このころである。

一九五一年九月の対日講和条約(サンフランシスコ平和条約)の調印(五二年四月発効)を中心にして、その前後に行政や経済の仕組みが整えられていく。行政面では、アメリカ軍の対民間行政機構である「琉球列島米国民政府」の発足(五一年一二月)、その管理下にあり沖縄人に運営させる「琉球政府」の発足(五二年四月)があり、経済面では、通貨の指定(軍票B円)、為替レートの設定(一ドル=一二〇B円=三六〇日円)、銀行や見返資金の設立、日本との間の「覚書貿易」協定などがある。これは、沖縄からの移出品への関税免除や手続きの簡素化を図り、他方で日本から沖縄への移入品も同様の扱いとなるが、物資の流入が圧倒的で、沖縄は占領下を通じて物資の七割を日本製品に頼っていたのである。

軍用地をめぐる「島ぐるみの闘争」

一九五〇年代半ばまでに「軍工事ブーム」は去り、残された零細な農地にしがみつく農業や、また漁業が取り組まれるが、生活を支えることは困難な日々であった。基地用地にされた土地の地代(軍用地料）の水準は低い。

そこに、追加的な土地接収が、銃剣とブルドーザーという強権を伴って始まる。人びとの反撃が始まった。「島ぐるみの土地闘争」と呼ばれる。任命主席を戴く「琉球政府」と、「立法院」に集う政党各派と、市町村、軍用地主会などが一致して、新たな土地接収に反対、軍用地料を引き上げ、その一括払いに反対、これまでの損害を賠償せよ（これを「四原則」という）、と要求した。アメリカ軍は、その弾圧を試みるものの、最終的には妥協して（一九五九年）、地料の大幅引き上げと一括払い方針の取り下げ（希望者にのみ数年分の前払いを認める）となった。

復帰運動の高揚とアメリカの対応

この運動が転機となり、その後は「祖国復帰運動」が活発化していくことになる。これは、単に日本に復帰しようというだけでなく、異民族支配からの脱却、すべての基地（なかんずく核基地）の撤去、民主主義と人権擁護、生活の向上（経済の発展、生活水準の向上、物価の引き下げ、賃金の引き上げ）という、多様な要求の結節点となったものである。

これに対抗するアメリカ軍の政策の柱は、経済政策であった。経済の振興で乗り切ろうというのである。一九五八年に、通貨を軍票のB円からアメリカ・ドルに切り替え、外資導入（日本を含む）を図り、自由貿易地域を設定し、アメリカ本国からの財政援助を増やし、日本政府の財政援助も容認した。一九六〇年代は、沖縄なりに「高度成長」を経験する。とはいえ、「外資」にとっての魅力は限定的で、農産加工である製糖業とパイナップル缶詰工業に投資された以外には目立ったものはなかったし、日本の原材料でトランジスターや野球用グラブなどを製造し、アメリカに輸出する「自由貿易」も、台湾や香港に主役を奪われ、まもなく尻すぼみとなった。

このようにして、経済の振興によって復帰運動を回避しようとする政策は、十分には効果を生まず、県民の要求との隔たりは大きくなり、復帰運動はますます激しさを増していった。一九六五年には日本政府が動き始め、まもなくアメリカ政府内でも「沖縄返還」の検討が始まった。くりかえされる日米首脳会談の合意として、一九六七年には「両三年以内に返還の時期について合意する」とされ、六九年には「一九七二年中の返還」が決まり、七一年には「一九七二年五月一五日の返還」が決まった。

日本復帰をもたらした諸要因

この沖縄の日本復帰は、復帰運動によって勝ち取られたものではあるが、それだけではない。沖縄経済は、占領下で「基地経済」とされていたが、それは物的生産の基盤を削ぐ一方で、「基地収入」を供与することによって経済の「発展」を図るという構造のもので、その「基地収入」はもっぱらアメリカ側の事情で増減するものであり、また順次的に増加するというものではないために、沖縄経済そのものに「動揺性」と「限界性」を刻印するものであった。一九六〇年代後半には、その「限界」が見えてきて、何らかの対応が求められていた。そこで、日本政府の琉球政府に対する援助が開始され、しだいに増額されていった。一九六七年度からは、それはアメリカ政府のそれを上回った。日米経済の力関係が変化してきたことも影響したであろう。それでも、復帰直前の琉球政府の財政は破綻寸前であった。そのような経済問題の結果としても「復帰」をとらえることができる。

さらにまた、軍事上の問題もある。復帰運動は基地の撤去、とりわけ核基地の撤去と結んで取り組まれたが、他方の日米政府は、施政権を日本に返還する代償として、そのような軍事基地を維持し、場合によっては強化することを目論んで進めたといっていい。

「基地経済」から「財政依存経済」へ

一九七二年五月の日本復帰によって、沖縄は日本と同一の政治経済体制に取り込まれた。それは、法律に規定された制度が同一になったということであり、社会のもつ多様な側面のあらゆることまでも同一になったのではない。人びとの生き方、考え方、生活習慣などは、その特徴が根強く残り続けるものであり、会社・農協・PTAなど、制度としては同一であっても、単純に同一視すると見誤ることが出てくる。「本土と沖縄」として対比される事象は少なくない。政治に対する思考方法も異なる面が見られる。

ともあれ、「基地経済」といわれてきた沖縄経済は、「財政依存経済」へと移行した。

復帰を境にした財政構造の変化は、復帰三・五年前の一九六九年度(アメリカ式で六八年七月に始まり、六九年六月に終る)と、復帰六年後の昭和五三年度(日本式で、七八年四月に始まり、七九年三月に終る)という、ほぼ一〇年間の変化をとって、次のように要約することができる(図1)。

つまり、一般会計の規模が一・八倍に増大したが、それは、自主財源の一部が国税に繰り替えられて減額したにもかかわらず、国庫からの受け入れが六・九倍にも増えたためである。このほか、国からは県の特別会計と市町村の普通会計への移転もあり、国の出先機関への投入もあって、国から県域

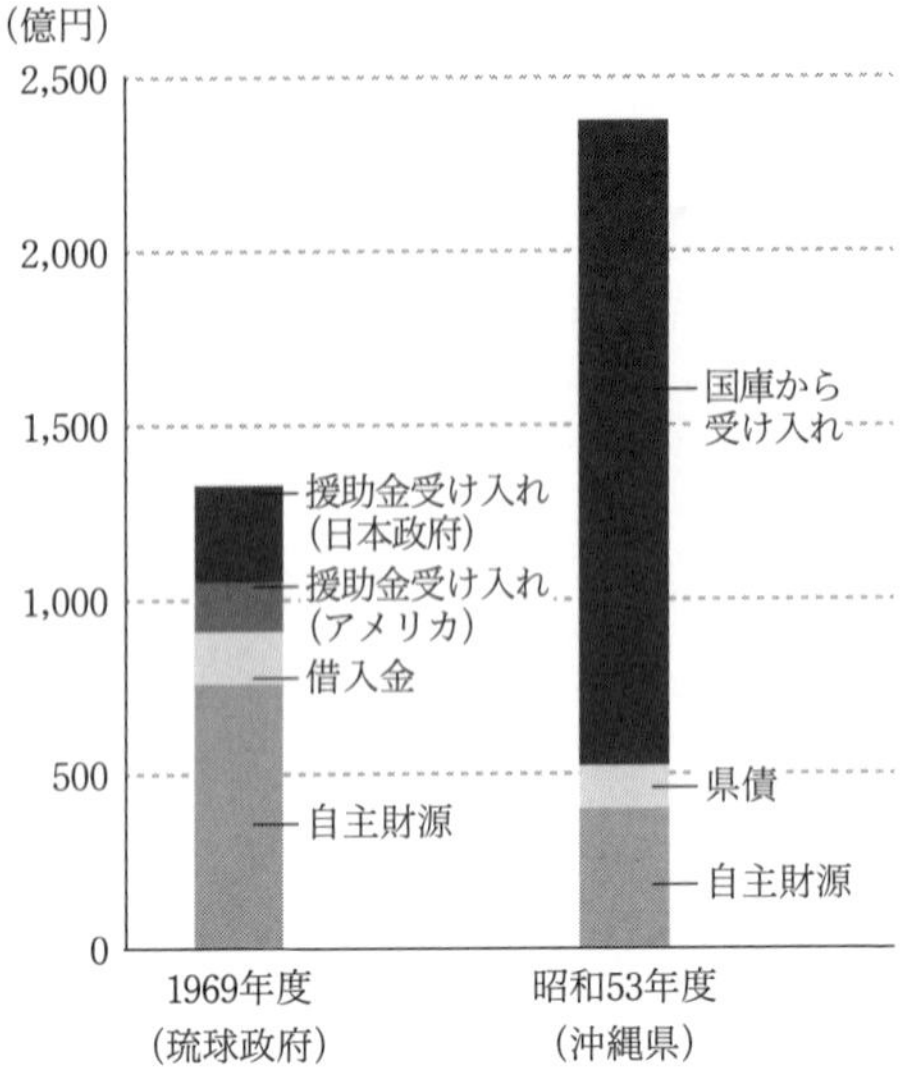

(注) 一般会計，1969年度については，ドル表示の数字を円表示にし，物価指数を使って78年価格にした．

(出所) 琉球政府と沖縄県の資料を基に筆者作成．

図1　復帰を境に国からの財政資金が膨張

に入る財政資金は、なんと一五・四倍へと膨張したのである。これによって、沖縄経済は「財政依存経済」になった。

それまでの「基地経済」はどうなったか。すでに一九六〇年代後半は日米の財政資金の投入が強化されてきていた。そのぶん「基地依存度」は低下してきており、その延長線上に復帰が来て、財政の膨張の半面として、その性格がますます希薄になったのである。私は、復帰を境に「基地経済」ではなくなったと考えている。「まだ基地経済だ」との論も残っているが、それは「基地収入」があることを指摘しているだけであって、沖縄経済の全体としての性格を論じたものではない。

国による財政支援は不可欠

復帰前の「琉球政府」の財政はきわめて貧困であった。それは、裁判所、立法機関と法務、税関

（防疫を含む）、警察、郵政などの「国家的事務経費」を負担し、学校教育、伝染病・獣疫対策などの費用も負担していて、社会秩序の維持に汲々としていたため、社会的基盤整備や経済振興のための支出などはほとんど考えられなかった。ここに、独自の機関である「琉球政府」と、日本の中の「沖縄県」となった現在との違いがある。

このような「遺産」を引き継いで沖縄は日本に復帰したので、その遅れを取り戻そうと、国庫資金が積極的に投入されたのであって、そのこと自体を「不当」とすることはできまい。そもそも、国は国土のバランスある発展を追求すべきで、経済力の弱い「地方」を支援することは当然である。そのひとつの形が「地方交付税交付金」の制度であった。近年、これがゆがめられつつあるが、例えば東京都へはゼロでも、沖縄県には多額になるべきものである。

軍事基地受け入れの代償としての財政資金

普天間基地問題が国政の中心的なテーマの一つになったとき、「沖縄は基地に反対するが、基地受け入れの見返りとして多額の財政資金が投入されており、基地がなくなると、実際には困るのだ」という類の論調が現われた。

この論調には整理すべき課題がいくつかある。まず、日本復帰後の国の投資は、遅れた社会資本の整備のために当然とすべき部分が多かった。道路・橋梁・空港港湾・農業基盤整備など、必要な事業がすすめられたのであり、そのような公共事業までも否定的に評価することには賛成できない。そのことを基本にしたうえで、それでもこれを三〇年間も続け、いまなお形を変えてつないでいる。そうすると、「不要不急の公共事業」の比重が増してくる。この二つを区別すべきだということである。

一方でその財政資金が、基地容認の代償として、意識的に運用されてくる。各種の「沖縄振興策」「沖縄特別措置」までもその性格を強めてきた。それは近年のことである。自衛隊も含めて、基地対応の交付金はもともとあった。それは全国各地に同一の基準で適用されるものであった。ところが、そのような一般的な交付金とは別に、沖縄だけに認められる基地関連の交付金が現われた。「基地所在市町村活性化事業（島田懇談会事業）」と「北部振興策」（普天間基地の移設先としての「北部」）である。これらは法的裏づけもなく、使途を特定せず（ゴルフ場、農水産物の加工販売施設、農業用ハウス、市街地再開発、海洋療法施設、ダム湖専用遊覧船、市営住宅、字の公民館など）、地元からの提案を促して審査して、沖縄県にも関与させず、直接市町村に交付するものである。両者とも年間一〇〇億円、一〇年間で一〇〇〇億円という資金が用意された（未消化あり）。

これは、特に一九九五年の少女暴行事件への県民の反発・抗議と、当時の大田昌秀知事の代理署名拒否などの動きに対応したものであり、この年を境にして、普天間代替基地など、沖縄に基地を受け入れさせるための、むき出しの財政運用として登場したものである。国はひたすら基地容認を求め、沖縄県はひたすら財政支出や特別措置を求めるという、現在の構図はこうしてできあがった。経済問題に限っていえば、「金融特区」「特別自由貿易地域」など、県の要求に合理性がない場合が多いが、それでも国は容認していくのである。このような流れのなかで、それまで「戦後復興」「復帰後復興」の性格のものまでも、基地関連の支出としての性格をもつようになっていった。

沖縄経済の「自立」

財政に依存していては沖縄はいつまでも「自立」できないとの議論も、よく見られる。そして、復帰後の財政投資を機軸にした国の政策が、むしろ「自立」を阻んでいる、ともいわれる。そうだろうか。

戦前、そして戦後の占領下と見てきたように、沖縄はかつて一度も「自立」できたことはない。アメリカ軍の支配のあり方や、復帰後の日本政府のあり方が、沖縄の「自立」を阻んでいるわけではない。そもそもその条件に欠けるのである。面積は小さくしかも島じまに分散し、人口も少なく、資源は限られ、人口密集地から遠隔にある。技術の開発・習得や労働力の鍛錬がしっかりなされてきた歴史もない。国内唯一の亜熱帯という気候特性は、農業や工業に多少は生かせるものの、国境の南に多くの類似の地域が控えている。「自立」をめざすことは必要だし、尊い課題ではあるが、その実現は不可能といっていい。そのゴールへの到達という幻の目標を追い求めるのではなく、一歩ずつでもゴールに向かう努力こそ絶やしてはならないことなのである。

そのような「地方」を支援することは、国の責務であろう。国の中には、経済力の強い地域と弱い地域がある。弱い地域を支援し、強い地域に力を借りる、そうして国全体のバランスを求めていくべきものであろう。沖縄は、残念ながら弱い地域である。そこからの脱却は、地域の努力で克服できるほど簡単なことではない。今後ともお世話になり続けなければならないのである。

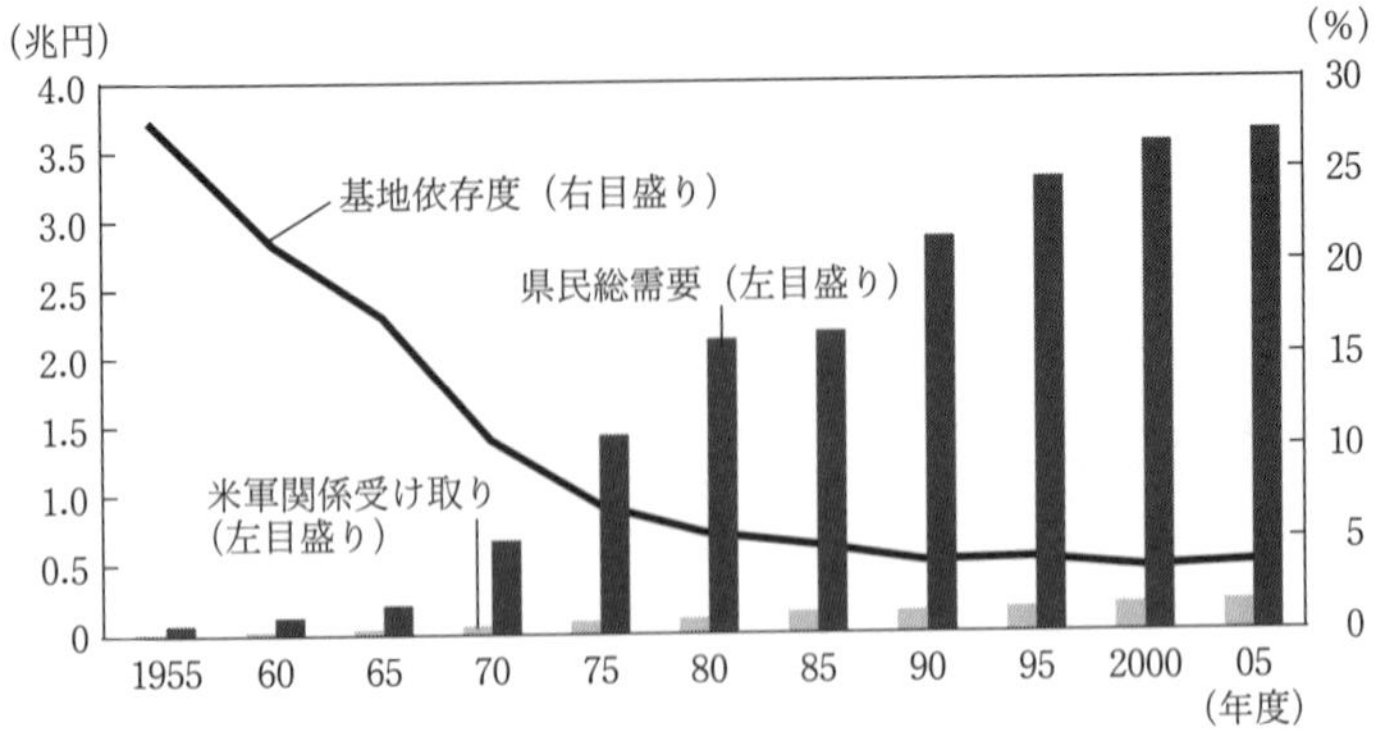

(注) 基地依存度は「米軍関係受け取り÷県民総需要」で算出.
(出所)「国民所得統計」と「県民所得統計」を基に筆者作成.

図2　基地依存度は5%弱にすぎない

基地の撤去と沖縄経済の展望

国の財政支援は、沖縄には今後とも必要である。しかしそれは、基地受け入れと引き換えであってはならないし、そのような支援は断るべきだ。

しかし、基地がなくなれば沖縄経済は打撃を受けるだろう、との論議もある。これもいただけない。復帰によって「基地経済」は解消した。そのことは、「基地収入」への依存度（基地依存度）が低くなっていることをも意味している。一九五五年から所得統計がとれるが、「基地収入」／「県民総需要」として計算すると、次のようになる（図2参照）。

「基地依存度」は五％。したがって、基地がなくなっても、大きな打撃はない。主な打撃は、軍用地料を受け取っている地主たちと自治体、基地関係の各種交付金を受け取っている自治体、そして軍雇用者に出てくる。しかし、軍雇用者の再就職という課題を別にすれば、他は「通常」の状態に戻り、これまでの「異常」を解消するということでしかない。

ただし、反対に、基地がなくなればもっと発展するとか、万々歳だとはいえない。産業の現状から見て、その展望はけっして明るくない。それでもそのことは、基地問題とは別のことである。基地は「絶対悪」なのだ。基地の問題を経済の問題と結びつけて論ずべきではない。

沖縄経済は基地があり、いろいろとカネが落ちているからといって、今でも良い状態にはない。基地受け入れの代償として採用された事業の多くが、期待された効果を産んでいないということもあり、人びとの心は急速に「基地反対」の方向に動き出している。基地がなくなれば、入ってくるカネが減少して五％ほどの経済縮小が出てくるだろうが、大きくはない。そんなことで迷うことはないのである。基地は「絶対的に」返還させるべきものなのである。

（毎日新聞社『エコノミスト』二〇一〇年八月三日号）

25　歴史に見る基地・経済・財政

一　アメリカ軍基地をめぐる沖縄の歴史

(1)　沖縄戦とアメリカ軍基地の設定—第一次土地接収（戦闘の過程でのウムを言わさぬ接収）

第二次大戦、そのなかでアメリカは地上戦を行なって沖縄を全面的に占領しました。その時アメリカ軍は住民を集めて収容所に入れます。臨時に集めるのですから柵があるわけではなく、ここに居ろということです。上陸しながら集めて、進むとまたそこで集めてと進んでいきます。その時集めた場所をキャンプといいました。そのキャンプは、戦争が終わったときには県の中部に集中していました。北部は山の中に逃げていた人が集められてキャンプに入れられました。南の方は戦場ですから人がほとんどいなくて、あとで一つできました。

宜野湾市の場合は、人は一人もいない状態となりました。宜野湾の人はみんなキャンプに入っています。そういうかたちで沖縄の戦後史はスタートします。

キャンプに人を集めておいて身元調査をします。一方、土地は誰もいない状態ですから、アメリカ軍はそこを自由に調査し〝ここは基地にしよう〟という計画を着々と実行していきました。基地のかたちが整ったところで、〝皆さん、元の土地に帰っていいですよ〟ということになりました。しかし、基地になっている所には帰れません。ですから基地の周りに住むしかありませんでした。

こういうことで戦後がスタートするわけですが、これを第一次土地接収とします。

(2) 講和条約と日米安保条約での沖縄の位置づけ

一九五一年に調印され、一九五二年四月二八日に発効したサンフランシスコ講和条約が結ばれました。しかし沖縄では、その時すでにアメリカ軍の全面占領支配が始まっています。日本本土の場合も占領はされていましたが、日本政府という機構は残っていました。ですから本土でのアメリカの支配は、日本政府に命令をして執行させるという間接統治となります。しかし、沖縄の場合は直接統治です。沖縄戦が六月下旬から七月上旬にかけて終わるのですが、それからずっと直接統治です。

ですから、講和条約というのは沖縄の立場からいうと（沖縄と奄美と小笠原ですが）、これらを日本本土の行政権から切り離した条約ということになります。サンフランシスコ講和条約というのは、日本政府が世界の国々に対して、アメリカが沖縄を完全に統治していいですよということを認めた条約ということになります。当時私は疎開から引き続いて熊本にいましたが、そこの小学校でそのとき聞いた、「日本は今日から独立しました。独立とは自分の足で歩くことです」という言葉がなぜか耳に残っているのですが、それは本土だけの独立だったのです。しかし、その後のアメリカ軍基地のことを考えると日本の独立もあやしいものです。

ともかく講和条約が結ばれました。戦後の体制が決まったのですが、日本はポツダム宣言を受諾して敗戦が決まったのですから、ポツダム宣言は守られなければなりません。それには日本の軍隊を解除する、再び軍隊を作らせない、外国の軍隊も一時的には駐留するがその後落ち着いたら撤退するということが書かれています。

しかし、講和条約はそれに反した内容になっています。講和条約には、特定の国と条約を結べば外国の軍隊をおいてもいいという条項があり、これが根拠となって、同時に日米安保条約が結ばれます。

ここで注意してほしいことは、日米安保条約は沖縄には適応されなかったということです。日米安保条約とは、日本にアメリカ軍が駐留して、施設を使う、自由に行動するという規定ですが、沖縄はこのとき「日本」ではなく、アメリカの直接支配下にあるのですから、アメリカは誰かに断わる必要はありません。やりたい放題できたのです。こうした違いもスタートの時点でありました。

(3) 島ぐるみの土地闘争―第二次土地接収（銃剣とブルドーザーでの強制接収）

一九五〇年代の半ばに、第二次土地接収があります。これは、「銃剣とブルドーザーで強制接収された」と、よくいわれている話です。

沖縄のアメリカ軍基地がすべて「銃剣とブルドーザーで接収された」わけではありません。第一次接収で、住民を数ヵ所のキャンプに集めておいて、誰もいない状態で勝手に取ったのです。沖縄のアメリカ軍基地の大半はそれでできています。「戦時占領」であり、その継続なのです。

朝鮮戦争が終わって、アメリカ軍は今後日本にどのように駐留していくかという新しい段階をむかえ、全国各地でアメリカ軍の再編がすすめられました。そのなかで、本土では内灘や砂川などでアメリカ軍基地建設反対のたたかいがあり、アメリカ軍は基地を建設・拡張しようとしたがあきらめざるを得なかった所がありました。ただこのときの再編は、基本的には本土にあったアメリカ軍基地の縮小でした。自衛隊への引継ぎもありました。このとき本土のアメリカ軍基地の面積は四分の一ぐらいに減りました。

そしてその分のしわ寄せが沖縄に来たのです。海兵隊は、北富士と岐阜から沖縄に来ました。陸軍は韓国に行きました。ですから沖縄の基地はこの時点で拡大されたのです。

第二次土地接収には二つの面があります。一つは「銃剣とブルドーザーによる強制接収」です。ただ、この分は面積的には大きくはありません。しかし、人々が元の土地に帰っていて、苦しいながらもどうにか生活できるという状況になりはじめたときに、改めてこの土地は基地にするから出て行けということでしたので、本当に体を張って抵抗しました。それでアメリカは銃剣とブルドーザーを使ったわけです。宜野湾市の一部にもその時の土地があります。伊佐浜《いせはま》という所です。また伊江島射爆場(約四〇〇万平方㍍)もあります。これらの場合は体を張った抵抗がありました。

第二次土地接収には、もうひとつのことがあります。それは後で触れるとして、まずこの「銃剣とブルドーザーによる強制接収」について話を進めます。これに対しては沖縄の人たちは、島ぐるみの土地闘争を展開します。

当時、「土地を守る四原則」を掲げてたたかいました。①新規土地接収反対、②軍用地料の引き上げ、③損害の賠償、④地代の一括払い反対(数十年分の地代を一括払いし、事実上買い上げ状態とする）です。これは政党政派すべてを含み、アメリカ軍に任命された琉球政府の行政主席や、公選の立法院議員全員が参加し、各市町村も全部一緒になって抵抗したので「島ぐるみの土地闘争」という名前がつけられました。この運動は、アメリカ側の妥協で終結しました。アメリカは軍用地料を引き上げ、一括払いもやめて、希望者にだけ五年分の前払いを認めたのです。

しかしこの闘争の終盤で、「新規土地接収」への同意が出てきました。それはいま普天間基地の移設先にされようとしている辺野古《へのこ》で起きました。辺野古弾薬庫（一二一万平方㍍）ができることになったのです（五六年）。このほかにも、次のものがあります。二〇六三万平方㍍のキャンプ・シュワブ（同年）、七八三三万平方㍍の北部（海兵隊）訓練場（五七年）、五一一八万平方㍍のキャンプ・ハンセン（同年）、六〇万平方㍍のギンバル訓練場（同年）、一三四万平方㍍のキャンプ・コートニー（五八年）など。ほとんどが海兵隊基地の拡張でした。普天間飛行場も六〇年に海兵隊基地となりました。在沖アメリカ軍基地の面積はこうして七割増になったのです（一億六〇〇〇万平方㍍から二億七〇〇〇万平方㍍へ）。これが第二次土地接収のもうひとつの側面であり、第三次土地接収といってよいものです。

軍用地というのは、アメリカ軍が使っている土地のことです。沖縄ではそこに個人の土地もたくさんあり、それにアメリカ軍が借地料を支払います。復帰後は日本政府が払うことになりますが、それまではアメリカ軍が払っていました。そのアメリカ軍が決めた軍用地料が非常に安いので、地主は土地を取られては農業はできない、他に職があるような状況ではないというなかで、「土地を返して欲しい、返さないのであれば軍用地料をもっと引き上げて欲しい」という要求を掲げました。それに対してアメリカ軍は地料を引き上げることによって妥協しました。これによってこの時の運動は一応収まることになります。

しかし、この運動がその後にいろいろな影響を与えました。例えば、那覇市に瀬長亀次郎《せながかめじろう》市長が誕生しました。当時は沖縄人民党の代表でした。県の知事に相当する琉球政府の主席はアメリカ軍が任命しますので、選挙民が一番多い選挙は那覇市長選挙でした。そういう選挙で、半年前まで刑務所に入れられていた瀬長氏が出てきたばかりで当選してしまった。象徴的な事件でした。

土地闘争の経験が、次の段階の、日本への復帰運動につながっていきます。

(4) 日本への復帰運動とその実現

一九六〇年代に入ると、「祖国復帰運動」(日本復帰運動)が盛んになり、サンフランシスコ講和条約が発効した四月二八日に毎年、祖国復帰要求の県民大会を開催するようになります。立法院は、二月開会の冒頭で、全会一致で祖国復帰の決議をすることが慣例となっていきました。沖縄の人々がなぜ「日本復帰」を要求したのかというと、アメリカの圧政にがまんができなったのです。人権無視や強権発動、事件・事故はひっきりなしです。ささいな平和運動も、メーデーの行進も弾圧されるし、労働組合の結成が認められるのも、ずっと後になってからでした。そして、生活レベルは低い。もしアメリカに占領されていなくて日本の沖縄県だったらこんなはずはない、とみんなが思いました。一九四五年までは沖縄県だったのですから、当然それに復帰させるべきだと県民の意見がまとまっていったのです。

返還までのくわしい過程はここでは述べませんが、一九七二年に日本に復帰しました。

復帰を実現させた力というのは、もちろん復帰運動が最大の力となっています。しかし、それだけとするのは一面的ではないかと思います。人々の不満（生活水準が低い、給与が安い、物価が高い、社会保障の制度がないなどいろいろな不満）があります。それを解決できないのは、沖縄経済がそれ自体として困難を抱えているということになります。それを象徴しているのが、琉球政府の財政の破綻です。この「政府」は非常に貧困で、税収は少なく、一方で「国家的事務経費」を負担をしており、それが予算全体の五五パーセントも占めていました。社会の維持に四苦八苦していて、前向きの政策は何もできない政府なのです。こういう状況を何とか打開しなければいけないということをアメリカも考えていたし、日本政府も他人事ではないと考えていました。こうした事情が沖縄の復帰の背景にあり、このことも復帰を促進する要因となります。

また、一九六〇年代は日本の高度経済成長の時期ですから、日本の経済力がだんだん強くなり、一方でアメリカは「ドル危機」を抱えていて落ち込んできます。こうした日米経済の力関係の変化を反映した新しい体制が求められてもいました。

アメリカ軍にとっては、軍事行動ということだけを考えれば、直接沖縄を占領・支配し続けることが一番望ましく、譲りたくないのですが、軍事のことだけで対処することはできないのです。日本とアメリカの関係、政治的な関係、経済的な関係などいろいろな関係を考え、それらが悪くならないようにと思いますから、軍部だけの意見では決まりません。アメリカ政府としては、ここまできたらもう沖縄を日本に返そうと考えました。民生の安定なくして、基地そのものの維持もできないのです。

一方で、アメリカが沖縄を返還しようという立場に立ったとき、それではこれを機会に日本本土にあるアメリカ軍基地をもっと都合のよいように変えようという発想も生まれました。こういうことも含めて沖縄の復帰が実現していくのです。

また、沖縄の法律は、戦前の法律を引きずっていました。それを変えていかないと戦前の法律がそのまま生きていきます。アメリカは、布告、布令、指令といったかたちで、「法律」を押し付けてきますが、すべて細かいことまで干渉したわけではありません。立法院は、日本の法律を勉強し、少しずつ日本と同じ法律に近づけていました。一九六八年ごろからは、この面からの日本復帰の準備も具体的にすすんでいました。

(5) 日本復帰とアメリカ軍基地

日本復帰がはたされましたが、その日、アメリカ軍基地の中に星条旗だけでなく日の丸が並んで立つようになりました。日米安保条約にもとづいて日本が提供している施設となり、日本が了解しているという証しです。沖縄の人々は、アメリカ軍基地のなかの日の丸を見たことがなかったのでびっくりしました。これが安保条約の一つの側面だと思います。沖縄に安保条約が適用されたのは、この日本復帰によってなのです。

それまで沖縄にあるアメリカ軍基地は、本土のアメリカ軍基地と違って特殊な性格を持っていました。一つは、アメリカ軍が公認しているわけではないのですが、核兵器が貯蔵されていました。状況証拠から明らかでした。もう一つは自由出撃基地でした。復帰前はベトナム戦争が激しかったので、沖縄からベトナムにどんどん爆撃機が飛んでいきました。本土のアメリカ軍は直接ベトナムに行けないことになっていました。そこで沖縄を経由するという便法が使われました。そのような沖縄基地の性格が日本全体の基地の性格になったのが、沖縄の日本復帰でもあったのです。沖縄の復帰は、「密約」もともなって、本土を沖縄化する契機となりました。

しかしそれでも、沖縄にとっての復帰は、歴史的意義のある積極的なことでした。

二　沖縄経済の歴史

次に、沖縄経済の歴史という視点から戦後史を再整理してみたいと思います。

(1)　「基地経済」とされた沖縄経済

戦争が終わった時点から、アメリカ軍が沖縄全部を（基地部分だけでなく）占領・支配しているわけですが、当初の基地は台風が来れば吹っ飛んでしまうようなものでした。そこで軍部としては、沖縄に恒久基地を作りたいと考えました。しかし、アメリカ政府はすぐには結論を出しませんでした。国防総省と国務省の意見が対立してなかなかまとまらなかったのです。しかし、最終的に一九四九年二月、トルーマン大統領が沖縄に恒久基地を建設するという方針を決定しました。

以後、朝鮮戦争をはさんで基地建設が本格化します。一九五〇年代半ばの「島ぐるみの土地闘争」を誘発するようにもなります。

この過程のなかで沖縄の経済が、見た目にも「基地経済」へと変貌していきます（私はアメリカ軍の占領開始とともに「基地経済」になったと主張しています）。「基地経済」とはどのような経済かといえば、一つは、土地と労働力が基地に吸収されることによって農業や製造業部門の発展の基盤がそがれるということです。二つ目は、軍で働く労働者の賃金、軍用地料という地代、軍の物資の調達や建設工事での支出、軍人とその家族による街での消費などの「基地収入」が、沖縄の社会にもたらされるということです。これは沖縄経済を「発展」させる要素です。基地が経済をすべてダメにするということではありません。しかし、「基地経済」の特徴として、「基地収入」はしだいに増加するものではないので、それを基礎にした「発展」には限度がありますし、またその増減に振り回されることになります。ですから、「基地経済」である沖縄経済には将来の展望は見えませんでした。

一九四九年に恒久基地建設が決定されたとき、アメリカはたくさんの予算を使って日本本土の大手の建設業者を呼び込んで基地建設をすすめました。面積と人口の小さな沖縄に膨大な基地が建設されたことで、「基地経済」の比重は大きくなります。

(2) 「基地経済」としての沖縄経済の苦難

「基地経済」としての沖縄の経済を支える「基地収入」は、人びとの生活向上の欲求とかみ合ってそれを支えていくように展開すれば、沖縄経済も安定していくでしょうが、「基地収入」はずっと増え続けるわけではありません。本土ではテレビが普及しているらしい、沖縄の水道料金は高いらしい、といった話がたくさんあるのですが、「基地収入」ではそれを解決できませんでした。人びとは「本土との格差」を意識し、アメリカの占領への不満はますます高まっていきます。こうして「基地経済」はだんだん限界を見せ始めます。

(3) アメリカの対応

それに対して統治者であるアメリカは、放っておくわけではなく、「島ぐるみの土地闘争」や盛り上がる日本復帰運動に直面して、主として「経済政策」面から打開を試みます。しかし、大きな成功を収めることはできませんでした。その政策の一つが、通貨をアメリカ・ドルへと切り替えることでした。それまではアメリカが作った軍票（B円）でした。それをドルに切り替えることによって、本土企業が沖縄に進出し、経済活動が活発になるという構想を描きました。それは多少は効果がありましたし、そのほか自由貿易地域の設定、さとうきびと砂糖の生産を日本政府に支援させるなどいくつかの政策がありましたが、決定的にはうまくいきません。

また、財政資金の援助にも取り組んでいきます。これについては次に述べます。

(4) 日本復帰によって「財政依存経済」となった沖縄経済

一九七二年の日本復帰によって、沖縄は「基地経済」から「財政依存経済」となりました。

日本復帰によって、沖縄県の財政規模は飛躍的に拡大しました。このことによって、沖縄経済は「財政依存経済」となり、「基地経済」は解消しました。いまや沖縄経済は「基地経済」ではないのです。単に「基地収入」があることをもって「基地経済」とするのではなく、沖縄経済の全体のなかで位置づけてみるべきだと思います。

三　日本政府の沖縄への財政資金の投入

次には、財政の問題から歴史を振り返ってみます。

(1)　日本復帰以前

アメリカ軍の占領支配下において、ただでも貧困な財政状況におかれていた「琉球政府」は、裁判所、立法機関と法務、税関、警察、郵政などの「国家的事務経費」も負担し、学校教育、伝染病・獣疫・防疫対策などの費用も負担していて、「夜警国家」(国家の任務が対外的防衛・国内治安維持など最小限の夜警的役割に限定されている国家) のような状態にありました。歳入が小さいのに相当の額、予算全体の五割以上が国家的事務経費に取られます。そのため、社会秩序の維持に汲々として、社会的基盤整備や経済振興のための支出などは考えられませんでした。日本の中の「沖縄県」と独自の「琉球政府」との違いに注目して下さい。

そこで一九六三年から、それまで断わり続けていた日本政府の「琉球政府」への財政援助を認め、アメリカ自身も本国で法律を作って「援助」を始めました。これが「島ぐるみの土地闘争」への対策でした。日本政府の援助は、はじめはアメリカより低く抑えられていましたが、アメリカが徐々に増額を認め、一九六七年度を境に、アメリカ政府の援助を上回ることになりました。

お金を出せば口も出せるようになります。日本の援助が増えたということは、アメリカも日本復帰を認め始めていたと考えてもいいと思います。

(2) 日本復帰による転換

日本に復帰すると、日本政府からの補助金が大幅に増額しました。その結果、「財政依存経済」となりました。具体的には次のようです。

「昭和五三年度の沖縄県一般会計」の歳入規模と構成を、ほぼ一〇年前の「琉球政府一九六九年度（一九六八年七月から六九年六月まで）一般会計」のそれと比較すると、総額は一三三五億円から二四一三億円へと一・八倍になりました。その構成費目では、米日両政府からの援助金受入四一七億円が、一〇年後の日本の国庫からの受入一八六八億円へと四・五倍になったのが大きく影響しています。

しかも国庫から沖縄県域に入ってくるのは、県の一般会計にだけではありません。県民所得統計によって「県外から財政への移転」をとれば六三七六億円にのぼっていることがわかります（もちろん、他方で「財政から県外への移転」もあるので、それを除く四七四〇億円が純粋な県外からの移転分です）。この六三七六億円は三方向に流れています。その一つは、県一般会計への一八六八億円を中心に県に二〇六八億円（三二・四％）であり、二つ目は、市町村に一三六六億円（二一・八％）であり、三つ目は国の出先機関に二九七五億円（四六・七％）です。

こうして、県内市町村の財政規模も、一九七二年の日本復帰をはさんで変化しました。復帰前の市町村は、財政規模が小さく、職員も少なくて戸籍の管理など最低限のことはしていましたが、地域経済の振興などに使うお金はありませんでした。それが、総額が四・五倍になったのです。その主役は、「国庫支出金＋県支出金」が、復帰前の「(琉球) 政府支出金」と比べて二二・三倍となったことにあります。これは、沖縄県の財政規模の拡大をはるかに上回っています。

(3) 沖縄県は「特別多く」もらったか

日本復帰後の沖縄県には「沖縄振興開発特別措置法」と、それにもとづく「沖縄振興開発計画」が立てられ、社会的基盤整備や経済振興のために、三十数年間に八兆五〇〇〇億円をこえる財政資金が投入されました。私は、この点については、アメリカ軍占領下で押さえつけられていた財政需要を解き放って、当初、十数年、二〇年ぐらいは、「本土並み」の状況に近づけるための性格が強く、それはそれとして正当な性格を持っていたと思います。アメリカ軍占領下の空白の穴埋めとしての「戦後復興」あるいは「復帰後復興」の性格のものでもあったのです。それは、「格差是正」とうたわれました。

しかし、特別多いかというと、九州で比較してみても、一人当たりでは沖縄県より多い県が二、三あります。ただ、沖縄にとっては大変な変化でした。

(4) しだいに「特別多く」になっていった

だが、それを三〇年間も続け、その後も「開発」という文字を抜いて「沖縄振興計画」が続けられており（二〇一二年まで）、しだいに「不要不急の公共事業」の比重が増していきました。二〇年ぐらい前でしたか、県庁の職員から、あちこちに港や橋を作るなどしたが、今後何を作ったらいいでしょうかと相談を受けたことがあります。

沖縄はこのような段階に入っていると思います。そこには「格差是正」以外の要素が加わっていったのです。何がこのような長期間に及ぶ「優遇」を続けさせたのか。それは、他ならぬ「アメリカ軍基地の存在」です。

(5) 転機としての「一九九五年」

一五年前の一九九五年九月、アメリカ兵三人による少女暴行事件があり、同年一〇月、それに抗議する大きな、超党派の県民大会が開催されました。

日本政府もこれは容易ならぬ事態と受け止め、当時の橋本内閣は普天間基地の返還を打ち出しました。それは日米間の「SACO合意」(1)というものです(一九九六年一二月)。

(1) SACO＝「沖縄に関する特別行動委員会Special Action Committee on Okinawa」。

このころから、沖縄だからという「特殊沖縄的支出」が始まり、文字どおり基地受け入れの代償として支出されるようになりました。これとならんで、「格差是正」が基本的に達成されてきたにもかかわらず「沖縄振興事業」(2)も継続され、これも基地受け入れの代償としての性格を帯びてきたのです。

(2) 来間「九五年転機の沖縄経済振興策」(『経済』二〇一〇年六月号参照。第一部22)。

(6) 「島田懇事業」

基地受け入れの代償としての性格が明確な事業の仕掛けは「島田懇談会事業」（島田懇事業、島懇事業ともいう）から始まりました。これは、法律にもとづかず、沖縄県だけに支出され、基地対策として機能しているものの先陣を切ったものです。

正式には「沖縄米軍基地所在市町村活性化特別事業」といい、慶応大学教授（現千葉商科大学長）の島田晴雄氏を座長として、九六年八月に懇談会が発足しました。

「島田懇事業」は、沖縄の基地所在市町村に対して、それらの市町村からの提案にもとづいて、使途を限定することなく、国が沖縄県を通さずに直接市町村に補助金を交付するというもので、一九九七年度からの一〇年間で一〇〇〇億円が用意され、八三〇億円が消化されました。

(7)「北部振興策」の交付金

「島田懇事業」の「成果」をふまえて、次に国が出してきたのが、普天間飛行場の移転先として名護市辺野古を指定し、その名護市に受け入れてもらおうと打ち出した「北部振興策」でした。年間一〇〇億円、一〇年で一〇〇〇億円を用意して、公共事業と非公共事業を半分ずつとし、事業の目的は限定せず、地元からの要請によって交付するものです。

私は、沖縄県が名護市や北部地域の自治体の同意を得るために九九年一一月に発表した「北部振興策」を「琉球新報」紙上で批判したことがあります。題して「まやかしの北部振興策」です（その後、一二月には国の「北部振興策」が発表された）。そこでは、新基地を「軍民共用空港」にすること、名護市に大きな港を造ること、那覇と名護を鉄道で結ぶこと、人口を二倍に増加させること、などの提案を批判しました。私は「ヘリ基地反対協議会」主催の学習会での講演で、「今回の『北部振興策』は、そもそも動機が不純である。普天間基地の辺野古周辺への移設受け入れと引き換えに、北部の『振興』をしようというのである。したがって、基地はいらないから、基地受け入れと引き換えに出してきた『北部振興策』はいらない、お断りする、というべきものである」と述べました。

(8) 再編交付金

二〇〇五年一〇月、「米軍再編中間報告」が公表されました。岩国にはいっそう過大な基地負担がかかってくるという事態となり、反対運動が起きました。二〇〇七年八月、「米軍再編推進法」(駐留軍等再編円滑実施特別措置法)が制定されました。「米軍再編推進法は、日米政府が合意した在日米軍の再編を進めるために、防衛相が騒音被害などの増加が見込まれる市町村を指定し、基地の面積や騒音被害など再編に伴う地元負担の度合いに応じて、交付金の上限を設定するとした。そして、再編を受け入れた場合には、上限額の一〇%、基地で工事が始まると六六・七%、再編が実施されると一〇〇%と、計画が進むにつれて交付金が増加する仕組みとなっている。これは基地所在市町村のみならず、周辺市町村をも交付対象としている。いわば、基地所在自治体ばかりか周辺自治体にも〈恩恵〉をもたらすことによって、中央からのみならず周辺からも、基地所在自治体に〈圧力〉を掛ける仕組みとなっている」(新藤宗幸「行政学から見た『岩国』への仕打ち」週刊金曜日編「岩国は負けない―米軍再編と地方自治」二〇〇八年)。

こうして「SACO交付金」に変わって「再編交付金」が登場し、例えば岩国のように「再編に反対する自治体には交付できない」となったのです。

宜野湾市の伊波洋一市長は次のように述べています。「〇七年度米軍再編交付金の交付対象自治体が三三市町村、交付総額が四五億円を超える。再編に反対して交付されないのが岩国市など三自治体、受け入れ表明が遅れたのは沖縄の三自治体、合わせて三九自治体で米軍駐留が強化されることを示しています。…沖縄の米軍施設所在二四市町村のうち再編交付金が見込まれるのは、那覇軍港代替施設が予定される浦添市、普天間飛行場代替施設が予定される名護市と、自衛隊による新たな共同使用が予定されるキャンプハンセン関係自治体（金武町、宜野座村、恩納村）の五市町村だけであり、米軍基地・施設・訓練場のある残り一九市町村には交付されない。交付金が明らかになった浦添市でもSACO交付金の一〇分の一に過ぎない。これまで多額のSACO交付金があった自治体ほど、再編交付金への変更は、自治体財政を圧迫する可能性がある。SACO交付金のなかった宜野湾市は今回の再編交付金で何の影響も受けていない」（伊波洋一「米軍再編と普天間基地」、同上書）。

四　基地関係交付金の実態と、県民の離反【略】

五　基地撤去の課題と沖縄経済の展望

(1) 基地撤去の課題と経済問題

軍事基地は、戦争のために設定されていて、日常的にその訓練に励んでいるほか、地球上のどこかで戦争が起これば、出掛けていって実際に戦争に参加するためにあります。戦争はこの世からなくすべきであり、戦争のために設定されている軍事基地も当然になくすべきものです。軍事基地は「絶対悪」なのです。

基地撤去の課題の実現をめざすことは、無条件に重要なことです。そのことによって地域経済が打撃を受けることがあっても、避けてはならないものです。撤去によって「経済がよくなる」といえるのなら、撤去運動の賛成者は増えるでしょうが、撤去によって「経済は悪くなる」としても、躊躇してはいけません。基地の問題を経済の問題と結びつけて論ずべきではないのです。

(2) 基地依存度の五％水準への低下

しかし、「基地がなくなれば沖縄経済は打撃を受けるだろう」との論議が問題になります。

復帰によって「基地経済」は解消しました。そのことは、「基地収入」への依存度（基地依存度）が低くなっていることをも意味しています。一九五五年から所得統計がとれますが、「基地収入」／「県民総需要」として計算すると、次のようになります。「基地依存度」は四～五％。したがって、基地がなくなっても、四～五％の分の打撃はありますが大きな打撃ではありません。

1990	1995	2000	2005
1,467	1,670	1930	2,006
38,166	43,987	56,641	57,790
3.8	3.8	3.4	3.5

(3) 「一部」は打撃を受ける

もちろん影響はあります。主な打撃は、軍用地料を受け取っている地主たちと

表1　沖縄経済の基地依存度

年度	1955	1960	1965	1970	1975	1980	1985
米軍関係受取 (A)	191	259	375	714	975	1,124	1,473
県民総需要 (B)	689	1,204	2,193	6,787	14,330	21,137	31,278
基地依存度 (A)／(B)	27.7	21.5	17.1	10.5	6.8	5.3	4.7

表2　沖縄の米軍基地用地の所有形態別面積

	総面積	国有地	県有地	市町村有地	民有地
沖縄県	232,933	80,265	8,130	68,115	76,424
同　構成比	100.0	34.5	3.5	29.2	32.8
本土	795,334	693,972	101,361		
同　構成比	100.0	87.3	12.7		

（注）「一時使用施設」を含む.

自治体、基地関係の各種交付金を受け取っている自治体、そして軍雇用者に出てきます。

沖縄の場合、基地の三分の一は民有地で、三分の一は市町村の土地です。その借地料＝軍用地料は年間九一五億円も入ってきます。本土の場合、国有地以外の面積比率は一三％ですから、「軍用地料」というものはほとんどありません。これが沖縄基地と本土の基地との大きな違いの一つです。つまり、沖縄は国が支払わなければならない民有軍用地の地料が多いのです。

今回、岩国市の財政との比較検討をして見ましたが、やはりこの点で事情が大きく異なっていました。

軍用地料は政治的に高く設定されています。「島ぐるみの闘争」で一九五九年には五二年に比べて六倍になりました。この時点で地代は生産額の三八%に相当し、戦前の寄生地主制のもとでの小作料約五割に近く、地代としては異常に高いものになっています。これが七二年の復帰までにさらに一・七倍となっています。復帰によって日本政府が支払うことになり、それまで契約のなかった沖縄の地主たちに容認してもらうためにと、一気に六倍にひきあげました。こうなれば、軍用地地主はそれまでの「犠牲者」から「優遇された者」に変わったのです。復帰後四〇年近く経過しましたが、その間も引き上げが続き、今では復帰時の七・三倍になっています。物価上昇は低くなり、三〇年前から下落傾向の地価水準を考えれば、これは「異常」な状態です。

今や、この軍用地主たちが「基地維持・容認派」になっているのです。地主たち（約四万人。この人数は沖縄の農民の人数と同じぐらいです）はすでに償われているのです。そろそろ「不労所得」ではなく「勤労所得」に基づく正常な生活に復帰すべきです。

自治体の受け取る軍用地料も、基地がなくなればその土地を自然に還すか、有効に使えばいいのです。特に山林などはもともと自然の状態にあり、そこからお金が生み出されていたわけではありません。それに、軍用地料は土地が返還されても三年間は継続される仕組みになっており、直ちに困るということにはなりません。

自治体の受け取る基地関係交付金は、基地がなければいらないものです。通常の自治体に戻ればいいだけのことです。

軍雇用者は、復帰前は四万人ぐらいいましたが、一時七〇〇〇人ぐらいまで減りました。いまは九〇〇〇人ぐらいいます。思いやり予算の効果で増えています。彼らの再就職という課題が出てきますが、これは日本復帰時にも経験しています。例えば、当時は失業手当を半年ではなく三年間支給しました。そのときの対応を参考にすればいいのです。大きな打撃にはならないと思います。そして、沖縄県全体としての雇用問題は、跡地の活用のための区画整理事業や公共事業、跡地での産業などで解消されるでしょう。

すべて「通常」の状態に戻り、これまでの「異常」を解消するということでしかないのです。これらのことを口実にして、基地の撤去をためらうべきではありません。

(4) 軍用地料と行政区(字)

軍用地料は、県・市町村と法人・個人に支払われます。その水準が政治的に高く設定されているため、沖縄の地価・地代の水準は九州で二番目に高くなっています。受け取るのが個人である場合は、贅沢の財源となり、生活の堕落につながりやすくなります。

特に問題なのは、行政区(字)の受け取る軍用地料です。市町村有地に支払われるそれは、ほぼ半分がこの行政区に配分されます。かつての入会権が根拠といいます。行政区は法人ではないし、なすべき業務が基本的にはありません。そこに年間一億〜二億円の軍用地料が配分されるのです。それは、行政区レベルでの「贅沢の財源となり、生活の堕落につなが」っていきます。個人単位に現金がばらまかれるという状況もあります。

特に辺野古地区の人びとは、普天間基地の代替施設の辺野古受け入れを表明し、二〇〇六年四月、何と「一世帯あたり一億五〇〇〇万円の一時金と毎年二〇〇万円の永代補償」を要求した、との新聞報道がありました。これは、誰にも支持されず、そのうち消えてしまったと思っていたら、ごく最近、次のような報道がありました。「迷走の末に政府が〈辺野古回帰〉の方針を示した今、地元ではV字案の際の一世帯当たり一億五〇〇〇万円の一時金要求を倍増し、〈今度は三億円くらい要求しないと〉との本気とも冗談ともつかない声が聞かれる」（沖縄タイムス、二〇〇一年八月九日）。

基地受け入れには条件を出すことが許されるという「ゆがんだ感覚」が根づいてきた事例の最たるものです。国の基地押し付けの政策は、関係住民の正常な感覚をもゆがめていくのです。

(5) 沖縄経済の展望

ただし、「基地がなくなれば沖縄はもっと発展する」とか、「万々歳だ」とはいえません。その後の産業の展望はけっして明るくないからです。しかし、困難はつきまとうが、それに負けずに頑張ろう、といいたい。

沖縄経済は基地があり、いろいろとカネが落ちているからといって、今でも良い状態にあるわけではありません。基地受け入れの代償として採用された事業の多くが、期待された効果を産んでいないということもあり、人びとの心は急速に「基地反対」の方向に動き出しています。その典型が名護市長選の結果です。稲嶺《いなみね》市長は、基地交付金を当てにしないで予算を組みました。

「普天間代替施設の移設計画が浮上して以来、久辺《くへん》三区には国立沖縄工業高等専門学校（国立高専）やIT関連施設、総事業費九億円余の豪華公民館、夜間照明を備えた運動場などが巨額の国庫投入によって次々に整備された。豊原《とよはら》区にある情報通信・金融特区への進出企業は二九社、就業者数は九八四人（いずれも七月末現在）に上り、一定の雇用効果も生んでいる。にもかかわらず、地元では〈振興策では潤わなかった〉との声が絶えない。基地受け入れの見返りの振興策が住民生活の向上と直接結びついていない現実は、ことし一月の名護市長選で移設容認派の現職島袋吉和《しまぶくろよしかず》が敗れた要因にも連なっている。他方、地元で自嘲気味に聞かれる〈並大抵の振興策では満足できない麻痺状態に陥ってしまった〉との皮肉が、現実を照らし出している面も否定できない」（沖縄タイムス、二〇一〇年八月二一日）。

「アメとムチの象徴ともいわれる〈出来高払い〉の再編交付金は、政府の移設計画に協力し続けなければ支給がストップする。普天間代替施設の辺野古移設に反対して当選した名護市長稲嶺進は、再編交付金について〈（移設に反対する市政との）整合性がない〉とのスタンスで臨み、二〇一〇年度予算に再編交付金を当て込んだ新規事業を計上しない方針を打ち出した。一方で、すでに着手している継続事業に関しては〈一度出すといわれたものが急になくなると、市民生活に支障が出る〉として国に事業完了までの交付を要求する政策をとった」（同上紙）。

おわりに

今年に入って、一月の名護市長選で、名護市辺野古への移設に反対する稲嶺進氏が勝利したし、自民党沖縄県連も「県外・国外移設」を要求する事態に変化していて、二月には沖縄県議会が全会一致で「県外・国外移設」を要求する決議を採択しました。共産党は「県外」が入っているために、「全国との連帯が崩れてしまう」として退場・棄権する方針でしたが、最終的には「姿勢の変更はない」としつつ、「各会派が積み上げてきた文案は評価できる」として賛成に回りました。

県議会はその後も、六月には「五月二八日の日米合意」の撤回を求め、八月にはアメリカの議会が

「沖縄が基地を抱えていることに対して感謝する」という決議をしたことに抗議しました。仲井真弘多沖縄県知事も、辺野古への移設は「むつかしい」と言い続けています。この仲井真知事と一一月に対決して知事選を争う予定の伊波洋一宜野湾市長は、移設先について「県外」の語をあえて入れない方針を発表しました。「県内」だけでなく「県外」(国内の他の都道府県)もだめだとの意思表示であろうと思われます。

沖縄はもう、アメをいくらつぎ込んでも、普天間基地の県内移設は認めないのです。

＊本稿は、九月五日、岩国市において住民投票を生かす会の主催で行われた学習会「アメとムチに負けないまちづくりを考える市民集会」における講演を、本誌編集部の責任でまとめたものです〈なお、市町村財政を分析した部分は省かれています。その他、一部付け加えました—来間〉。

(原題は「沖縄における基地と地域経済」、日本平和委員会編『平和運動』二〇一一年一一月号)

26　復帰四一年目に考える基地と経済

一　沖縄経済の特徴とその変遷（総括的に）

沖縄経済の変遷を、戦前（一九四五年以前）、アメリカ軍占領下、日本復帰後（一九七二年以降）に区分して、その特徴を示すと、次のようになる。

まず、「日本経済との関係」では、戦前はその一環・一部であった。それは、資本主義国としてかなり高度に発展していた日本経済にとっては、小さな部分であり、消極的な部分であった。産物の少ない沖縄は、本土から多くの生活物資を購入し、逆に本土へは、特産品である砂糖類、織物類、陶器・漆器類、泡盛などを移出したが、その額は小さくて、移入額に比べてつりあいは取れなかった。出稼ぎ労働者が本土に移住していき、また海外へも移民が出て行き、それらの送金がそのギャップを埋めていた。

次に、沖縄が軍事力によって日本本土から切り離され、孤立させられたとき、そこに独自の性格をもつ沖縄経済が誕生した。それは、それまでのように「全体の一部」ではなく、それ自体が「一つの

表1　沖縄経済の変遷

	戦　　前	アメリカ軍占領下	日本復帰後
日本経済との関係	その一環	分離・孤立	その一環に復帰
経済の性格	日本の後進地域	基地経済	日本の後進地域
生産力水準	低い	低い	低い

経済」であった。この経済はどのような特徴を持っているのか、その性格規定が「基地経済」という概念だったのである。つまり、「基地経済」という概念は、アメリカ軍占領下ではじめて生まれたものであり、そのようなものとして理解する必要がある。その意味で、「基地経済」というものは、日本経済から分離・孤立させられて「一つの経済」という枠組みになったからこそ、出てくる概念なのである。

そして、一九七二年に沖縄は日本に復帰した。沖縄経済は「元の鞘《さや》に納まった」。

以上は、三つの時期の変化の側面を示したものであるが、その中でも変化しなかったこと、現在でも変化していないことがある。それは「生産力水準の低位性」ということである。生産力は、絶対的には伸びていくが、相対的には、つまり本土各地との比較でいえば、低い水準のままである。同一のモノを生産した場合、生産効率の面でどうしても敵わない。輸送コストがかかるからという問題以前の問題があるのである。

資本主義経済は、競争の社会である。よい品質のものの方が売れるが、それも価格との兼ね合いで決まる。品質が劣っていても、価格が安い方が受け入れられることもある。しかし、同じ品質のものならば、安いコストで作った者が販売競争には勝つ。この点で、沖縄は、どうしても本土に敵わないのである。この「生

表2　沖縄戦での死者

(単位：人)

	アメリカ人	日本（本土）人	日本（沖縄）人	計
軍人	12,520 人	65,908 人	28,228 人	106,656 人
一般戦闘参加者	−	−	55,246 人	55,246 人
一般住民	−	−	38,754 人	38,754 人
計	12,520 人	65,908 人	122,228 人	200,656 人

産力水準の低位性」は、今も克服できていない。

二　戦前の沖縄経済

※来間「戦前昭和期における沖縄県の経済構造について」（『沖縄歴史研究』八号、一九七〇年）から、その統計表（職業別現住戸数／職業の本業・副業別現住戸数／産業別就業者数／産業別生産額／工産額構成／職工数及び工場数／移出入構成／人口）だけを提示したが、ここでは省略する。

三　アメリカ軍占領支配下の沖縄経済＝基地経済

沖縄戦で甚大な被害を受けた。沖縄戦の展開の過程で、一二万人を超える県人の生命が失われた（沖縄県『沖縄の福祉』各年次の数字を表にした）。戦争の犠牲は人身だけではない。家屋《かおく》、工場などの多くの建物が灰塵《かいじん》に帰《き》し、道路、橋、港などの社会資本が破壊され、農地と山林と漁場が荒らされ、生産手段である機械や船舶や作業器具が失われた。

例えば、戦前期最大の産業であった製糖業の施設被害は、沖縄本島地区（宮古・八重山を除く）の場合、次の表に示すように、分蜜糖《ぶんみつとう》工場で一〇

表3　沖縄戦によって製糖施設の受けた被害

①　良式含蜜糖製造場

	80t	60	40	30	25	20	15	10	計	能力 t
戦前	3	4	14	36	15	16	73	7	168	3,900
戦後	–	–	–	–	–	–	11	4	15	205
被害率	100	100	100	100	100	100	85	43	91	95

②　来式含蜜糖製造場

	畜力	水力
戦前	2,429	18
戦後	145	2
被害率	94	89

③　分蜜糖工場

	250t	300	400	500	計	能力 t
戦前	1	1	1	1	4	1,450
戦後	–	–	–	–	–	–
被害率	100	100	100	100	100	100

（出典）琉球政府資源局編『南西諸島の糖業』（1953年）．戦前は1942（昭和17）年，戦後は1952（昭和27）年である．

＊**含蜜糖**＝蜜を含んだ砂糖．糖汁をそのまま固めた，黒糖の仲間．小仕掛けの工場で製造される．

＊**分蜜糖**＝蜜を分離した砂糖．糖汁を固める前に，砂糖と糖蜜を分離して，糖蜜を除いた砂糖．白砂糖の仲間．大型の工場で製造される．

＊**在来式製糖場**＝最も小仕掛けの工場で，動力に牛・馬，または水力を使う．

＊**改良式製糖場**＝やや拡大した工場で，動力にディーゼルエンジンなどを使う．

〇％失われ、含蜜糖《がんみつとう》工場のうち、改良式は九五％、在来式は八九～九四％を失った。

しかし、戦後の沖縄は「ゼロから」出発したのではない。

多くの犠牲者を出した沖縄戦ではあったが、すべての人が死亡したのではないし、すべての生産手段が失われたのでもない。土地なども また、荒廃しながらも残る。生き残った人びとは、原始人ではなく、近代の生産と生活を経験した人びとである。その点で、いわゆる「ゼロからの出発」という表現は、文学的修辞《しゅうじ》としてはともかく、歴史的現実を正しく伝えるものではない。

I　アメリカ軍キャンプ収容期

(1)　戦闘の最中、人びとはアメリカ軍のキャンプに収容されていった。沖縄戦の最中《さなか》、人びとは戦禍《せんか》を避けて逃げまどううちに、次々にアメリカ軍に捕えられ、収容されていった。本島北部の山中に疎開《そかい》していた人びとは、戦闘終了後の七月以降に収容が始まった。その区域を収容所、収容地区又はキャンプという。収容はアメリカ軍の沖縄本島上陸と同時的に開始されたが、当初は特定された場所ではなく、適宜作られ、そして移転され、しだいに統合されていって、結局は沖縄本島地域では十数か所に集約整理された。

本島周辺の離島でも、伊平屋《いへや》島、伊江《いえ》島、粟国《あぐに》島、渡嘉敷村《とかしきそん》諸島、与那城村《よなしろそん》［うるま市］の諸属島、勝連村《かつれんそん》［同］の諸属島などでは、本島地区より期間は短いが、いったんはキャンプに収容されたところがある。ただし、宮古、八重山、久米島、南北大東《だいとう》島、瀬底《せそこ》島、屋我地《やがじ》島などでは、このような経過を踏んでいない（沖縄市町村会編『地方自治七周年記念誌』一九五五年、から、読み取れる範囲で整理してみたものである。来間「アメリカ軍キャンプ収容期の沖縄経済」、沖縄国際大学『商経論集』第五巻第一号、一九七六年）。

(2)　キャンプの中での生活は、アメリカ軍によって管理され、規制され、運営され、また援助されていた。

［キャンプの境界］　金網や柵《さく》などで仕切りされていたところもあるが、すべてがそうだったのではない。しかし、他のキャンプとの交通は遮断《しゃだん》されており、それを犯せば「越境《えっきょう》」として犯罪となり、

銃殺されたり、重労働三〇日に処せられたりした。

［住生活］ 一部地域で残存民家の利用できたところあるにはあるが、大方はアメリカ軍から提供されたテントを張って暮らした。それは、雨露《あめつゆ》［うろ］をしのぐのに精一杯、否、それさえも不十分な、文字どおりの仮住《ず》まいであった。

［食生活］ 食料は、衣料とともに、アメリカ軍から配給された。それは日本軍から奪ったものや、アメリカのカリフォルニア米、パン、Cレーション、鶏卵・肉・いわしの缶詰、ソーセージ、コンビーフ、トマトジュース、塩、砂糖などであった。記録の中にはその豊富さを強調するものもあるが、それは戦時下の窮乏《きゅうぼう》生活との対比でとらえられたものでしかなく、一般的にはきわめて低水準であった。なお、キャンプ間の差、時期による豊貧の差はあった模様である。

［衣料］ 衣類についても食料と同様の状況である。衣服には、正規軍服と区別するため、シビリアン（civilian）の意味で「CIV」と横書きするように指示されていた。

［医療］ 医療については特別に緊急性があった。多くの負傷者がおり、栄養失調者がおり、かつマラリアをはじめとする疾病《しっぺい》者がいた。毎日のように死者が出たともいわれる。したがって、アメリカ軍は、生き残った医療従事者を集め、薬品などを投入して医療にあたらせたのである。

このような形で、戦後の沖縄経済と住民生活はスタートした。

このように、住民の衣食住と医療は、原則としてすべてアメリカ軍の補給によって賄《まかな》われた。

(3) キャンプ収容期は、アメリカ軍による「無償配給時代」ではなく、軍の指示にしたがって行う労働がその対価なのであった。

このようなアメリカ軍からの物資供給をみて、この時代を「無償配給時代」と特徴づける記述が少なからず見受けられる。しかし、このような評価は正しくない。アメリカ軍の補給物資は、戦闘状態の下でのいわば純然たる捕虜は別として、まったくの無償だったのではない。それは、アメリカ軍の要求する労働に対する対価であり、現物形態をとった賃金にほかならない。

労働は強制労働であるが、対価が支払われないのではなく、一般に支給された食料や衣料や医療が、いわばその賃金に相当するものだったのである。なぜなら、この労働をサボタージュすれば食料配給は打ち切られたし、またアメリカ軍も後に、この間の労働と賃金について、すでに「沖縄民に給与されたる食料、衣類、医療等」がこれらの「労務に対する現物支払と見做《みな》さるべきものなり」と述べている（「沖縄に関する軍政府経済政策の件」一九四六年四月二四日付）からである。

(4) なお、生産活動がまったくなかったのではない。

(5) この時期は、貨幣経済が中断していた。

「沖縄戦がすんで、一か年、琉球の貨幣経済は完全に止まってしまった。…もちろん金融機関もなければお金を使って品物を売買することもなかった」（『地方自治七周年記念誌』）。このことは、法的にも措置されていた。ニミッツ布告第五号「金融機関の閉鎖及《およ》び支払停止令」、第四号「紙幣、両替《りょうがえ》、外国貿易及《およ》び金銭取引」である。

(6) アメリカ軍キャンプ収容期の沖縄経済は、次のように特徴づけることができる。

第一に、沖縄経済が、アメリカ軍によって全面的かつ直接的に掌握されていること、である。沖縄県民のすべての経済活動から、衣食住の生活にいたるまで、文字どおりアメリカ軍によって管理され、運営され、規制されていた。

第二に、沖縄経済が、かってはその一環をなし、その一地域経済をなしていた日本経済から、完全に分離され、孤立化させられていること、である。この段階では、本土との関係、交通と交易は遮断《しゃだん》され、まだ県内の群島相互間においても許されておらず、キャンプ相互間でも同様であった。

第三に、沖縄経済が、生産活動のほとんどない「経済」、物的生産の極端に圧迫された、いわば非生産的経済であることを強制されていること、である。例外的には生産活動もあった。しかし、この時期にはそれが原則として抑制され、縮減されていたところに大きな特徴がある。

このように特徴づけられる「キャンプ収容期の沖縄経済」は、アメリカ軍の占領支配下の沖縄経済全体を通じて見られるその特徴を、最も鮮明に示しており、その「原型」をなしているということができよう。

その後の展開のなかで、この三つの内容はそれぞれ変化を遂げていくのではあるが、この「原型」と対比しながら見ていくと、表面的な変化の基層において、ここで見られた枠組みの堅固さを知らされるのである（来間泰男「沖縄経済の現局面と一九七二年返還」、『経済』一九七〇年一二月号）。

II　統制経済期

(1)　キャンプから解放されて、元の居住地に帰った。一九四五（昭和二〇）年一〇月末から始まったが、地域によってその時期はまちまちであった。

(2)「通貨なし経済」から「貨幣経済」に移行した。

沖縄本島およびその周辺諸島のキャンプのなかでは、通貨は使用されなかった。そこでは生活物資はアメリカ軍から供給されるし、相互に物資を交換する条件も必要もなかったからである。一九四六(昭和二一)年三月二五日付の特別布告第七号「紙幣、両替、外国貿易及び金銭取引」によって、「通貨なし経済」から「貨幣経済」へと移行した。この時は、新旧日本円を法定通貨に指定し、のちに新日本円に一本化した。「なお、この無通貨経済は琉球列島すべてがそうだったわけではなく、経済基盤が破壊された沖縄本島およびその周辺の島々に限られたことであった。戦災の比較的少なかった奄美大島、宮古、八重山、久米島においては貨幣経済がそのまま持続された」(琉球銀行調査部編『琉球銀行三十五年史』一九八五年)。

(3) 貨幣経済の再開にあたって「統制経済」が始まった。

貨幣経済が再開されるに当たって、一九四六年四月二四日、アメリカ軍政府は「沖縄に関する軍政府経済政策の件」という文書を出した。これは、貨幣経済の再建に当たっての、軍政府の基本的経済政策を述べたもので、その経済運営の方式は、一言でいえば「統制経済」である。

【生産手段】 まず生産活動を復興しなければならないが、その物的な条件のうち基本的な労働手段(機械・道具など)は無料割当配付又は無償貸付とし、状況をみて有償に移行させる、補助的な労働手段や労働対象(原料・肥料・餌《えさ》など)は初めから有償販売とする。例えば農具、種子などは貸付けているが、いずれ有償にする。漁船も貸付けているが、いずれ有償にする。営繕《えいぜん》資材は有償である。工業の基本施設は貸付けているが、いずれ有償貸付か有償販売に移行させる。営繕資材は有償である。

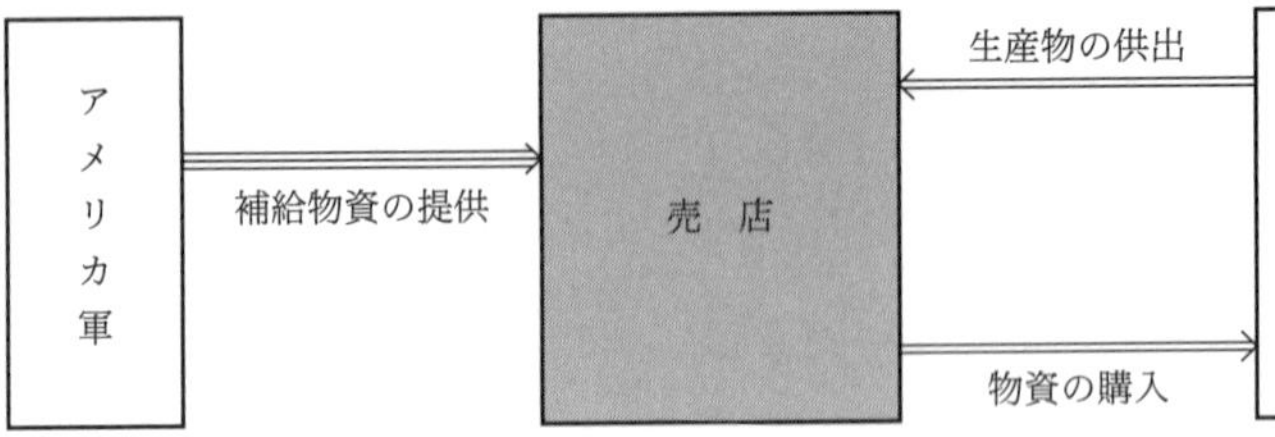

【流通】また、このような生産活動の成果としての生産物は、村又は町における指定売店、あるいは農業組合、漁業組合に供出することを義務付けられる。それは公定価格で売店や組合によって購入され、消費者にも公定価格で販売される。こうして、各地に「売店」が設置されていった。

【財政】民政府の財政も、アメリカ軍政府によって全面的に負担され、住民への医療設備及び医療品を当分の間、無料で供給する、全労務者やその他の雇用者への支払いをする、充分な財源が確立されるまでは、村行政機構以上の役職員への俸給支払に必要な資金は、軍政府が供給するなども示している。

【金融】金融機関についても、沖縄中央銀行を設立し、設立資本（一〇〇万B円）は沖縄財務部及び村行政機関が出すこととしながら、その資金はいずれ返済してもらうが、当分は資本金も貸付用資金も軍政府が支出するという。

【市町村財政】売店の収入が地方財政を支えることになる。「村又は町に於ける小売商店は、該地方の村行政機関により、且其の財源として経営さるべし。他の財源が発達する時迄、これを以て手近なる財源となさんがためなり」。

【物価と賃金】この「軍政府経済政策の件」は、その末尾に「沖縄公共並に個人事業雇傭者の日給及月給表」と「最高価格表」を付している。つまり、賃金も物価も統制されていたのである。

賃金は、沖縄民政府知事が最高で月一〇〇〇B円、次のクラスが「諮詢委員、判事長、検事長、医師、諮詢会部長、連合会長」で、月七〇〇B円などとなっている。また低い方では、「普通労働」が日給で四円八〇銭、月にして一四四B円などとなっている。

また、物価は、きゅうり、ねぎ、ほうれんそうなど、品目ごとに決められており、単位の多くは「ポンド」となっている。一ポンド＝四五三グラム程度である。それがB円で示されている。この中に「コンビーフ」や「豚肉ランチョンミート」や「豚肉ソーセージ」なども含まれているが、沖縄の人々にとっては初めて出会った珍しい食品であった思われる。

[通貨] 通貨については、めまぐるしく変遷した。B円に固定されるのは一九四八年以後のことであるが、当初は日本本土と同一にしようとした模様であるが、事情あってすぐにはできず、そのうち軍票のB円を使うようになった。

＊B円＝Bという文字がデザインされている軍票で、アメリカ軍が占領後に使う目的で印刷して持ってきた。別に同様の性格の「A円」もあるが、沖縄ではB円が使われた。

(4) 「琉球列島貿易庁」が創設された。

一九四六年一〇月二五日に、指令第一四号「琉球列島貿易庁開設の件」が出され、「**琉球列島貿易庁**」(Ryukyus Import-Export Board) が置かれた。これは「琉球列島内諸島、及び軍政府の許可する外国との間の貿易」を管理する機関である。当初は琉球内の列島間貿易の管理にあたり、しだいに日本本土を含む外国貿易の方向をめざしていくとされていた。また「琉球列島軍政本部、軍政本部副長官に依り任命されたる軍政府将校の直接の監督下におかれるものと」する、とある。

(5) 経済統制はそもそもからうまく行かずに破綻した。

アメリカ軍は生産と流通（貿易も含む）の「統制」をもくろんで貨幣経済へと移行させた。しかしそれはみごとに失敗し、経済社会は大きく混乱した。その破綻《はたん》の最大の原因は、全消費量の八割を占めるはずであったアメリカ軍の補給物資の供給不足であるとしてよいだろう。また第二に、生産の不振のほか、「供出制度」が政府の懸命な努力にもかかわらず、徹底することができず、不成績に終ったことにある。

このように物資の供給が計画どおりにいかないなかで、統制ルートの外での物資の流通が起こり、これらが闇《やみ》取引されていく。その形態は、「戦果《せんか》」「パンパン稼業《かぎょう》」によるもの、及び密貿易である。各地にいつの間にか闇市ができ、闇価格が横行した。また、本土や外地からの引き揚《あ》げが進み、通貨量が増大した。物資不足のなかでの通貨量の増大は、インフレの要因となった。

(6) 統制は解除され、「自由経済」に移行した。

統制経済の解消と自由経済の実施が、一九四八（昭和二三）年一〇月二六日に布告され、一一月一日に施行された。表題は「南西諸島並にその近海住民に告ぐ」とあるが、その内容から「自由経済」、「自由企業」あるいは「自由取引」についての特別布告と呼ばれているものである。

III 典型的な基地経済の時期

(1) アメリカ軍は恒久的な軍事基地の建設を開始した。

一九四九（昭和二四）年二月一日、トルーマン大統領は、国家安全保障会議（NSC=National Security

表4　アメリカ民政府のドル資金

（千ドル）

3年平均（西暦）	収入			支出（輸入高）	その他の収入	残高
	円売上高	外国より送金	輸出高			
1952−54	49,359	722	8,014	54,522	958	28,297
1955−57	60,784	1,230	24,036	85,131	2,112	37,391

（注）琉球政府企画統計局編『第2回　琉球統計年鑑』（1956／57年）による．
（原注）1.「円売上高」欄の数字は販売用として割り当てられた円資金より行われた米国駐留軍要員，商人又は米軍部隊（俸給賃金支払い）に対する円交換で…ある．なお，この金額は軍関係のみのドル獲得で，貿易，海外よりの送金を含まない．
2.［略］資料：琉球［列島米国］民政府経済財政部．

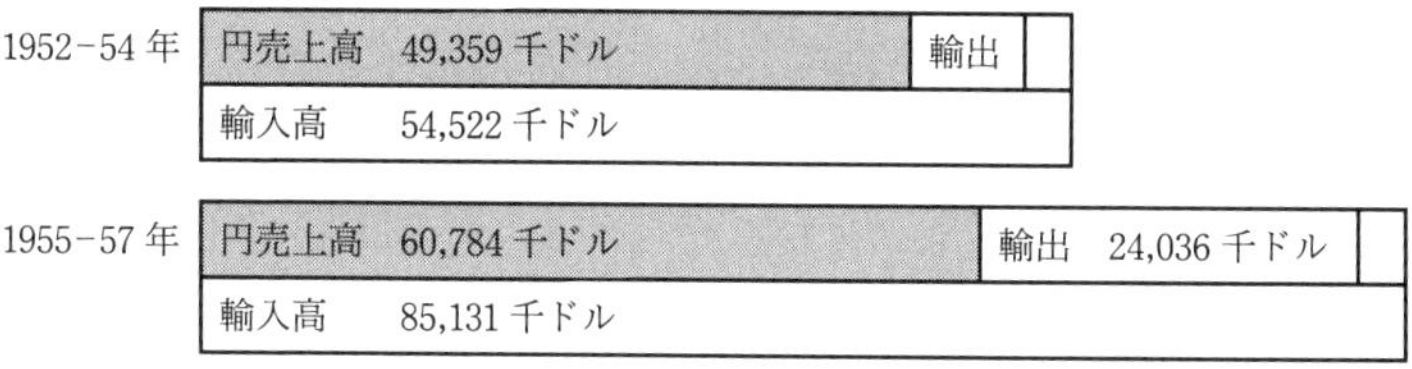

図1　表4をグラフにすると

Council）の文書「NSC13／3」を承認した。タイトルは「合衆国の対日政策に関する国家安全保障会議の勧告」である。それでは、次のようになっている。①アメリカは、沖縄のアメリカ軍基地を長期的に保持する、また拡充する、②いずれそのことの国際的承認を取り付けたい、代わりに住民の負担を軽減することが、アメリカの利益になると考える、③しかし、このことを公表することはうまくないので、しばらくは**秘密**にしておくとし、一九七五（昭和五〇）年七月まで「極秘文書」として扱われてきた、④大統領決定は、在沖アメリカ軍の基地費用を本国が支払うこととし、「住民経済」（沖縄経済）も自立できるように考えるべきだ、とした。

（2）　本格的な基地建設工事が始まり、「軍工事ブーム」が起こった。

一九五一（昭和二六）年ころは「軍工事ブ

ーム」が起こって、本土土建業者が大挙来島し、島全体がまさに基地建設景気で活気づいた。「円売上《セール》高（基地収入）」が著しく増加した。これによって、輸入も増大傾向をたどり、国際収支面の支払いも著しく拡大された。しかも、民間貿易もすでに再開されていたので、基地収入の増加が輸入の増大を促した。

したがって、一九五一年の民間貿易実施から五三年の基地ブームに至る時期は、琉球経済の構造を大きく変化させたという点で、一時代を画したものとして注目されねばなるまい。

表4と図1によれば、「円売上高」（基地収入）が大きな割合を占めていて、輸入超過額（輸入－輸出）を埋めている姿が明らかである。輸入超過額（貿易赤字）は、一九五二～五四年に四万六五〇八千ドル、五五～五七年に六万一〇九五千ドルあるが、これが「円売上高」とほぼ見合っている。「基地収入」が沖縄経済に構造的に組み込まれているといっていい。

(3)　当時の軍工事は、アメリカ軍が資材を供給し、利益幅を保証して請け負わせたものである。

(4)　住民に対する食糧の配給は、占領者であるアメリカ軍にとっても「重大問題」であった。食糧配給の仕組みは、当初はアメリカ軍が直接管理し、後に沖縄民政府に一部移管したが、なお軍の力が強かった。ようやく一九五〇（昭和二五）年七月、アメリカ軍は、配給業務の民企業への移管を認可した。すなわち、沖縄、宮古、八重山を包含する沖縄食糧株式会社、奄美大島を担当する大島食糧株式会社の二社が設立されて、配給食糧の卸売会社として発足した。それと同時に、各村の配給所すなわち村売店は、個人経営の小売業として新発足することになった。

(5)　琉球銀行が設立された。

表5　戦後初期における法定通貨の変更経過

第1次法定通貨変更	第2次通貨変更	第3次通貨変更	第4次通貨変更
1946年3月25日	1946年9月1日	1947年8月8日	1948年7月20日
①B印軍票紙幣(B円) ②新発行日本銀行紙幣 ③5円以上の証紙貼付旧日本銀行紙幣 ④5円未満の旧日本銀行紙幣及び同硬貨	新日本円のみ	①B印軍票紙幣(B円) ②新日本円	B印軍票紙幣(B円)のみ ※これが1958年まで使用される.

(6)　通貨はB円に統一された(表5)。

(7)　アメリカ軍の手によって、会社が組織されていった。

①「ノールド調査団の勧告に基づいて港湾復旧工事、道路舗装工事および軍用住宅建築工事など軍事施設の本格的な工事が開始された。軍工事と並行して積極的な統治政策が展開されていった。米人の経済専門家が来島し民間企業の設立を促進した。ガリオア援助によって日本製トラックが輸入され、沖縄で戦後最初の民間運輸会社が設立された(一九四九年一二月)。翌年一月、三つのバス会社が相ついで設立された。海運業と水産業がガリオア資金の援助をうけて復活した(琉球海運会社の設立は一九五〇年二月)。その他沖縄食糧会社、琉球石油、琉球火災海上保険会社など、戦後沖縄の主要会社は一九四九年から一九五〇年にかけてつぎつぎと創立された」(宮里政玄『アメリカの沖縄統治』岩波書店、一九六六年)。

②一九四九年一月から翌年一〇月までの「二年足らずの間に、企業免許数は約一万九〇〇〇件、資本金総額五億円余に達した。その間、沖縄運輸㈱や合同トラック㈱の陸運会社、沖縄・協同・首里の三バス会社、琉球海運㈱といった運輸関係の企業が、ガリオア援助や米軍政府の後押しによって相次いで創設された」(琉球銀行調査部編『琉球銀行

三十五年史』一九八五年)。

③「このように一九四九年末から五〇年にかけて多くの民間企業が、①米軍政府の行政機関の一部を民間に移管することにより、②米軍政府の主導により、あるいは、③ガリオア資金のバックアップにより設立された。これらの企業は今もって沖縄における基幹的な企業であることからすれば、同企業が戦後の復興過程でいかに大きな役割を果たしてきたかを想像することは容易であろう」(『戦後沖縄経済史』)。

また、沖縄経済が日本(本土)経済から切り離され、孤立させられている条件の下で、競争から除外されたことが幸いして、資材不足などの悪条件がありながらも一定の興隆《こうりゅう》をみせたのが、工業である。それはむろん極限的にまで零細な企業群でしかなかった。

(8) ドルを裏づけとするB円の発行体制として「商業ドル資金勘定」を設定した。

アメリカ政府は、沖縄に恒久《こうきゅう》基地を建設する方針を決定すると同時に、「沖縄に駐留するアメリカ軍および政府機関」の費用の支払いを今後政府の責任で、したがってドルでなされるとしている。これによってB円の発行は「ドルの裏付け」に基づいて発行するいわば「ドル本位制」ともいうべき通貨発行制度を確立したのである(『戦後沖縄経済史』)。

一九四九年四月一日に「琉球商業ドル資金勘定」(Ryukyus Dollar Commercial Account)が創設された。以後、沖縄におけるB円発行は、この勘定に基づいて行われることになるが、その仕組みは、アメリカ本国または日本からくるドルを、この勘定を通すことによってB円に変換したうえで沖縄に流すこと、反対にこの勘定に入ってきたB円は、アメリカや日本に渡るときはドルに変換されるというもの

表6　1950年代の品目別輸出実績

（千ドル）

3年平均（西暦）	総額	砂糖		パイン缶詰		他の食料品		スクラップ	
		金額	%	金額	%	金額	%	金額	%
51–53	4,779	2,634	55.1	10	0.2	230	4.8	504	10.5
54–56	13,775	6,029	43.8	216	1.6	234	1.7	6,025	43.7
57–59	17,538	7,429	42.4	1,738	10.0	1,226	7.0	4,416	25.2
60–62	37,128	19,688	53.0	5,914	15.9	2,266	6.1	2,368	6.4

（注）『沖縄県農林水産行政史』（第1・2巻，来間泰男執筆）による．

である（同上書）。

(9)「琉球列島貿易庁」は「琉球貿易庁」へ移行し、「貿易庁ブーム」が起こった。

列島間の交易を担当する琉球列島貿易庁の役割は、一九四八（昭和二三）年一一月から自由企業制度がとられるようになって、実質的に終了した。翌年九月、「琉球列島貿易庁」は「**琉球貿易庁**」(Ryukyuan Board of Trade) と改称された。その一一月には、総司令部と琉球軍司令部との間で「日琉金融協定」と「日琉貿易協定」が締結され、貿易・決済方式が定められた。貿易庁は「外国貿易」を一手に担当することになった。一九五〇年四月には、輸出だけは民間へ移行された。

一九五〇年代の輸出の中心は砂糖で、これがほぼ半分を占めていた。五〇年代の半ばに「スクラップ・ブーム」があった。六〇年代に入ると、パイナップルの缶詰も登場した。

(10) 一ドル＝一二〇B円という単一為替レートが設定された。

一九五〇（昭和二五）年四月一二日に、布令第六号「琉球列島における軍のB円交換率」が出され、「B円五〇円対米貨一弗《ドル》の現行交換率を、**B円一二〇円対《たい》米貨一弗**に改め、一九五〇年四月一二日午前一時からこれを実施する」とした。

その間の事情は、『戦後沖縄経済史』によれば、次のとおりである。「基地建設予算が承認（一九四九年一〇月二八日、トルーマン大統領署名）されるや否や、米極東軍総司令部は、二度にわたって沖縄へ経済調査団を派遣した。…基地建設の条件整備を目的にした両調査団が重視した問題は、①経済の安定化ないしインフレの防止、②労働力の確保、という二大条件をいかに達成するかということであった。…調査団は次の二つを勧告した。①ガリオア援助を十分に割り当て、同援助金による輸入物資を廉価《れんか》[安い価格—来間］で販売することにより、物価安定に資《し》すること、②大量の消費物資を至急本土から輸入することとし、輸入促進に必要な諸施策を早急に樹立すること。…物価安定の見地から同調査団がもっとも重視したことは、〈為替レート設定〉の問題であった。…同調査団はB円対ドルのレート設定に当たって、基地建設工事の保障＝物価優先の見地から輸入価格を低く抑えるため〈B円高の為替レートにすることを勧告した。…かくして沖縄経済は、基地建設の経済的波及効果を活用して経済復興をはかるという政策を背景に〈一ドル＝一二〇B円〉のB円高レートが決定されたことにより、〈基地依存型輸入経済〉という宿命を課されることになった。一方、輸入促進策との関連でいうならば、Double use of dollars（ドルの二重使用）という象徴的な言葉が残されている［注によれば、原典はCivil Affairs Activities in the Ryukyu Islands, Vol. I, P. 6 —来間］。基地建設に投下するドルでもって沖縄の経済復興をはかり、そのドルを日本からの輸入代金に充当することにより、日本の輸出産業の育成と外貨獲得に貢献することになるという二つの機能を指す表現である」。

一つのドルが、沖縄の経済復興に役立つ一方で、日本本土の経済振興にも、同時的に役立つというのである。しかし、沖縄経済が「基地経済」になったのは、基本的に膨大な軍事基地の建設にあったのであって、為替レートの問題は大きくはない。

⑾　一九五〇年に「琉球復興金融基金」が設立され、一九五一年に「見返資金勘定」が設定された。

⑿　人口が増加し、都市へ集中していった。
人口は、一九五〇（昭和二五）年の六九万九〇〇〇人から一九六〇（昭和三五）年の八八万三〇〇〇人へと、一〇年間で一八万四〇〇〇人、二六％と、きわめて高い伸びを示している。

しかし県の内部では大きな変化が認められる。一九五〇年（昭和二五年）から一九六〇年（同三五年）にかけての地域別人口をみると、増加が著しいのは那覇市とそれに連《つら》なる浦添村《うらそえそん》、宜野湾村《ぎのわんそん》、コザ市という中頭《なかがみ》地区の三つの市村である。那覇市は行政と経済活動の中心地として繁栄してきたのであるが、浦添村、宜野湾村、コザ市はアメリカ軍基地の周辺都市として、「基地の門前町《もんぜんまち》」としての人口増加であるといっていい。

⒀　製造業の新展開と島内産業の保護政策

製造業については、『琉球銀行十年史』に次のような記述がある。一九五五年一〇月に沖縄製粉株式会社が設立され、五六年一〇月から操業に入った。「完全にオートメーション化された同社の設備は日産二千袋の能力を有し、島内企業保護政策による小麦輸入制限に援けられて日産五万四千袋の生産をあげ、全需要の七〇％の自給を達成している」。一九五四年の首里の西森《にしもり》製麺工場の操業をはじめ、オキコ製麺工場、具志堅《ぐしけん》、町田《まちだ》、新里《しんざと》などの工場が次々に興り、「技術的にも逐次《ちくじ》本格化してオートメーション化の域に達した」。これらの工場のほかにも、中型工場四、小型工場五が製麺に従事し、他に多数の家内工業もあるので、自給率は八〇％内外になっている。五六年一〇月には「島内麺の保護措置として輸入麺に対する一〇％課税が実現した」。煙草産業も、「琉球煙草KK、オリエンタル煙草KKの両社が近代化された生産設備で量産に拍車をかけ、さらに五六年一一月からは沖縄煙草KKも加工原料の輸入による煙草製造に従事するに至った」。農業には葉たばこの生産の増加という波及があった。一九五四年ころから「パイン缶を中心に缶詰の新企業が興ってきた。パイン缶詰は、現在〔一九五七年〕沖縄本島五、八重山五、計一〇社が製造に従事しており、総日産能力は一〇〇〇ケースを超える設備を有し、五六年には二万ケースの実績をあげたが、五七年はさらに八万ケースまで増加が予想され、砂糖に次ぐ輸出産業として将来が期待される」。このほか、味噌醤油、酒造、清涼飲料水などについて述べている。ここには、工業面においては戦前段階とは段階的な発展を遂げつつあることが示されており、それが島内産業保護育成政策と関わっていることが分かる。

IV 「基地経済」とは何か

アメリカ軍が膨大な軍事基地を建設したことによって、沖縄経済は「基地経済」になった。それでは、「基地経済」という用語を、どのような意味で使うべきか。①「基地に依存した部分」「基地と密接な関係のある部分」のことであるとするならば、「沖縄経済の中に基地経済という部分がある」ということになる。しかしそうではなく、②沖縄経済の全体としての性格を「基地経済」としてとらえる用語法を採用するならば、以下のようになるはずである。図示する。

私のこの考えは、月刊『経済』一九七〇年一二月号に掲載した「沖縄経済の現局面と〝一九七二年

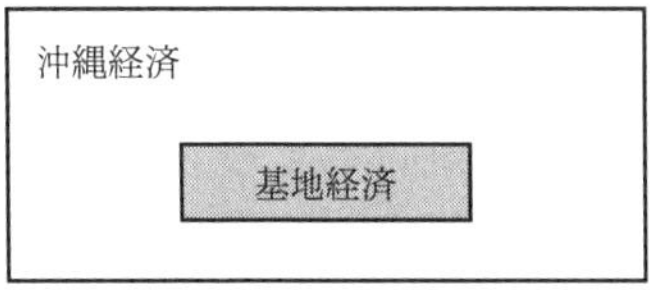

① 沖縄経済の一部としての「基地経済」

② 沖縄経済そのものが「基地経済」

返還〟」ではじめて示したものであるが、その後やや表現を改めて、次のように整理した（来間『沖縄の農業』日本経済評論社、一九七九年）。

「〈基地経済〉とは、**第一に**、農業や鉱工業から土地と労働力を大量に吸い出して、物的生産の基盤を弱めるものであり、その結果第三次産業の肥大化が構造的な特徴となるものである。／しかし、〈基地経済〉はそれだけでなく、**第二に**、物的生産の基盤を弱めはするものの、その発展をまったく抑制するものではなく、狭い基盤の下でも経済の発展は〈基地収入〉を供与することによって、〈基地収入〉をテコにして促されるのである。ただし、経済の発展が住民生活の向上を軸にではなく、軍事活動と軍事基地の維持と発展をより直接的な契機とするというゆがみをもつことは避けられない。／**第三に**〈基地経済〉は〈基地収入〉によってふりまわされる自立性の弱い経済であり、その〈基地収入〉の増減は、アメリカ側の事情にほとんどもっぱら左右されるという動揺性と、また〈基地収入〉は本来無限に増加傾向をもつことはありえないという限界性とを基礎にして、経済それ自体が動揺性と限界性からまぬがれることができないものである。／このように〈基地経済〉というものを三要素の統一的理解でおさえることが重要である」。

沖縄経済はどの程度に基地に依存していたか。それを「基地依存度」の推移でみる（表7）。

表7　沖縄経済の基地依存度―国民総需要にたいする基地需要の比重―

（単位：100万ドル，％）

年度	1955	1957	1958	1959	1960	1961	1962	1963	1964	1965	1966	1967
米軍関係受取(A)	53	66	66	65	72	90	87	93	94	104	134	182
国民総需要(B)	191	255	282	288	335	391	435	511	547	609	735	887
個人消費支出	100	112	122	128	137	152	174	197	220	242	278	328
政府消費支出	10	13	16	17	22	23	26	31	39	42	52	65
民間総資本形成	5	30	46	40	52	60	73	83	86	92	137	171
政府資本形成	5	7	10	8	8	12	12	14	17	22	25	32
輸出と海外からの所得	71	94	89	95	116	145	151	187	185	211	243	290
基地依存度 (A)／(B)	27.7	25.8	23.2	22.4	21.5	22.9	20.0	18.2	17.1	17.1	18.3	20.5

（出典）来間「沖縄経済の基地依存度」（来間『沖縄経済論批判』日本経済評論社，1990年．初出は1969年）

（注）スペースの都合上，1956年度を省略した．

V　政策の転換

(1)　一九五〇年代半ばに「島ぐるみの土地闘争」がおこった。（略）

(2)　アメリカ軍の基地面積が大幅に拡大した。「島ぐるみの土地闘争」の原因となったのは、一九五〇年代半ばの土地接収であるが、これは**「第二次土地接収」**とも言うべきものである（**「第一次土地接収」**は、戦闘の過程で人びとをキャンプに収容していた時の接収である）。それは「銃剣とブルドーザーによる強制接収」であった。ただ、この分は面積的には大きくはない。しかし、人びとが元の土地に帰っていて、苦しいながらもどうにか生活できるという状況になりはじめたときに、改めてこの土地は基地にするから出て行けということだったので、体を張って抵抗した。それでアメリカは銃剣とブルドーザーを使ったので

表8　第3次土地接収

接収・使用開始年月日	基地の名称（復帰後の名称）	所在地（現在の名称）	面積（ha）※民有・その他は略			
			合計	国有地	県有地	市町村
1956	辺野古弾薬庫（海兵隊）	名護市	118	–	–	49
1956.11.16	C・シュワーブ（海兵隊）	名護市・宜野座村	12,070	2	205	1,270
1956～59	同上，訓練場地区も使用開始					
1957.10.25	北部訓練場（海兵隊）	国頭村・東村	8,691	7,912	585	12
1957	C・ハンセン（海兵隊）1945年から使用，海兵隊へ	名護市・宜野座村 金武町・恩納村	5,200	2	0	2,693
1957.11	ギンバル訓練場（海兵隊）	金武町	49	–	–	–
1958.7	金武レッドビーチ訓練場（海兵）	金武町	2	–	–	–
1958.7	金武ブルービーチ訓練場（海兵）	金武町	40	8	0	0
1963.11.2	安波訓練場（海兵隊）	国頭村	525	–	–	434

（注）1．沖縄県渉外部編『沖縄の米軍基地』（1979年）の「米軍基地の実態」を基本に，その他の資料で補った．

2．面積の合計は，沖縄県総務部編『沖縄の米軍基地関係資料（地位協定に基づく提供施設）』（1972年）によったが，それ以前にも増減があり，必ずしも「接収・使用開始」時点の面積ではない．その所有区分は1976年10月1日現在のもの（沖縄県渉外部編『米軍基地関係資料集』1977年による）であり，時点がずれているので，おおよその目安として見てほしい．

ある。

今度は「土地闘争」の終盤で、「**第三次土地接収**」もあった。基地の面積が大幅に拡大したのである。「新規土地接収」への同意が出てきた。それはいま普天間基地の移設先にされようとしている辺野古で起きた。辺野古弾薬庫（一二一万平方メートル）ができることになったのである（五六年）。そして、アメリカ軍が管理していた国有地・県有地を軍事基地として利用しはじめ、また多くの市町村有地が囲い込まれた。

これが**第三次土地接収**である。それは、朝鮮戦争の終了後、海兵隊の行き場を探す中で、日本本土の各地（内灘《うちなだ》、砂川《すながわ》など）で反対に遭い、沖縄に拠点を求めてきたものである。これによって、在沖アメリカ軍基地は海兵隊中心の基地に変わったのである。

(3)　政策の転換

沖縄県民の抵抗に直面したアメリカ軍は、運動を弾圧する一方で、「経済政策」で対抗しようと、その政策を転換した。それは、一九五八年八月に発表されたが、①通貨をアメリカ・ドルに切り替える、②投資を促すために、「外資」導入を進める、③「自由貿易地域」を設定する、などを内容としていた。また、この時期に引き上げられた軍用地料とその支払いも、このような流れの中に位置づけることができる。そして、アメリカ政府の琉球政府への援助金を増額し、日本政府の援助金も受け入れることとした。これらによって、一応、沖縄経済も「高度成長」を経験することになる。

表9　工業生産（1960−70年，隔年）

（金額の単位は千ドル）

	1960年	1962	1964	1966	1968	1970	60→70	同 %
事業所数	1,472	1,556	1,778	1,531	2,091	2,271	799	154
うち20人以上	149	191	215	229	251	277	128	186
従業者数	15,668	20,176	23,179	22,798	26,172	27,046	11,378	173
うち20人以上	10,292	14,455	16,367	17,263	18,187	18,727	8,354	182
出荷額等	50,618	96,059	137,944	173,796	236,531	271,612	220,994	537
うち20人以上	40,212	79,483	116,247	151,616	193,255	226,862	186,650	564
原材料使用額等	34,231	63,246	94,695	113,129	136,627	159,715	125,484	467
粗付加価値額	13,705	28,042	38,283	52,668	90,404	100,754	87,049	735
現金給与総額	5,335	10,338	15,093	20,673	29,540	40,820	35,485	765

（出典）沖縄県統計課編『工業統計調査報告（1971暦年報）』（1973年）．

（原注）1．減価償却額については，従業者10人以上の事業所の数値であり，その他の数値については従業者30人以上の事業所の数値である．但し，原材料等の合計額のみは全事業所の数値である．

2．出荷額等は，製造品出荷額のほかに加工賃収入額と修理料収入額を含む．

3．原材料使用額は，原材料と燃料と電力の使用額のほかに委託生産費と営繕費を含む．

VI　一九六〇年代の沖縄経済

(1)　製造業（工業）は、一九六〇年代に大きく成長した。

工業は一九六〇年と七〇年を比較して、事業所数で一・五倍、従業員数で一・七倍、出荷額等で五・四倍などと、大きく伸びている（表9）。

工業生産に関わる「事業所」つまり工場の数は、一九六〇年の一四七二場から七〇年の二二七一場まで、七九九場、五四％増加した。中でも「二〇人以上の従業員のいる事業所」の増加が目立ち、八六％の増加率を示している。「従業員数」も七三％の増加で、この六〇年代は、本土の高度成長には及ばないものの、それなりに成長していることが分かる。「出荷額」では五倍以上に伸びている。アメリカ軍占領下の工業生産を、ひたすら圧迫されて伸びなかったか

表 10　工業の業種別出荷額推移（1960－69 年）

（単位：万ドル）

	1960	1961	1962	1963	1964	1965	1966	1967	1968	1969
砂糖	1,125	1,517	3,057	4,323	4,320	5,498	4,242	4,361	5,142	4,684
（構成比 %）	(22)	(21)	(32)	(36)	(31)	(33)	(25)	(21)	(22)	(19)
パイン缶詰	480	729	673	918	1,084	1,476	1,635	1,470	1,297	1,837
（構成比 %）	(10)	(10)	(7)	(8)	(8)	(9)	(9)	(7)	(6)	(8)
その他の食料品	1,439	1,978	2,205	2,960	3,148	3,569	3,623	4,707	5,711	5,716
（構成比 %）	(28)	(28)	(23)	(25)	(23)	(21)	(21)	(22)	(24)	(24)
窯業・土石製品	172	318	358	361	510	831	1,372	2,411	2,616	2,261
木製品家具装備品	117	235	402	335	583	680	932	1,330	1,651	1,647
出版・印刷・同関連	232	269	347	399	467	602	709	938	1,086	1,026
たばこ	495	536	696	743	840	814	920	964	946	1,020
繊維製品	282	341	482	491	580	631	647	980	1,139	1,088
パルプ紙・同加工品	31	64	88	142	181	192	332	384	287	405
出版・印刷・同関連	232	269	347	399	467	602	709	938	1,086	1,026
化学工業	137	161	195	187	525	576	685	838	890	945
石油石炭製品	x	28	36	x	30	55	30	198	168	234
ゴム製品	x	40	83	58	52	5	x	58	69	52
皮革・同製品	6	x	28	20	x	112	85	59	80	80
鉄鋼業	−	x	78	147	x	x	x	x	x	x
機械	20	51	24	39	30	27	51	67	36	48
電気機械器具	62	293	372	291	−	395	340	276	139	209
輸送用機械器具	21	26	380	30	487	32	48	97	57	73
計量測量器医療など	x	x	x	x	x	28	x	x	−	−
その他の製造業	23	53	60	61	129	91	125	166	311	406
総数	5,062	7,183	9,606	11,989	13,794	16,763	17,380	21,119	23,653	23,967

（注）琉球政府編『沖縄経済の現状　1970 年度』による．2，3 の項目は統合した．

（原注）資料：統計庁（工業統計調査）　注 1．調査基準の改正により 1968 年から製造小売業が除外され，それにともなって 67 年以前についても，さかのぼって修正したので，従来公表した数値と若干の変動がある．／2．x は，1 又は 2 事業所に関するため秘匿《ひとく》した箇所である．

表 11　農業構造の転換（1958 → 1965 年）

（面積は ha，生産額はドル）

	1958 年		1965 年		1958 → 1965 年	
	実数	割合(%)	実数	割合(%)	増加率	増加P《ポイント》数
総耕地面積	45,050	100.0	50,675	100.0	12.5	–
甘蔗	9,513	21.1	29,830	58.9	213.6	37.8
パイン	157	0.3	2,307	4.6	1,369.4	4.3
米	11,751	26.1	4,064	8.0	△ 65.4	△ 18.1
甘藷	13,282	29.5	3,824	7.5	△ 71.2	△ 22.0
粗生産額	280.44	100.0	704.88	100.0	151.3	–
甘蔗	45.60	16.3	339.19	48.1	643.8	31.8
パイン	–	–	33.12	4.7	–	4.7
米	33.24	11.9	14.52	2.1	△ 56.3	△ 9.8
甘藷	78.72	28.1	32.76	4.6	△ 58.4	△ 23.5
畜産	67.56	24.1	183.84	26.1	173.2	2.0

（出典）来間泰男『沖縄の農業』（日本経済評論社，1979 年）．引用にあたってやや簡略化した．

（注）1．総耕地面積は，割合の目安をつけるために掲げたもの．内訳の合計とは一致しない．1958 年は『琉球統計年鑑』，1965 年は 64 年センサスによった．

2．総耕地面積の内訳は収穫面積である．

3．さとうきびの収穫面積は，1958 年は 1957–58 年期，1965 年は 1964–65 年期の数値である．

4．粗生産（農業粗生産額）と，農業収入の現金化率は，「世帯経済調査」によった．さとうきびには砂糖をふくめた．

のように描く論者もあるが、そうではない。

(2) 製造業（工業）の主な分野は、食料品であり、中でも砂糖、パイン缶詰が大きい。一九六〇年代を通して、砂糖とパイン缶詰を含む食料品が四〇〜六〇%を占めている。他に、たばこ、繊維製品、木製品、印刷、窯業《ようぎょう》土石、非鉄金属などがみられる（表10）。

(3) 農業は、さとうきびとパイナップルに特化していき、「自給作物中心型」から「商品作物中心型」へ変化していった。それはまた、モノカルチャー化ともいわれた。さとうきびとパイナップルの増加は、沖縄農業の性格を大きく変化させた。それまでの主要作物

表 12　農家数（1964 → 71 年）

（単位：戸）

	1964 年 4 月	1971 年 10 月	6 年半の変化	同　変化率
総数	77,129 戸	60,346 戸	16,783 戸の減	21.8％の減
専業農家	23,883 戸	13,478 戸	10,405 戸の減	43.6％の減
第 1 種兼業農家	19,581 戸	12,253 戸	7,328 戸の減	34.7％の減
第 2 種兼業農家	33,665 戸	34,615 戸	950 戸の増	2.8％の増

（注）農業センサスによる．

のうち、米、甘藷、大豆、麦などが激減していき、戦前から引き継がれていた「自給作物中心」の構成が崩壊した。かわって「原料作物中心」の構成となった（表11）。

（4）　一九六四年から七一年にかけて、農家数が激減した。

農業センサスは全数調査である。これは、世界的には一〇年ごとに、日本ではその中間にも入れるので五年ごとに実施される。沖縄では、一九五〇年センサスはアメリカ軍の指示によって実施されたが、一九五五年は「日本」ではなかったので飛ばされ、一九六〇年のセンサスが六四年にずれ込んだ。そのため、一九六五年センサスは実施することなく、一九七〇年センサスが七一年に実施された。一九六四年センサスが四月で、一九七一年センサスが一〇月なので、その間隔は六年六か月となる。しかし、この間隔は、いわば「さとうきびブーム」の絶頂点から下降していく過程を示していて、その意味で貴重なデータとなっているといえよう。具体的には、農家総数が七万七〇〇〇戸から六万戸へと、一万七〇〇〇戸（二二％）の減少となり、そのなかでも専業農家の減少が目立っている（表12）。

（5）　人口は増加しながらも、しだいにその勢いが鈍り、復帰直前は減少していった。

一九六〇年から七〇年まで、人口は八八万人から九五万人まで増加して

表13　人口の推移（1960-71年）

（単位：千人）

	1960	1961	1962	1963	1964	1965	1966	1967	1968	1969	1970	1971
人口	883	894	906	918	927	934	942	949	956	955	945	940
増減	－	9	12	12	9	7	8	7	7	△ 1	△ 10	△ 5

（出典）『沖縄県統計年鑑』掲載の推計人口.

表14　地域別人口（1960-70年）

（単位：千人）

	那　覇	中頭3市	左の他中頭	島尻本島部	島尻離島部	国　頭	宮古八重山
1960年	223	121	148	98	34	83	124
1965	257	143	152	99	31	78	122
1970	276	164	154	100	24	69	105
60→70	53	43	6	2	△　10	△　14	△　19
60→70　%	23.8	35.5	4.1	2.0	△　29.4	△　16.9	△　15.3

（出典）国勢調査.

いる。しかし、増加の勢いは当初は高く、しだいに低くなっていって、六九年、七〇年、七一年と、三年間は減少している。本土への人口移動が高くなってきたのである（表13）。地域別には、那覇・浦添・宜野湾・沖縄の各市が増加し、離島では減少している（表14）。

(6)　産業別所得構成をみると、第一次の縮小と第二次の拡大が特徴的である。

県民所得統計（かつては国民所得統計）で、産業別構成をみたのが表15である。いずれも大幅な成長を示しているが、ここでも相対的には、第一次産業（農林水産業）の縮小が大きく、第二次産業（製造業と建設業）の拡大が際立《きわだ》っている。第三次産業（運輸業、商業、金融不動産業、公務など）は拡大はしているものの、その拡大率は大きくない。

宮本憲一《みやもとけんいち》などが、「基地経済」を批判するあまり、その下では第三次産業のみが伸びていて、第

表 15　産業別生産所得（1960–70 年）

	実　数（千ドル）				構成比（%）			
	第一次	第二次	第三次	計	第一次	第二次	第三次	計
1960 年	9,468	7,632	46,113	63,216	15.0	12.1	72.9	100.0
1965	13,739	20,982	97,142	131,863	10.4	15.9	73.7	100.0
1970	19,657	50,978	207,797	278,432	5.5	19.7	74.8	100.0

（出典）1. 1960 年は，琉球政府編『1968 年度　国民所得報告書（1955 年度～1968 年度）』（1969 年）による．百万ドルで表記されている数値を「1 ドル＝ 360 円」で換算した．
2. 1965 年と 70 年は，沖縄県編『県民所得統計（昭和 40～46 年度）』（1973 年）による．

表 16　アメリカ軍占領支配下の沖縄史の時代区分

西暦	区分	西暦	小区分	特徴
1945–58 年	前期	1945–46 年	アメリカ軍キャンプ収容期	軍の丸抱え
		1946–47 年	統制経済期	統治方針未定の混乱期
		1948–52 年	アメリカ軍基地建設期	「基地経済」絶頂期
		1952–55 年	「琉球政府」発足	政治と経済の枠組み設定
		1955–58 年	「島ぐるみの土地闘争」期	反米機運高まる
1958–62 年	中期	1958–62 年	政策転換期	経済政策の転換が中心
1963–72 年	後期	1963–66 年	経済「成長」期	日本政府の関与始まる
		1967–72 年	日本復帰準備期・運動高揚期	日本政府主導へ

二次産業の発展はなかったかのようにいうのは、明らかに事実誤認である。第二次産業の発展は、戦前と比較すると隔絶《かくぜつ》的といっていいほど顕著なのである。

(7)　経済だけでなく、アメリカ軍占領支配下の沖縄史の時代区分をすれば、次のようになろう（表16）。

四　日本復帰後の沖縄経済

(1)　一九七二年の日本復帰によって、沖縄経済はどのように変わったか。まず「財政依存経済」になったということができる。

表 17　復帰を境にした財政の膨張

1969 年度の琉球政府一般会計		昭和 53 年度の沖縄県一般会計		比較と説明
自主財源	767 億円	自主財源	402 億円	国税への編入があり，365 億円減
借入金	151 億円	県債	143 億円	
援助金受入	417 億円	国庫からの受入	1,868 億円	4.5 倍
アメリカ	145 億円	アメリカ	–	
日本	272 億円	日本	1,868 億円	日本政府からの分だけでは 6.9 倍
合計	1,335 億円	合計	2,413 億円	一般会計の規模は 1.8 倍に増大
		県の特別会計へ	194 億円	国からは一般会計以外にも入ってくるので，国からの資金の流入は 417 億円→ 6,425 億円で 15.4 倍
		市町村普通会計へ	1,388 億円	
		国の出先機関へ	2,975 億円	

（注）原図を表に作り変えた．
（出典）来間泰男「復帰後の沖縄経済と農業」（九州農業経済学会編『農業経済論集』第 32 巻，1981 年），のちに来間著『沖縄経済論批判』（日本経済評論社，1990 年）に所収．

一九七二年の日本復帰によって、沖縄県の財政規模は飛躍的に拡大した。

「昭和五三年度の沖縄県一般会計の歳入の規模と構成を、ほぼ一〇年前の琉球政府一九六九年度（一九六八年七月から六九年六月まで）一般会計のそれと比較する。当時のドル表示額を三六〇円で円に換算し、消費者物価指数にもとづいて二・八倍とした。総額は一三三五億円から、二四一三億円へと一・八倍になった。その構成費目では、米日両政府からの援助金受入の四一七億円から、一〇年後の国庫からの受入の一八六八億円へと四・五倍になったのが大きい。

しかも国庫から沖縄県域に入ってくるのは、県の一般会計だけではない。そこで、県民所得統計によって「県外から財政への移転」をとれば六三七六億円にのぼっていることがわかる。もちろん、他方で「財政から県外への移転」もあるので、それを除く四七四〇億円が純分である。この六三七六億円は三方向に流れている。その一は、先の県一般会計への一八六八億円を中心に、県に二〇六八億円（三二・四％）であり、その二は、市町村に一三六六億円（二一・八％）であり、その三は国の出先機関に二九七五億円（四六・七％）である（表17）。

国の出先機関にはつぎのようなものがある。沖縄開発庁沖縄総合事務局、防衛庁陸上自衛隊、同海上自衛隊、同航空自衛隊、防衛施設庁那覇防衛施設局、海上保安庁第十一管区海上保安本部、沖縄地区税関、福岡高等裁判所那覇支部、沖縄郵政管理事務所と各地の郵便局、沖縄労働基準局、琉球大学など」（来間『沖縄経済論批判』）。

(2)　復帰による財政構造の変化の意味。

しかしながら、このことをもって復帰後の沖縄が国から特別に大きな財政的援助を受けているかのように論ずることはできない。これは第一に、決して他府県に比べて突出した額ではないし、したがって第二に、復帰前すなわちアメリカ軍占領下における琉球政府財政が、需要に対していかに貧弱であったかを示すものにほかならない。

たとえば九州各県と比べても、人口一人当たりの「地方交付税＋地方譲与税」は、昭和五四年度には七万九千円で、佐賀県よりも低く、人口一人当たりの「国庫支出金」は、沖縄振興開発のための特別期間であるのに、同年度には六万七千円で、鹿児島県および佐賀県より低くなっているのである。

また、財政依存度は各種の指標で示すことができるが、ここでは県民所得統計から、県民総需要（総支出で代用）に占める官公需（政府最終消費支出＋総固定資本形成の中の「公的」＋「在庫品増加」の中の「公的企業」）の割合で示した（表18）。まず沖縄だけの推移をみれば、七四年度の四二％

表18　財政依存度の県別比較（1974-94年度，5年間隔）

（%）

	1974年度	1979	1984	1989	1994
沖縄県	42.1	38.3	34.9	31.1	33.1
鹿児島県	32.1	31.0	26.0	24.0	29.1
宮崎県	25.8	30.0	24.6	25.6	29.8
青森県	26.8	34.0	30.6	25.1	26.7
鳥取県	27.6	30.3	26.4	24.3	26.2
島根県	-	34.8	34.5	26.6	32.0
高知県	28.9	30.1	28.4	27.8	30.3
秋田県	24.7	31.3	28.6	24.4	27.8
滋賀県	15.0	17.4	14.3	11.2	12.8
大分県	24.9	24.9	21.8	19.3	23.1
全国	100.0	100.0	100.0	100.0	100.0

来間泰男『沖縄経済の幻想と現実』（前出）に掲載．
（出典）『県民経済計算年報』（各年次）．
（原注）1.「官公需／県民総需要」を財政依存度とした．
2. 沖縄県の次に依存度の高い県に網掛けした．

からしだいに低下していって、八九年には三一％になったが、九四年には三三％に反発している。

他の県との比較では、いずれの県も沖縄県を上回る所はなく、沖縄県がいずれの年も依存度は最高である。その意味で財政依存度の高いことは沖縄県の特徴ということができる。しかしこれも必ずしも沖縄県が突出しているものではなく、復帰当初の七四年は明らかに突出していたが、例えば最も接近している島根県と対比すれば、その格差は七九年には三・五ポイントあったが、八四年には一・四ポイントに縮小し、八九年には四・五ポイントにまた拡大したが、九四年には一・一ポイントとなってまた縮小している。

なお、財政依存度を別の指標でとっても、例えば財政力指数では末尾から四位で、高知県、島根県、鳥取県を上回っているということもあり、同様のことが裏づけできる。

(3) 沖縄県は、財政面で特別扱いを受けているか。

私は、「九五年転機の沖縄経済〈振興策〉」(『経済』二〇一〇年六月号)で、復帰後の「沖縄財政特別待遇論」については、次のように述べている。

「日本復帰後の沖縄県には〈沖縄振興開発特別措置法〉と、それに基づく〈沖縄振興開発計画〉が立てられ、社会的基盤整備や経済振興のために、三十数年間に八兆五〇〇〇億円をこえる財政資金が投入された。当初は、〈本土並み〉の状況に近づけるための性格が強かったが、それを三〇年間も続け、その後も〈開発〉の語を抜いて〈沖縄振興計画〉が続けられており(二〇一二年まで。その後の一〇年間もまた延長された―追加)、しだいに〈不要不急の公共事業〉の比重が増していった」。

つまり、復帰当初の財政支出は「戦後復興」ないしは「復帰後復興」の性格のものであり、当然に支出されるべきものであったが、これを長くくり返しているうちに、「沖縄特別待遇財政」であり「基地受け入れの見返りとしての財政」に変貌していったのである。

もっとも、財政の力で、力の弱い沖縄経済を変革することには大きな限界があるが、それでもそのことに人びとは期待するし、政治家は変革できるかのような幻想をふりまき続けるという状況が、そのことを後押ししている。政府は、アメリカ軍基地の問題とは関係ないふりをして、「沖縄特別待遇財政」を維持し続けている。沖縄側も、アメリカ軍基地の問題とは関係ないふりをして、「沖縄特別待遇財政」の継続を求め続けている。

(4) 沖縄経済の「自立」をめぐって

それとともに、そんな財政支出が続けられても「自立」の展望が見えないことから、政府の財政支出のあり方に問題性を求めるような主張も、ますます強められている。「自立」できないことを政府の責任とするのである。私は、沖縄経済はそもそも「自立」のできないものとしてあり、それを財政の力で変革することはできないと考えている。「自立」できないことの責任を、戦前は日本中央政府の所為《せい》にし、占領下はアメリカ軍の所為にし、復帰後は日本政府の所為にする、このような議論には同意できない。

(5) それでは、財政のあり方で当面問題となるのは、どのようなことか。『経済』の論文を続ける。

[略]

五　復帰四一年目に考えるアメリカ軍基地と沖縄経済

(1) 復帰後は、もはや「基地経済」ではない。

復帰後の沖縄経済を「基地経済」ということはできない。アメリカ軍占領支配下の沖縄経済は「基地経済」といわれたし、それは正しいが、復帰後はそうではなくなった。

「基地経済」についての先「の理解によってこそ、真に〈基地経済〉の始期と終期を論ずることが可能になるのである。／すなわち、〈基地経済〉の始期についていえば、一部に一九五〇年代のはじめ以降が〈基地経済〉であるとする議論もみられるが、アメリカ軍キャンプ収容期もふくめて、〈基地収入〉に依存した経済であったし、アメリカ軍の占領の始まりとともに〈基地経済〉は始まったとしなければならないのである」。また、復帰によって「沖縄経済が日本経済の一環になったという他の面として、占領下沖縄経済の特質の一つであった〈基地経済〉ということも、もはや急速にうすれてきた」。「復帰後の沖縄経済をみたとき〝もはや〈基地経済〉ではない〟ということがいえるのである」（来間『沖縄の農業』日本経済評論社）。

「復帰後の沖縄経済が〈基地経済〉とは言えなくなったということについて、上の三つの指標［本稿四Ⅳ］に即して少し説明を加えよう」（以下、来間『沖縄経済の幻想と現実』日本経済評論社、一九九八年、三〇九〜三一三頁を掲げる。初出は、月刊『経済』一九九六年一月号）。

第1の指標（物的基盤の削減・第3次産業の肥大化）に関連して。

基地面積の縮小があって、物的基盤の削減要素はわずかに減少はしているものの、それは大きな変化ではない。その部分に大きな変化はないが、基地以外で展開する経済の規模が拡大しているため、相対的には削減の打撃が緩和されている。第三次産業の肥大した状態はその後も続いているし、むしろますます進行しているといえる。しかし、それはすでに復帰前の一九六〇年代半ば以降では基地収入によってそうなったものではなく、財政投資の増大に促されてのものとなっていたし、復帰後ではなおさらである。

「基地があるから沖縄経済の発展が阻害されている」という論は、基地以外で展開する経済の規模が小さな時代には正しかったが、今では成り立たない。現在の段階で農業が伸び悩み、工場が立地しないことを基地のセイにすることはできないことである。もっとも、かつてのように基地がなくなったら大きな打撃を受けるという状況が緩和《かんわ》されたため、人々の頭には「基地はなくてもいい」という意識が芽生えつつあり、「むしろ基地がない方がいいのではないか」と考えるようになってきたことは事実である。このことが今回の［一九九五年の少女暴行事件に対する］住民運動の盛り上がりの背景にあるといえるだろう。私が言いたいのは、例えば農業の発展が基地の存在によって阻まれているとは言えないし、基地が返還されれば発展するというものではないということである。その産業に内在する問題点に取り組むことによってのみ、展望は開けるのである。

第2の指標（基地収入をテコにした発展）に関連して。

先に述べたように、一九六〇年代半ば以降、経済成長率は基地収入によって左右されるのではなく、財政支出に主導されるように変化していた。それが復帰によって、財政支出が従来との対比でいえば驚異的に拡大したために、基地収入は決定的に影を薄くしてしまった。また、多額の軍用地料などがどのように投資に回されているかについては資料がなくて論ずることはできないが、消極的な感がする。

象徴的なことは、今回の事件に関わって、一〇月一四日にアメリカ軍が、軍人に対して、午前零時から同六時まで、沖縄市中心街への「オフ・リミッツ」を宣告したことをめぐって現われている。これは街に立ち入るなということであるが、かの一九五〇年代半ばの「島ぐるみの土地闘争」の時に、運動の分断をはかる手段としても使用されたことがあった。それを一つの契機として、基地関連業者がアメリカへの抵抗勢力を攻撃する側に回っていったのであるが、今回はそのような力はなかったし、またそのために出されたものでもなかった。半月を経過して、新聞は「米兵相手の飲食店は大きなダメージを受けており、苦境に陥っている」と報道しているが、市の商工会議所の調査を注意深く読めば、売り上げを五〇〜七〇%落とした店が三、七〇%以上落とした店が五となっていて、その数がいかに少ないかが知れる。もともと調査数が一五しかないというのも、昨今の基地関連業者の数の少なさを示している。

第3の指標（動揺性と限界性）に関連して。

基地収入の動揺性は以前からの基本的性格であるが、それが沖縄経済に大きな比重を占めていたから、沖縄経済そのものを動揺させる（景気の浮沈《ふちん》を引き起こす）要素たりえたのであって、比重が低下した今となっては、それによって景気動向を説明することはできない。

基地収入の限界性（基地収入は順次的に、無限に増加していくという性質を持っていない）もそれ自身の基本的性格であるが、そこからくる沖縄経済の限界性とは、基地収入によって経済が主導されている限り、沖縄経済に展望はなく、いずれ瓦解《がかい》するということである。したがって、沖縄経済を基地経済のままに放置《ほうち》しておくことができず、とりあえずは「日本政府援助」によって支えつつ、結局は日本復帰となったのであり、このような選択が、体制によっても選択されたという事実によって証明されている。こうして、沖縄経済を「基地依存」から「財政依存」に転換することによって、その瓦解は防止されたのである。

(2) 沖縄経済の「基地依存度」は、これまでどのように推移して、現在はどの程度になっているのだろうか。県民経済計算の統計は、定義が変わったり、遡《さかのぼ》って数値を修正したりするので、必ずしも連続しないが、おおよその流れをつかむことに支障はない。

まず、表19で、アメリカ軍占領下と復帰前後の基地依存度を見る。アメリカ軍占領下では、三〇％水準から二〇％水準程度へと低下する方向にあった。それが一九七二年の復帰をはさんで急落する。それは、「米軍関係受取」の減少によってではなく、分母の「県民総需要」の急増によってである。

次の表20は、ここ三〇年間の傾向を見たものである。「県民総需要」を「県民総支出」に置き換えたため、「移入」と「県外からの所得」の分だけ分母が小さくなり、基地依存度は高くなった。この間、基地依存度の激変はないが、低下傾向は続いている。今やそれは五％前後となっている。表19との連続性を保たせるために、「県民総需要」に対する割合も示しておいた。この指標では四％を切っている。

(3) このような基地依存度の低下は、基地撤去をすれば沖縄経済がいったんはダメージを受けるものの、その大きさはさほど大きくはなく、経済建設に支障はないということでもある。ダメージは、地域的・個人的に偏《かたよ》ってあらわれるが、沖縄経済全体にとっては克服可能なダメージだということである。経済的にダメージを受けるのは、①軍用地地主、②基地労働者（軍雇用員）、③関連自治体、④基地関連業者、である。

(4) これに対して、昨今は、むしろ基地を撤去した方が、経済的にもプラスだと考える風潮が強まっている。①ハンビー飛行場跡の商店街化、②美浜《みはま》の、埋め立て地を含む「アメリカン・ビレッジ」の活況、③新都心おもろまちの展開など、がその裏づけとされている。

表 19　沖縄経済の「基地依存度」(1)

(単位：億円)

	1955 年度	1960	1965	1970	1974	1980
米軍関係受取 (A)	191	259	375	714	975	1,124
県民総需要 (B)	689	1,204	2,193	6,787	14,330	21,137
民間最終消費支出	361	494	872	1,664	4,970	9,713
政府最終消費支出	36	77	152	733	1,490	2,982
総固定資本形成	31	216	409	1,458	3,991	6,163
輸出と海外からの所得	256	418	759	2,932	3,879	10,450
基地依存度 (A)／(B)	27.7	21.5	17.1	10.5	6.8	5.3

表 20　沖縄経済の「基地依存度」(2)

(単位：億円)

	1985 年度	1990	1995	2000	2005	2010
米軍関係受取 (A)	1,473	1,467	1,670	1,930	2,007	2,086
県内総支出 (B)	21,668	28,640	32,726	35,337	36,504	37,256
民間最終消費支出	12,581	13,188	16,146	18,186	21,452	22,231
政府最終消費支出	3,825	6,730	8,816	10,368	10,868	11,161
総固定資本形成	8,854	10,412	11,341	10,561	9,326	8,858
財貨・サービスの移出入	△ 3,754	△ 1,881	△ 3,235	△ 3,778	△ 5,143	△ 4,994
基地依存度 (A)／(B)	6.8	5.1	5.1	5.5	5.6	5.6
米軍関係受取 (a)	1,473	1,467	1,670	1,930	2,007	2,086
県民総需要 (b)	31,278	38,166	43,987	56,641	57,790	56,641
基地依存度 (a)／(b)	4.7	3.8	3.8	3.4	3.5	3.7

(注) 表携の項目のほか，「在庫品増加」「統計上の不突合」もある．

表21　米軍基地跡地利用による経済波及効果

①　那覇新都心など3地区

経済波及効果	那覇新都心	小禄金城	桑江北前	合計
返還前	55億円	29億円	3億円	87億円
返還後 (返還前比)	660億円 (12倍)	891億円 (30倍)	597億円 (199倍)	2,148億円 (25倍)

②　普天間飛行場等が返還された場合

	普天間飛行場	キャンプ桑江（南側）	キャンプ瑞慶覧	牧港補給施設	那覇港湾施設	合計
経済波及効果	3,716億円	999億円	1,129億円	1,844億円	1,421億円	9,109億円

※普天間など5施設の2008年度の基地関係収入：546億円（軍用地料160億円，基地関連収入推計386億円）

二〇〇七年に、沖縄県は「駐留軍用地跡地利用に伴う経済波及効果調査」を発表した。いわく、那覇新都心地区の二〇〇二年の生産誘発効果は八七四億円で、返還前（五二億円）の一六倍、北谷《ちゃたん》美浜《みはま》町とハンビー飛行場地区は六二三億円で、返還前（三億円余）の二一五倍となった。いずれも、基地の時代には軍用地料と軍雇用員の給料にほぼ限られていたからである。生産を「誘発」したのは、そこに区画整理事業、あるいは公共施設の建設や、民間の建設投資などが進められたからである。そこで働く人の数も、税収も、格段に増えたのだという。

二〇一一年九月二一日の『琉球新報』に掲載された「基地跡利用を考えるシンポ」から、沖縄県企画部の古波蔵健《こはぐらたけし》参事の発言を紹介する。県は〇六年度に跡地利用に伴う経済波及効果を調査した。那覇新都心と小禄金城《おろくかなぐすく》、北谷町《ちゃたんちょう》北前《きたまえ》の三地区は、返還前の二五倍の経済波及効果が出た。普天間飛行場など嘉手納より南の基地で、那覇新都心並みの発展を条件とすると、経済波及効果は約九〇〇〇億円という大きな値が出た。都市部の土地利用は、経済波及効果は高いということは明らかとなっている」（表21）。

これについては、沖縄経済から見るという立場と、個人の印象から見る立場とでは、評価が異なるだろう。個人の印象から見れば、新しい街ができたことに感動し、基地が撤去された方がよかったと思うのが多数派であろう。しかし、沖縄経済全体から見ると、基地のままであった場合の軍用地料（それは復帰前年度からの四〇年間に二六倍に引き上げられている）などの基地収入との比較が必要だし、立地した商店などの収益はどの程度か、などを考慮せねばならない。私はこの立場から、精査が必要だと考えている。

金城隆人《きんじょうたかと》（琉大院生）は「商業および人口集積からみる那覇新都心開発の検証」を書いている（沖縄経済学会編『経済と社会』第二八巻、二〇一二年一二月）。その中で、二〇〇二（平成一四）年と二〇〇七年の「商業統計調査」のデータを比較して、「那覇新都心地区の年間商品販売額の伸びが著しく高い」、また「人口統計調査」では、「この一一年間に人口が集積し、新都心地区が発展していったことは事実である」と指摘しつつ、他方で国際通り地区など、那覇市の他地区、さらに全県のデータを分析して、「那覇新都心地区が発展していく裏で、那覇市内においてこれまで商業の中心をなしてきた国際通り地区の牧志《まきし》・松尾《まつお》地域の衰退、近隣市町村では商業施設等が賑わいを見せていた北谷町・浦添市・沖縄市における年間商品販売額や事業所の域外移出が確認される。また、その流出した年間商品販売額や、事業所は全てとはいかないまでも、大部分は那覇新都心地区に移入していると言っても過言ではない」、「沖縄県全体にとって、那覇新都心地区の開発は成功であったとは言えず、その目覚ましい発展は他地域から経済のπ《パイ》を奪っている結果だ」と結論している。

(5) また、これらの表面上の活気が、これから返還・撤去されてくる多くの土地で、同様に可能かという問題もある。大型ショッピングセンターは、あちこちにできすぎて、過剰状態にあるのである。

古波蔵参事の発言を続ける。「しかし今後の跡地開発で留意点が二つある。一つは、これまでは大型商業施設を核とした街づくりで成功してきた。しかし大型商業施設はもう飽和状態かもしれない。金太郎あめ的な開発だと県内のパイの奪い合いとなって沖縄全体の発展につながらない懸念がある。／二つ目は土地需要の減少。将来人口は沖縄も減少が考えられている。これまで旺盛な土地需要でどこの開発も地価上昇が見込まれていたが、今後は楽観できない。／県は嘉手納より南の六基地について、広域的で長期的な観点から、各跡地の都市機能の分担と効果的整備をしようという考えから、昨年度から中南部都市圏広域跡地利用、広域構想策定の事業を実施している。各市町村の担当や地主会と議論し本年度に広域構想案ができる。各跡地は構想に基づいて開発を進めていく」。

(6) 考慮すべきもう一つのことは、現在の経済情勢である。世界経済は安定しているか。日本経済はどこに発展の方向を見出せばいいのか。見通しが立たないのが現状であろう。沖縄経済はどうか。農業の衰退は止めようがない。農地はしだいに潰れ、遊休地が増えている。工業（製造業）はその用地がたくさん用意されているのに、立地しない。「特別自由貿易地域」（中城《なかぐすく》の埋立地）を設けても企業はほとんど来ない。建設業の活躍する時代ではなくなった。商業の現状は活気があるかもしれないが、これ以上ショッピングセンターを作り続けることはできない。マチヤグァー（小雑貨店）はすでに潰れている。道は観光関係にしか開かれていないであろう。

この状況は、政治が悪いからなのではない。政治家の首をすげ替えても、展望が開けるものではな

基地経済の概念図（イメージ）

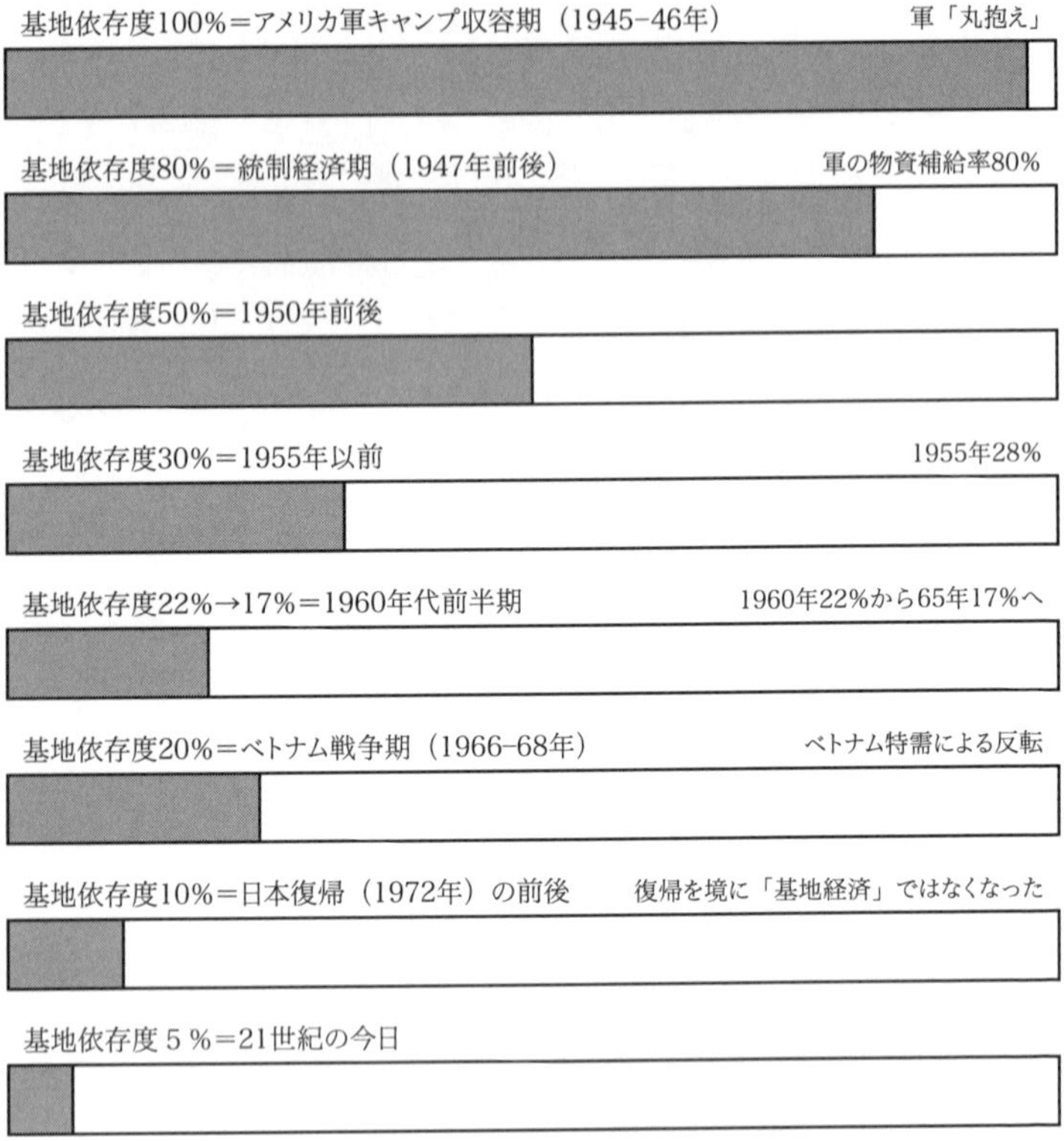

沖縄経済の「基地依存度」は，アメリカ軍占領当初が最高水準で，その後はしだいに低下していくのであり，その結果として，「基地経済」ではなくなったのである．

い。政治の手の届かない世界なのである。

このようななかで、基地が撤去され、土地が使えるようになるとしても、その利用は困難を極めることが見えている。宜野湾市の軍用地主会が、普天間基地が返還されたら、すべてを国営公園にしろと要求している。これは、自らに知恵がないことの表明であり、跡利用についてのギブ・アップ宣言である。

しかし私は、彼らに同情する。確かに効果的な跡利用は難しいのだ。

(7) そもそも基地問題と経済問題をからめて考えてはならない。

「基地が撤去されたら経済が発展する」というのは、「経済が発展するだろうから、基地に反対する」という論理につながり、「経済が発展しないのなら、基地には反対しない」という論理と同居しているのである。だから、私は「経済と基地を結びつけて論じてはならない」と言っているのである。

基地は絶対悪、何としても撤去させたい、たとえ経済に悪影響があったとしても、基地は撤去させたい、これが私の主張である。もっとも、沖縄経済の基地依存度はずいぶん低下しているので、基地撤去からくるマイナスの影響は大きくないし、それを穴埋めする程度の経済展開を考えれば、それほど難しいことではないと思う。

(原題は「アメリカ軍基地と沖縄経済—歴史のなかで考える」、ここで掲げたタイトルは博物館側から提示されたもの。第四三一回博物館文化講座、二〇一三年四月二〇日)

27　なぜ沖縄は県を挙げて基地の県内移設に反対するようになったのか

一　在沖アメリカ軍基地をめぐる三つの問題

いま、沖縄にあるアメリカ軍基地をめぐっては、三つほどの問題が重なりあって展開している。

一つは、普天間《ふてんま》飛行場の「移設」問題である。これは、沖縄本島中部・宜野湾《ぎのわん》市の、真ん中を抉《えぐ》るように立地している普天間飛行場が、「世界一危険」と言われていて、それを撤去・閉鎖させようという要望に応えて、日本政府が進めようとしている沖縄本島北部・名護《なご》市辺野古《へのこ》への移設」問題であり、これに対して、仲井真弘多《なかいまひろかず》知事を先頭に、県民の圧倒的多数がそれに難色を示していることである。

二つは、普天間飛行場だけでなく、嘉手納基地より南にある七つの基地（法律用語では「施設・区域」）の返還問題である。これは、都市部にあるほとんどの基地にあたり、那覇市から北に向って、浦添《うらそえ》市・宜野湾市・北谷町《ちゃたんちょう》にまたがっているものであり、実現すればそれこそ画期的な事態となるものである。これについては、日米の合意が成立しているが、「いつ」ということについては、極めて不透明である。

三つは、在沖アメリカ軍基地の全面的な移転に向けての問題である。当面は、海兵隊の主要部分をグアムに移転させようとして、アメリカ軍当局が構想しているものであるが、多額の移転費用をめぐって、アメリカの議会が反対しているので、予算がつかず、見通しが立たないでいる。日本政府はその移転費用の多くを負担する約束をし、実行しつつある。また、海兵隊はグアムだけでなく、オーストラリアの北部に移転する計画も持っており、この行方も関心が持たれるところである。

二　在沖アメリカ軍の部隊構成と軍事基地の現状（二〇一一年三月末現在）

沖縄県には、県土面積の一〇％、沖縄本島だけをとれば一八％をアメリカ軍基地が占めている。総面積二万三二四七ヘクタール（県土面積二二万七五九一ヘクタールの一〇・二％）／（沖縄本島だけをとれば一八・四％）。その施設数は、三四（兵舎四、飛行場二、港湾三、演習場一五、倉庫四、医療一、通信四、その他一）である。

また、これを本土と比べると、次のようになる。専用面積だけをとれば、全国の七四％を占めている。沖縄県の面積は日本の〇・六％でしかないのに、である（表1）。

在沖アメリカ軍は、海兵隊中心の編成になっている（表2〜4）。それは、もともとそうだったのではなく、朝鮮戦争への対応の中で、結果的に決まったのである。一九五〇年代半ばのことである。普天間飛行場も一九六〇年から海兵隊の所属となった。

表1　米軍施設・区域の全国比

全国	133 施設		10,278 万 ha	
本土 沖縄	99 施設 34 施設	 25.6%	7,953 万 ha 2,325 万 ha	 22.6%

うち「専用施設」

全国	84 施設		3,096 万 ha	
本土 沖縄	51 施設 33 施設	 39.3%	809 万 ha 2,288 万 ha	 73.9%

うち「一時使用施設」

全国	64 施設		7,182 万 ha	
本土 沖縄	59 施設 5 施設	 7.8%	7,145 万 ha 37 万 ha	 0.5%

表2　軍別施設数・面積・軍人数

区分	施設数	構成比（%）	面積	構成比（%）	軍人数（%）	構成比（%）
海兵隊	15	44.1	176,213	75.8	15,365	57.2
空軍	6	17.6	20,726	8.9	6,772	25.2
海軍	5	14.7	2,645	1.1	3,199	11.9
陸軍	4	11.8	3,780	1.6	1,547	5.8
共用	3	8.8	28,853	12.4	−	−
その他	1	2.9	254	0.1	−	−
合計	34	100.0	232,471	100.0	26,883	100.0

（出典）沖縄県知事公室基地対策課『沖縄の米軍及び自衛隊基地（統計資料集）』（平成24年3月）

（注）1. 施設数・面積は，沖縄防衛局の資料（平成23年3月末現在）を基に県が作成.
2. 軍人数は，平成23年6月末現在の数字.
3. 共用とは，2つ以上の軍によって管理されている施設である.
嘉手納弾薬庫地区（空軍・海兵隊），キャンプ・シールズ（海軍・空軍），ホワイト・ビーチ（海軍・陸軍）
4. その他とは，自衛隊基地を一時使用している施設である．浮原島訓練場
5. 計数は四捨五入によるため，符合しないことがある.

表3　在沖米軍人・軍属・家族数（2011年9月末現在）

（単位：人）

	総数	陸軍	海軍	空軍	海兵隊
総数	44,895	3,798	2,630	13,971	24,496
軍人	24,612	1,761	1,217	6,676	14,958
軍属	1,381	226	211	441	503
家族	18,902	1,811	1,202	6,854	9,035

表4　在日米軍兵力とそれに占める在沖米軍兵力の割合

（単位：人・％）

	総数	陸軍	海軍	空軍	海兵隊
日本	35,965	2,594	3,779	12,711	16,881
沖縄	24,612	1,761	1,217	6,676	14,958
同　％	68.4	67.9	32.2	52.5	88.6

沖縄県の人口は一四〇万人である（全国的に大都市を除いて減少する時代になっているが、その中で沖縄県の場合はあと一〇年ほどは増加が続くと予想されている）。そこに五万人近いアメリカ軍関係者が住んでいる。ただ、この数字は流動的であり、多人数の部隊がグアムなどに移動したり、また戻ってきたり、を繰り返している。特に海兵隊はそうであり、それが本質的な性格である。

三　普天間飛行場の返還問題の経過

(1)　少女暴行事件と抗議県民大会

一九九五（平成七）年一〇月二一日、沖縄県民は「八万五〇〇〇人の大集会」を開いて、三人のアメリカ兵による少女暴行事件に抗議し、日米地位協定の見直しを要求した。

この暴行事件に大きく左右されたものと見られているが、大《おお》田《た》昌《まさ》秀《ひで》沖縄県知事がその五年前とは異なって、アメリカ軍基地の強制使用について、基地への使用を拒否した地主に代わり、またその地主の所在する市町村長までも署名を拒否した場合に、それに代わって基地としての使用を認定する「代理署名」を、拒否することを表明しており、この日はその知事の行動を支持し激励する内容のものともなった。

この集会が日本政府に与えた衝撃は大きく、また、日本全土にあらためて「沖縄の基地問題」の存在を再認識させるものであった。

(2) 橋本内閣は「普天間の返還」を約束した

「一九九六年四月一二日。沖縄の基地返還を巡って、日米両政府は米海兵隊の普天間飛行場を日本側に返還することで合意した。橋本首相とモンデール大使は、その日普天間飛行場の返還の最後の打ち合わせをした。その日の夜八時にそれを発表する記者会見をする」。

ただし、この「返還」は「県内移設」が条件だった

かくして、普天間飛行場の返還が決まったものの、それが「県内移設」を条件とするものであったために、その後に尾を引くことになる。あれから一七年、いまだに展望が見えない。ただ、この問題は、沖縄県民と日本国民にとっては、ただ撤去あるのみであり、その移設先に関与する立場にはない。特に「県内移設」ともなれば、これまでのすべてのアメリカ軍基地とは異なって、沖縄県民が自らの意思で、はじめて「新しい基地の建設」に同意するという事態になるのである。

(3) 「北部振興策」というアメの提示

その後、移設先は「名護《なご》市辺野古《へのこ》沖」であること、そこに「撤去可能な基地」を建設することなどが提示されていった。撤去される普天間基地のある宜野湾市の側は、もちろん撤去そのものは歓迎で

あるが、それが県内の他の地域に移設されるとなれば、その土地に問題を転嫁し、しわ寄せすることであって、そのことにまで賛成することは難しい。移設（新設）を受け入れることになる名護市の側では、いわゆる「基地被害」を持ち込むわけだから、それを歓迎するという立場ではない。ただ、政府がしきりにお願いするので、自由民主党という側に立つ市長などは、市民をごまかして、なんとか受け入れのサインを出したいと考えた。

それを後押ししたのが「**北部振興策**」であった。名護市は沖縄本島北部の中核都市である。一〇年間に毎年一〇〇億円、合計一〇〇〇億円の地域振興資金を提供するというのである。一〇年で北部の人口を二倍にする、などともいわれた。移設される空港は「軍民共用」とし、一般の人も利用できるようにする、名護市の港湾も立派にする、名護―那覇間の鉄道も敷く、などなどである。もちろん、地元の提案を受けて精査して実施する、となっていた。

(4) 名護市の市民投票

このように、いわゆる「北部振興策」は、真に「振興」につながるかという検討は置き去りにして、とにかくカネがもらえるという、北部側の（その核には、北部の住民一般ではなく、北部の自治体の首長・議員など、政治家の意思があると考える）容認姿勢によって、名護市の移設受け入れ方針が実質的に進行していった。

かくして、名護市民は「市民投票」で決着をつけようと動き出し、それは実現した。一九九七年一二月にそれは行われた。これを受け入れた容認派は、選択肢を賛成と反対の二つではなく、「条件付き賛成」「条件付き反対」を加えた四つにすることによって、「北部振興策」を歓迎する住民を「賛成」に誘導しようという作戦に出て、勝負に挑んだのである。しかし、結果は「反対」が、「賛成」「条件付き賛成」を大きく上回り、「名護市辺野古への移設」への反対意思が明確になった。

時の名護市の比嘉鉄也《ひがてつや》市長は、苦悶したものの、結果を尊重せざるを得ないと考えた。しかし、土建業者らの圧力を受けて、比嘉市長は基地の移設受け入れを宣言し、同時に自らの「政治生命を断つ」として、市長を辞任した。わかりにくい決着であった。市民は移設受け入れを拒否したのに、行政の分野ではそれは無視され、「受け入れ」たものとして動いていくのである。

(5) 保守系名護市長の継続と、保守系県知事の登場

そして、事態をもっと複雑にしたのは、後任の市長選挙で、比嘉市長の指名した後継者・岸本建男《きしもとたてお》が勝利したのである(一九九八年二月)。岸本は、それまで「革新系」とみなされており、両親が退職教員でもあり、その教員グループは沖縄では日本復帰運動の担い手としての役割を果たしてきた人びとである。「基地移設の受け入れには反対だが、岸本さんに投票したい」という動揺派が生じた。首長選挙とは、基地に賛成か反対かという一つのテーマだけで勝敗が決まるものではないのである。岸本も、選挙では「基地問題は結論が出た」として、争点から外していた。

さらに、一九九八(平成一〇)年一一月に知事選があり、ここで現職の大田昌秀が、保守系の稲嶺《いなみね》恵一《けいいち》に敗れた。このことについても、首長選挙の勝敗は、基地やその移設に賛成か反対かという、単純な基準で結果が出るものではない、ということに注意すべきである。大田の場合、私から見れば、財政の運営と、経済政策に大きな過ちがあった。特に大田は、「沖縄全県をフリーゾーン(自由貿易地域)にする」と提案し(最終的にはそれを引っ込めたものの)、県民に大きな動揺をもたらした。

任期の最終段階で、腹心の現職副知事の再任案が、県議会で否決されてもいた。与党の一部も同意しなかったのである。一方の稲嶺候補は、父親も実業家・政治家で大過なく、本人も実業家で通してきて大過なく、基地問題についても「積極容認」ではないし、責めづらい相手であったと思われる。稲嶺陣営は、失業率の高さを難じて、「経済の稲嶺」を喧伝《けんでん》した。

かくして県政は大田から稲嶺に移ったが、日本政府は歓迎しつつも、普天間移設問題がスムースに進行する保障は、まだ得られなかった。それは、稲嶺知事と岸本市長が、移設先の軍事施設は「一五年で撤去すること」を主張し続けたこと、などによる。

四　沖縄国際大学にアメリカ軍の大型ヘリコプターが落ちた

普天間基地の移設問題がもたもたしている最中、二〇〇四（平成一六）年八月一三日、沖縄国際大学の本館に、アメリカ軍のヘリコプターが墜落して、炎上した。わが職場である。

沖縄国際大学は、小道を隔てて普天間基地と隣接しており、このヘリコプターは基地に帰還するところだった。ところが、その前に上空で異常が発生した。直線距離で大学から一キロほどの地点で、ローター（回転翼）の一本がもぎとれた。それは、小さなオートバイの上に落ちて、それを押しつぶした。その後は、方向も高さの調整もままならず、ふらふらしながら基地に向かったのであろうが、行き着くことができず、沖縄国際大学まで来て、四階建ての建物（本館）の屋上に落ち、庇《ひさし》などに損傷を与えながら、回転しつつ、その下に墜落し、すぐに炎上したのである。黒焦げの壁には、三本ほどのローターの傷跡が刻印された。

このヘリコプターは巨大なものであって、それが落ちながら、部品が飛び散り、油が八方に振りまかれており、また落ちた衝撃で飛び散った部品もあり、大学以外にもさまざまな被害が発生した。近所のマンションの一室の玄関ドアには、ある物体が貫通し、丸く鋭い穴が開いた。これらも人身の被害とはならなかった。

気がついてみると、墜落した一帯はアメリカ軍の兵士に取り囲まれ、占拠されていた。彼らはヘリが落ちそうだという連絡を事前に受けていたに違いない。大学に落ちたことを確認すると、すぐに基地の鉄条網つきのフェンスを乗り越え、基地と大学の間の小道を突っ切って、大学構内に入り、駆け足で現場に到達したのである。その間、わずかに五〜六分と見られる。宜野湾市の消防隊の到着も早く、懸命の消火作業が続けられたが、アメリカ軍は彼らをも排除して、県の警察も排除して、現場を占拠した。

アメリカ軍の言い分は、「日米地位協定」をたてに、ヘリコプターはアメリカ軍の財産であり、これを確保することは軍の権利である、というものであった。その後も、県警の要求には応えず、捜査を拒否し通した。

普天間基地の周辺にはこの大学だけでなく、小中高校もいくつもある。学校だけでなく、もちろん住宅を含む市街地が広がっている。基地の隣にあったから落ちた、と見るべきではなかろう。その周辺は日常的に危険にさらされているのである。事故の起きる前だったが、アメリカのラムズフェルド国防長官がやってきて、「よくもこんな危険な状態の基地が放置されているな」と、驚いたほどである。

五　普天間飛行場の移設問題、その後の展開

くわしくは省略するが、海上か陸上か、またその中間か、滑走路の長さと方向、一本か二本か、V字型か、などで、案がめまぐるしく変遷した。

六　民主党の政権公約「最低でも県外へ」とその破綻

(1) NHK取材班『基地はなぜ沖縄に集中しているのか』(NHK出版、二〇一一年)

二〇〇九年の衆議院選挙の直前、鳩山民主党代表が、民主党の新人候補の応援のため沖縄を訪問したとき、「(普天間基地の移設先を)最低でも県外というものに、積極的に行動を起こさなければならない」と発言して、県民の多くを引き込んだ。この発言に対する県民の期待は政府の予想を遥かに超えて高まった。人々は、与野党の第一党が入れ替わる本格的な政権交代によって誕生した鳩山政権を信じたのだ。

しかしこの時、鳩山氏自身、この発言がその後、日米間の最大の懸案事項となるとともに、沖縄をはじめ全国各地から怒りを呼び起こし、最終的には総理大臣の座を降りる最大の原因になるとは、露ほどにも考えていなかっただろう。

政権交代によって沖縄県内で一気に高まった「県外移転ムード」。翌二〇一〇年一月、名護市は四年ぶりの市長選挙を迎えた。それは国策という大方針には手が出せないと考え、現実的選択として基地との共存を選んできた名護市民の間で、「もしかしたら本当に基地を拒否できるのでは」という声が自然に高まっていった。

政府は、名護市長選挙の結果を待った。移設問題への答えは、市民に求められた。一月二四日、投票日。名護市民は、移設に反対を掲げる稲嶺氏を新たなリーダーに選んだ。一〇年以上続いた基地を容認する市政は、この日、転換した。僅差ではあったが、市民は基地を拒否し、基地依存からの脱却を選んだ。名護市にとって、また沖縄全体にとっても、この選挙結果は、移設問題浮上後の沖縄の歴史を覆す、大きな一歩になった。

鳩山政権に対して沸き起こった沖縄の期待の大きさを、鳩山総理大臣が理解していなかったとは思えない。……沖縄県の稲嶺恵一前知事は、……「…〈国外か、少なくとも県外へ〉という一言については、パンドラの箱を開けてしまった、という人もいるが、私自身もマグマがたまっているところに穴をあけてしまったようなものだと思う。火山が噴出するような状況になってしまった」。普天間移設問題を巡る迷走はまさに、その後も次々と露呈していった鳩山政権の「実行力」の欠如と、「言葉の軽さ」を象徴する最初の事例となった。

アメリカ側との具体的な交渉に入るために不可欠な政権内の意思統一すら図れず、孤立感を深めていった鳩山総理大臣。アメリカ側が求めた年内決着を断念し、結論の先送りを表明した後に鳩山総理大臣が取った行動は、状況をさらに悪化させていく。

二〇一〇年五月四日、鳩山総理大臣は沖縄を訪問。仲井真弘多県知事との会談で、「辺野古移設の見直し」を事実上、断念することを表明する。その理由としてあげたのが、これまで幾たびと繰り返されてきた「抑止力」だった。

会談で鳩山氏は、「普天間基地は海外へという話もあったが、現実に日米の同盟関係を考えた時、近隣諸国との関係を考えた時、必ずしも抑止力という観点から難しく不可能だと申し上げてきた。県外に移設しようということで努力しているが、すべてを県外にということは現実問題として難しい」と述べた。…

この発言は、沖縄の人々にとっては決定的な裏切りだった。結局「移設先探し」に終始し、場当たり的な発言が繰り返された「見直し議論」の本質が露わになる中で、沖縄の人々の期待は、これまでにないほどの怒りへと転じていく。

四月二五日に、県外・国外への移設を日米両政府に求めるための県民大会が開かれた。大会は、県内四一市町村の全首長が出席（二市町は代理出席）する超党派のものとなった。マイカーや自治会チャーターしたバスなどで周辺の道路ではすさまじい渋滞が発生、会場に辿り着けない人が溢れた。なんとか辿り着けた人々が集まった会場のグラウンドには、初夏の日差しが照りつける中、異様な熱気が渦巻いていた。そこで、多くの人の耳を討つ言葉を発したのは仲井真知事だった。

「沖縄の過剰な基地負担は、明らかに不公平、差別に近い印象を持つ」

琉球王国が、明治時代に日本の沖縄県とされた「琉球処分」以降、県民が「沖縄差別」を感じる場面は多くあったという。本土での就職や賃金に関するもの、言葉遣いに起因するもの、そして「捨て石にされた」とも称される沖縄戦や米軍統治の経験もそこに含まれる。しかし、復帰から四〇年近くが経つ中、本土と沖縄の間の往来は頻繁になり、差別は薄れ始めていたかに見えた。そうした中、口にする方にとっても痛みを伴う「差別」という言葉を、県のトップがあえて使い、訴えなければならない状況に沖縄は至っていた。

二〇一〇年五月二一日、辺野古区の行政委員会は「辺野古移設を求めようとする日米政府に対し、異議を申し立てた県民大会の決議に逆行し、移設に向けた話し合いに応じる用意があると宣言した」

「辺野古で〝容認〟が決議された一週間後の五月二八日、日米両政府は移設先を辺野古とする共同声明をまとめた。迷走の末の逆戻りに沖縄の怒りが高まる中、辺野古を含む名護市の住民たちは、およそ三か月後の九月、市議会議員選挙の投票に臨むことになった。初めて移設反対の市長を誕生させた市長選挙に続く意思を表明するのか。それとも再び移設容認に梶を切り直すのか。定数二七という小さな市議選に、全国の注目が集まる異例の事態だった。

結果は移設反対派の勝利。市長を指示する与党が一六議席、対する野党が一一議席と、おおかたの予想を超えた差がついた。それから一か月、市議会には「米軍普天間飛行場〈県内移設の日米合意〉の撤回を求める決議書」が提出された。

二〇一〇年一一月の沖縄県知事選挙。「事実上の一騎打ちとなった二人の主要候補が共に、基地の「県外移設」を掲げて戦った。一人は、普天間基地のある宜野湾市の前市長、伊波洋一《いはよういち》氏。もう一人が、従来は普天間基地の県内移設を容認していた現職の仲井真弘多知事である。普天間基地の移設先として名護市辺野古が浮上して以降、これまでに四回行なわれた知事選では容認と反対の立場の候補が激しく争い、いずれも「条件付き容認」を掲げる候補が勝利してきた。

条件付きとはいえ県内移設を容認してきた仲井真氏が舵を切って、明確に「県外移設」を打ち出したことの意味は大きい。そして、結果として、このことが再選を決定づける要因となった。これまで仲井真氏を支える保守陣営は、基地負担の軽減は重要だと主張しながらも、基本的には普天間基地の県内移設を含め、「基地の存在を容認する」という〝現実路線〟を取ってきた。政府与党の意向に沿うことで関係を強化し、多額の振興策を引きだして雇用改善や経済成長につなげることを優先してきたのだ。

〝現実路線〟を支えてきた自民党や公明党の県連、そして最大の支持基盤である経済界が自ら旗振り役となって、当初態度を明確にしなかった仲井真知事に「県外移設」を掲げて立候補するよう迫った。選挙を有利に展開するために、という計算が働いたのは間違いないだろうが、県内情勢を踏まえ「県外移設」を掲げることこそが、沖縄の〝現実路線〟となったのである。

しかし仲井真氏が三三万五〇〇〇票余りを獲得し、伊波氏におよそ三万票差をつけて再選を果たした翌日、民主党政権の閣僚からは、仲井真氏の再選に対する認識の甘さ、というよりむしろ理解のなさ、無神経さを露呈する反応が出された。

(2) 沖縄タイムス、四月二六日

決め手は一一月の知事選。「選対部長を務めた翁長雄志《おながたけし》那覇市長が〈県外じゃ勝てない〉と忠告したことだろう」。知事周辺は、再選を見据えた戦術が影響を与えたと振り返る。辺野古から「最低でも県外」へ〝ちゃぶ台返し〟をした民主党に「責任を取らせる」（知事周辺）という思惑も後押しした。／「現実対応」に余地を残す知事が再び辺野古へかじを切ることはないのか。「県民を売ることはおそらくしない」。県幹部は、振興策をめぐる条件闘争で知事の考えが揺れ動く可能性を否定する。ならば判断基準は何か。「辺野古ができるか、できないか、だ」。

(3)　琉球新報社編『呪縛の行方─普天間移設と民主主義』（二〇一二年）は、県議会が二〇一〇（平成二二）年二月、全会一致で「国外・県外移設要求」の決議をした経緯を次のように描いている。

与党方針転換がてこに　「本件を可決することにご異議ありませんか」「異議なし」

二月二四日、県議会は「米軍普天間飛行場の早期閉鎖・返還と県内移設に反対し、国外・県外移設を求める意見書」を「退場なき全会一致」で可決した。反対がないため、簡易採決による静かな議決だったが、SACO（日米特別行動委員会）最終合意以来、普天間の県内移設の是非をめぐり対立をつづけてきた県議会が、一四年ぶりに一つにまとまる歴史的瞬間だった。

二〇〇九年一一月、**県政野党**が中心となって開催した「辺野古への新基地建設と県内移設に反対する県民大会」を受け、野党の間では県議会決議が検討された。しかし、自民党県連、公明党県本は大会参加を見送っており、「野党だけの決議なら既にある。ここで押し切っても、沖縄の民意は割れていると受け取られるだけだ」との慎重論があり、野党は全会一致に向けて与党へのアプローチを強めていくことになった。

県民大会後の〇九年一一月下旬、**自民県連**は「年内に政府方針が示されなければ、県外移設にかじを切る」と辺野古移設を容認してきたこれまでの方針を転換した。衆院選で政権交代という厳しい審判を受け「県外・国外移設」を求める県民の期待の高まりを痛感。県民世論にあらがってまで県内移設を推し進めることは難しくなっていた。自民党本部は現行案推進を堅持しているが、翁長政俊《おながまさとし》県連幹事長は、石破茂《いしばしげる》政調会長らに対し「沖縄の基地問題はオールジャパンの安保問題で片づけられる問題ではない。戦後、県民が抱えてきたくびきのようなきつい問題であり、沖縄の判断で決めさせてもらいたい」と訴えた。

公明党も〇九年一二月中旬、山口那津男《やまぐちなつお》代表が就任後初来県し、普天間飛行場や名護市を視察、沖縄の公明議員とも意見交換したが、ベストの県外移設を求めていくとする公明県本と、政権党時代に日米合意を尊重する党本部とで認識のすれ違いがあった。県本幹部は「齟齬《そご》というほどの溝はないが温度差はある。政党の問題というより、本土と沖縄の間にある差だ。どの党にもあるはず」と語った。

「党の主義・主張を超えて県民の立場に立つ」。自民県連、公明県本が方針転換のよすがとしたスタンスは、県議会での全会一致につながった。

最大公約数の模索続く　県議会二月定例会を明後日に控えた二月八日、意見書の提案に向けた与党と野党の代表による協議が始まった。一〇日間で計三回の協議を重ねたが、「表題に県外・国外移設の文言を入れる」という与党側の要求をめぐり、協議は平行線をたどっていた。**自民、公明県民会議**は「鳩山首相が衆院選時に〈最低でも県外〉と約束したことを突き付ける」と主張。これに対し、**共産**が「県外移設は国内の連帯を分断する。移設先探しでは結局、ブーメランのように県内に戻ってくるだけだ」と文言削除を求めた。

「退場なき全会一致」を目指して足並みをそろえてきた野党会派だが、与野党協議が進展しないことにいら立ちが募っていた。社民・護憲、社大・結《ゆい》は「共産以外は県外・国外に反対ではない」と超党派優先の主張を始めた。二月一九日、野党代表者会議として「各会派で個別対応」との判断を下し、一度は「退場なき全会一致」をあきらめる事態となった。しかし、政府に対して県議会の意思が割れれば、県民世論の反動は必至だった。二四日の本会議で意見書を採決するという段取りが固まる中で、表題を「国外・県外」として国外に重点を置くなど、最終局面まで全会一致に向けた模索が水面下で続いていた。原則を掲げてきた**共産**も「移設論の是非は、われわれにとって小異ではなく大異だ。一方で、政府が五月に結論を出すというのに、ここでもたつけば県民への背信行為になりかねない」(嘉陽宗儀《かようそうぎ》氏)と柔軟対応を決断した。

一方、調整段階の文案には「嘉手納統合案やキャンプ・シュワブ陸上案は地元自治体や地域住民が強く反対している」との記述もあった。両案は国民新党の下地幹郎《しもじみきお》衆院議員の持論であり、下地氏に近い**改革の会**は「特定の政治家を狙い撃ちする政治的意図がある」と反発し、削除させた。結果的に改革の会も全員が賛成に回ったが、下地氏は「県外・国外と言う時期ではない」と意見書に反論する。改革の会は「県民の第一志望を表明した」と述べ、今後の展開によって「現実対応」に含みを残す。

七　県民世論の変化─もう一つの契機

(1)　基地撤去の経済効果

昨今は、むしろ基地を撤去した方が、経済的にもプラスだと考える風潮が強まっている。①北谷町《ちゃたんちょう》ハンビー飛行場跡の商店街化、②美浜《みはま》の、埋め立て地を含む「アメリカン・ビレッジ」の活況、③那覇新都心おもろまちの展開など、がその裏づけとされている［以下略］。

(2) 基地と経済を関連させて論じてはならない［略］

八　少数意見（辺野古移設容認論）の存在

一年四か月前、「北部振興推進名護大会」で、島袋良和《しまぶくろよしかず》前名護市長が、「基地問題と経済問題はリンクする」と公言した。

昨年一二月末、荻堂盛秀《おぎどうせいしゅう》（北部地域振興協議会会長）は、小野寺五典防衛相に「普天間飛行場の返還合意から一七年たった。われわれもいいかげんに、ここら辺で終わりたい」と、具体的な対応を求めた。

二月二一日、名護市内のホテルで開かれた「危険な普天間飛行場の辺野古移転促進市民大会」（参加者一〇〇〇人余）で、島袋良和前名護市長が、「沖縄の自立経済、北部振興も辺野古移設なしに成り立たない」と訴えた。「誘致」への踏み込みである。主催は「北部地域振興協議会」（荻堂盛秀会長）。荻堂会長は、記者たちに「大会はこれまで。後は政治や知事に任せる」と断言した。この大会には、市議会（二七）の野党会派・磯之会（八人）のメンバーや、辺野古区の代表はほとんど姿を見せなかった。永山隆《ながやまたかし》（磯之会会長）は「われわれは条件つき容認。誘致はしない」と、立場の違いを表明している。

この「足並みの乱れは、残り一〇カ月を切った名護市長選にも影響。擁立候補の人選も難航している」。公明会派（二一人）の大城秀樹《おおしろひでき》会長は「辺野古移設に時間がかかりすぎた。稲嶺市長が勝ち、県外移設の声が広がった。もう手遅れだ」との見方を示す。島袋市政を支え、移設容認の立場だったが、「辺野古反対」に方針転換した。／市長選で移設容認の候補者が出た場合、大城会長は「スタンスが異なるならば、支持することはできない」と明言する。「民意も政治も変わった。次の選挙で移設容認を前面に出す候補者では勝てない」。仲井真弘多知事を支える公明党県本部とともに、県外移設の姿勢を貫くと強調する。普天間の返還合意から一七年。市内で移設反対の声が大きくなり、「容認派」の足並みにズレが出てきた。条件付きで容認する地元・辺野古区でも変化の兆しがある（沖縄タイムス、四月二一日）。

そして三月、辺野古区長選挙（四六年ぶり）、嘉陽宗克《かようむねかつ》当選。「条件つきで協議はする」と移設について明確な態度を示さず。／【沖縄タイムス、四月二四日】四六年ぶりの選挙は、くじ引き決着までもつれ込む接戦の末、防衛相にパイプを持つ「条件付き容認」派で、一三年間区長を務めた大城康昌《おおしろやすまさ》氏が敗れた。当選した嘉陽宗克氏も「条件付き容認」を踏襲するが、立場は微妙に異なる。嘉陽氏は、移設に反対する住民らでつくる「命を守る会」にも支持された。「反対の声にも耳を傾ける」と、前任大城氏が一度も訪れなかった同会の事務所を訪ねていた。守る会のメンバーは「彼の言葉は信用できる」と期待する。／区の総意を決める行政委員会。区内一〇班に分けられた各班から選挙などで選ばれた代表者一〇人と、区出身市議、前区長ら計一八人で構成する。委員会は基地関連収入を柱とする年間約二億円もの予算配分など重責を担う。政府が「地元同意」の一つとする区の「条件付き容認」も、二〇一〇年五月の行政委員会で決議された。委員会内には、移設問題を扱う「代替施設等対策特別委員会」があり、名護漁協長として政府に埋め立て同意書を提出した古波蔵《こはぐら》広《ひろし》氏が名を連ねている。古波蔵氏は大城前区長とともに、辺野古容認を強力に推し進めてきた中心的な人物。両氏は昨年三月、県防衛協会の国場《こくば》幸一《こういち》会長（国場組社長）が米上院のレビン軍事委員長らに辺野古移設を要望した訪米にも同行している。古波蔵氏は、区長選に続き五月に改選される行政委員に外れる公算が大きくなっている。同氏が住む一班では、「移設反対」を訴える稲嶺進市長を推した地域の実力者が就任を決めた。区長による推薦枠にも含まれていないとみられている。／区の「条件付き容認」は、前提となる「条件」が区民に明確に示されたことはない。〇六年に行政委員会が決議した「一世帯一億五〇〇〇万円の一時金」という法外な要求に政府の保証はなく、東日本大震災後の財政状況などから区民の間では実現性を疑う声も強まっている。移設案が浮上して一七年。行政委員会では移設問題を何度も議論してきたが、区民全体で話し合うことはほとんどなかった。嘉陽区長は「区民あっての行政。ある程度容認する人も、反対する人も、いっぱいいる。しっかりと向き合っていきたい」と、開かれた区行政への覚悟を語る。稲嶺市長誕生後、市内外で「辺野古反対」の声が高まった。「地元の地元」辺野古区でも、変化の波が押し寄せている。

九　海兵隊のグアムなどへの移転問題とアメリカの財政危機

与那嶺路代《よなみねみちよ》「安全保障の脅威は〈借金〉／軍トップ異例の警告」（琉球新報社編『呪縛の行方―普天間移設と民主主義』二〇一二年）

普天間飛行場の返還・移設問題をめぐる地殻変動は、沖縄社会のみならず、米本国でも起きている。史上最悪の財政危機に見舞われている米国内で、軍事費削減を求める声が高まり、海外駐留米軍の撤退論が浮上している。米軍普天間飛行場返還・移設問題でも、沖縄の根強い反対を挙げ、辺野古移設を困難視する見方が識者の間で広まっている。

二〇一〇年一二月二五日、米議会でオバマ大統領が一般教書演説、肥大化する財政赤字（一兆三〇〇〇億ドル）を受け「五年間の歳出凍結」発表。一年前は「国防費は別」としたが、今度は国防費も聖域から外された。

米軍の在り方と軍事費をめぐり、最も紛糾しているのは連邦議会だ。メディアを通して主張したり、独自の行動を起こしたりと、各議員が動きを活発化させている。

三月、米の「歳出削減」発動。国防費は今後一〇年間で五〇〇〇億ドル（約五〇兆円）の削減が迫られている。国防総省の年間予算は約六〇兆円。単純計算で毎年約一割の歳出削減が続くことになる。

四月一〇日、米国防総省、二〇一四会計年度（一三一〇～一四〇九）の国防予算案を発表。在沖縄海兵隊のグアム移転関連費を八六〇〇万ドル（約八六億円）を計上。昨年度は二六〇〇万ドルだったから、大幅増。「グアム移転・増強計画約二四〇億ドルからすれば〝ごくわずか〟」（赤旗、四月一二日）。「しかしグアム移転事業の米側負担総額五五億ドル（約五五〇〇億円）から見ると、わずかにすぎない」。一〇会計年度三億ドル、一一会計年度一億ドル、一二会計年度ゼロ、一三会計年度二六〇〇万ドル、一四会計年度八六〇〇万ドル（沖縄タイムス、四月一四日）。

一〇　嘉手納より南の基地返還問題

四月五日、日米両政府、「嘉手納より南の施設・区域統合計画」発表。安倍首相、ルース駐日米大使に「普天間移設と嘉手納より南の六施設返還を一括実施（パッケージ）」強調。米側、普天間に触れず。ヘーゲル国防長官は合意を評価する声明を発表したが、日本側が期待していたオバマ大統領の声明はなかった（沖縄タイムス、四月一七日）。

四月六日、小野寺五典防衛相来県、仲井真弘多知事と会談。防衛相は「日米両政府が合意した米軍嘉手納基地より南の施設・区域の返還・統合計画」を説明。防衛相は会談後、「今回の返還は辺野古移設にリンクしているわけではない」と述べ、「辺野古移設」と「六施設返還・統合」は関連しないと明言。首長との会談で防衛相の山内正和地方協力局長は「返還・統合計画が実施された場合、在日米軍専用施設の負担割合の軽減度は現在の七三・八％から七三・一％への減少にとどまる、辺野古移設だけが行なわれた場合は七三・五％になると説明。仲井真知事は「長すぎる。九年固定化ということだ」と述べ、県外移設が早期返還につながるとの認識を重ねて表明。

一一　海外基地への、アメリカ国内の反対世論の高まり

四月九日、米上院軍事委員会公聴会。マケイン上院議員「われわれは〝在沖海兵隊のグアム移転計画のマスタープラン〟を何度も要求してきた。提出する気はあるのか」。↓ロックリア太平洋軍司令官「提出がいつになるかはわからない」。米海兵隊のエイモス総司令官「国防費の自動強制削減で、在沖海兵隊のグアム移転計画が確実に遅れる」。

四月一三日、米テレビネットワーク大手NBC電子版、「沖縄はまだ戦争が終わっていない」と題し、米普天間飛行場の辺野古移設に対する県民の反対を報じた。「日本は主権回復から六一年の節目を祝おうとしているが、ある地域は反対している」、「辺野古移設に多くの県民が不満を抱いている。しかし、日米政府は現行計画を変える様子はなく、県民の闘いが続く見通しだ」。

四月一六日、米下院軍事委員会の公聴会で、米海兵隊のエイモス総司令官「国防費の自動強制削減で、在沖海兵隊のグアム移転計画が確実に遅れる」。／国防総省が今後一〇年で五〇〇〇億ドル（約五〇兆円）の歳出削減を課されることについて「海兵隊は既に約二万人の兵力削減に取り組んでいる。このような歳出削減が続けば、米国が海兵隊を保持し続ける理論的根拠すら薄れる」と述べ、組織の存続基盤に影響が出ると危機感を示した。

四月一七日、米上院軍事委員会は、「日韓独の駐留米軍の経費に関する報告書」を公表。在日米軍駐留費（思いやり予算）の日本側負担の減少に伴い、米側の負担が増加。在沖米海兵隊グアム移転は

コスト増を招くと警告し、是正に向けた法案の検討を始めたことを明らかにした。米普天間飛行場の移設については、実現に懐疑的な見方を示した。／同委は、普天間の名護市辺野古への移設について、環境影響評価書や埋め立て申請書が県に提出されたことなどを踏まえ、日米両政府が完成時期を二〇二一年と示した点について「実際には県知事が申請を拒否する権限を持っている」と指摘。県民の反対が強い現状を挙げ、実現に懐疑的な見方を示した。移設まで継続使用する普天間については、老朽化が進んでいることから、補修費が高額となる可能性を指摘。オスプレイの格納庫や滑走路などの整備費に約一億八〇〇〇万ドル（約一七六億円）が見込まれるとし、移設問題の停滞で米側の負担が膨らむことを懸念した。／また、日米両政府が五日に公表した嘉手納より南の施設返還計画について、グアム移転や辺野古移設などと密接に関連していることから、計画書で示された返還時期を疑問視した。／一方で、思いやり予算の日本側の提供施設整備費（ＦＩＰ）が、一九九二年度の約一〇億ドルから、二〇一二年度の約二億ドルと、八割減少したため、米側の負担が拡大しており、在日米軍の維持が米国防費を押し上げていると警鐘を鳴らしている（沖縄タイムス、四月一九日）。

一二　自民党内の造反議員登場と、本部・県連の対立

三月二六日、自民党の西銘恒三郎《にしめこうさぶろう》衆院議員、自民党の国防部会・安全保障調査会合同会議で「果たして県外移設の可能性があるのか」と、県連や知事の方針に疑義を表明した。また「仲井真知事は〈県内移設に反対〉という表現は一回も使ったことがない」とも述べた。同じ会議で、小池百合子《こいけゆりこ》元

防衛相は「沖縄の先生方が戦っているのは沖縄のメディア。あれ（地元メディア）と闘って今回も当選されてきたということは、沖縄のメディアが言っていることが本当に県民を代表しているとは、私ははっきり言って思わない」と発言した。これに対し、国場《こくば》議員は「（闘っているのは）沖縄のメディアじゃない。日本国民として安全保障を真剣に考えていただきたい。メディアうんぬんではなく、沖縄の問題でもなく、日本として自立した国家としてアメリカとの関係をいかにして構築していくか、最大限の共通認識として国防部会で持ってほしい」と訴えた（沖縄タイムス、三月二七日）。「一方、県連の幹部は「七月に参院選を控える中、なぜ県民感情から乖離した発言をする必要があるのか。個人の政治信条があるのだろうが、自分が満足すればそれでいいのか。あまりにも幼い対応だ」と不快感を示す（沖縄タイムス、四月四日）。

四月二二日、参院予算委員会で、県選出の島尻安伊子《しまじりあいこ》内閣府政務官（参院議員）、辺野古移設について、二〇一〇年の参院選で掲げた「県外移設」との選挙公約を事実上撤回し、辺野古移設を容認する考えを示した。「沖縄の発展のため、日米合意に基づいて進んでいくことが道である」などと述べた。

『琉球新報』四月二三日は、次のように論評している。二人の「公約撤回」について、政府関係者は「県外は日米両政府が全く検討していない」と歓迎。今後他の議員にも圧力をかけるとみられる。県連幹部は「議論を蒸し返す話。県連大会で承認していた」と憤り、両氏を突き放す声もある。県連には参院選が近づく中での「公約破り」に焦りも隠せないが、ある県議は「今がぎりぎりの時期とは思えない」と、普天間の固定化懸念を公約撤回の理由に挙げた両氏への不満を隠さず、「自分の発言は自分で責任を取ってもらわないと困る」とくぎを刺す。別の県議は「また転んだか」と、民主党政権時代の移設問題の迷走を重々知りながら、軽々に公約を撤回した姿勢にあきれる。

三月一七日、自民党党大会前に、菅《すが》義偉官房長官と自民県連の翁長政俊《おながまさとし》会長が面談。菅「政府は日米合意を推進する立場です。県連にも、ぜひ理解してほしい」→翁長「県連は民主党時代から一貫して県外移設の方針を堅持している。受け入れることはできません」→菅「会長、これは安倍晋三首相が首脳会談でオバマ米大統領と約束した結論です。守らねばなりません」→「政府は県連に方針転換してもらい、仲井真弘多知事に埋立承認をもらいたいでしょう。仮に政府の思惑どおりになった場合、沖縄の政治状況がどうなるかお分かりですか？ 県民は反発し、七月の参院選、年明けの名護市長選、来年秋の知事選、すべて辺野古推進候補が負けますよ。勝つのは県内移設反対派です。こんな状況で、どうやって辺野古に基地を造るんですか？」官房長官は言葉に詰まっていた（沖縄タイムス、四月七日）。

三月二二日、国、辺野古の公有水面埋め立て承認申請を県に提出。仲井真知事「辺野古移設は極めて困難」。

三月二六日、那覇市議会「名護市辺野古沖の埋め立て申請に関する意見書」全会一致採択。

三月二六日、名護市議会「申請に抗議し、撤回を求める意見書」賛成多数で可決。移設を容認する市議会派「磯之会」（長山隆会長）は「進捗に応じて会派で（容認に向けた）条件などを話し合うことがあっても誘致はしない」という。

四月六日、自民党沖縄県連（翁長政俊会長）第四四回県連大会を開催。「普天間飛行場の県外移設を推進する政策」を改めて確認。来賓として出席した石破茂幹事長は報道陣に対し、「このまま選挙を迎えていいとは思わない」と述べ、七月の参院選の公約で県連が県内移設を掲げるよう協議を続けたい考えを示した。石破氏は会場のホテル内で仲井真弘多知事とも約三〇分間会談した。

『琉球新報』四月七日の報道は次のとおり。石破氏の「露骨な圧力」に対して、県連幹部は「方針を変える事情は全くない」と強調した。大会で県連は県外移設を政策として正式に決定。参院選の公約は手続き上、党本部との協議を経る必要があるが、翁長政俊会長は大会後、「県連の基本姿勢は県外の堅持だ。おのずと結果は読める」と述べ、基地問題に関する政策は独自の地域政策（ローカルマニフェスト）を掲げて臨むことになるとの考えを示した。／二〇一〇年参院選以降、県連は県外移設を訴える地域政策で国政選挙を戦ってきた。しかし党が政権に復帰した以上、本部《ほんぶ》は県連の立場を理解しつつも、表向きは日米合意を推進する政府を支える政権与党として県連の意向を簡単には認められないだろう、との見方だ。県連側としては「沖縄の言い分を理解してもらう努力を重ねていく」（翁長氏）と、県外移設への理解を得る機会として協議に応じていく考えだ。／一方、県連内では西銘恒三郎衆院議員が県外移設の実現性に疑問を呈するなど、異論も出ている。元県連会長の具志孝助《ぐしこうすけ》県議も、普天間の危険性除去を最優先すべきだとして辺野古移設を選択肢とした論議を求めており、県連もまた課題を抱えている。

五月二〇日、自民党は、米軍普天間飛行場の県内移設について夏の参院選公約に明記しない方針を固めた。県連が地域版公約で「県外移設」を訴える姿勢を崩さないため配慮が必要と判断した。

五月二二日、自民党の全国政調会長会議。七月の参院選に向けた党公約で、米軍普天間飛行場の移設先について「県内」「辺野古」を明記しない方針を正式に決定した。一方で会議に出席した県連の座喜味幸一《ざきみこういち》政調会長は「県外移設」を明記した独自公約を近く発表する方針を党に伝えた。

一三　沖縄の世論の現状

『沖縄タイムス』四月一二日が、沖縄タイムス社と琉球朝日放送（QAB）の世論調査の結果を報じた。普天間飛行場の辺野古移設に「反対七四・四%、賛成一五・〇%、どちらとも言えない一〇・三%」。昨年四月の沖縄タイムス社と朝日新聞社の世論調査では「反対六六%、賛成二一%、その他・答えない一三%」だった。全国の世論調査（昨年三月下旬、共同通信）は、「埋立申請」について「評価する五五・五%、評価しない三七・六%」と、沖縄と対照的である。／沖縄の米軍基地の在り方について「全面的に撤去する四九・三%、縮小する三九・三%、今のままで良い六・四%、わからない五・〇%」。今回は「撤去」が「縮小」を上回った。／普天間の移設先について「国外三七・二%、沖縄以外の日本国内三三・四%、県内一二・六%、移設でなく閉鎖一五・四%、そのままでいい一・五%」／埋立申請について「評価する一七・八%、評価しない八二・二%」／申請をめぐる仲井真知事の可否判断について「承認すべき一四・七%、拒否すべき七七・三%、わからない七・九%」。

安保条約・地位協定・国防問題をめぐって、本土と沖縄の世論は大きく分裂している。本土は八割が安保条約に賛成している。その安保条約によって置かれているアメリカ軍基地の七四%を沖縄に押付けていることを顧みようとしない。地位協定がアメリカ兵の暴虐な行動を許していて、日々被害を受けていることを痛みとは感じてはいない。日本を防衛するために、自衛隊を容認し、それを国防軍に変えようという動きにも、鈍感のように見える。

皆さんがこの「八割」に与《くみ》していないことは承知しているが、この状況はとても容認できることではない。「安保に賛成する本土に、アメリカ軍基地を引き取ってもらおう」という声が、沖縄ではしだいに高まってきた。「差別」だとの声もある。

アメリカ軍基地を撤去させる問題は、日本の世論の変化を待っていて済むことだろうか。それは、いつになるのだろうか。むしろ、アメリカの財政問題と、アメリカの軍事戦略の見直しという側から、変化していくことに、期待をかけた方がいいのだろうか。

一四　おわりに

①軍事基地は、戦争のための備えであり、戦争の準備を日々くりかえしている施設である。戦争を否定する立場から、軍事基地を容認することはできない。②そして、その軍事基地が、アメリカ軍の軍事基地が、外国である日本―本土と沖縄―に、今も置かれているのである。もはや第二次大戦後七〇年近くにもなる。「冷戦時代」もとうに終わった。この長きにわたって、外国の軍隊が、戦争をするために、わが国に駐留し続けていること、これはいかにも時代錯誤ではないか。③いかなる戦争にも正義を認めてはならない。私の中にも、かつてはアメリカと戦う戦争は正義だと考えて、例えばベトナム戦争をよしと見たときがあった。それは間違いであった。戦争と、戦争につながるすべてのことを、もちろん軍事基地を含めて、絶対的に否定する立場に立ちたいと思う。それが憲法九条の精神なのではないのか。

（二〇一三年度・倉敷革新懇談会記念講演、二〇一三年六月一日）

28　近づく沖縄県知事選と沖縄経済

今回の知事選の性格

いま日本政府（安倍内閣）は、宜野湾《ぎのわん》市在の普天間《ふてんま》基地の移転先だと称して、名護《なご》市辺野古《へのこ》の海を広く埋め立てて、新しい基地を建設しようとしている。その進め方の強引さと、地元世論にはいっさい耳を傾けない独善的な態度は、多くの沖縄県民の怒りをかっている。

ところで、つい最近まで、沖縄では「オール沖縄」という状態が生まれていた。普天間基地（飛行場）を運用停止、あるいは撤去せよという要求を掲げ、その代替施設、すなわち新しい軍事基地の建設も認めないということで、県民世論は一致しているかのように見え、また見られていた。一三年一月には、県内四一市町村のすべての首長と議会議長、県議会議長などが署名した「建白書」を安倍首相に手渡した。彼らは東京で、ヘイトスピーチの妨害のなか、デモ行進までも実施した。九月には、県議会・県市長会・県市議会議長会・県町村会・県町村議会議長会の五団体が、オスプレイの強行配備に対して抗議声明を出した。

しかし、仲井真弘多《なかいまひろかず》知事は、自らの真意を隠し続けていたのであった。代替基地を認めてほしいという政府からのたびたびの申し入れに対して、「辺野古は難しい」「県外（に決めた方）が早いのではないですか」と答え続けていたのである。ところが、水面下では政府と交渉を続けていたらしく、政府から多額の予算を提示されると、懸案だった「辺野古海域の埋立」申請を認めたのである。知事は「私は辺野古反対とは言ったことがない」と詭弁を弄しているが、県民の多くに「知事も辺野古には反対」という印象を与えていたのだから、寝返ったというべきである。公約違反といわれる状況になったのである。

そこで、一〇月三一日に告示され、一一月一六日に投票されることになる知事選が俄然注目されるようになった。この選挙は、辺野古に新しい基地を建設させるか、それとも、その建設に反対の意思を表明するかの、決定的な対立のもとで戦われることになる。

基地撤去を求める沖縄県民

戦争とさまざまな軍事活動の拠点である基地、しかもそれが外国（アメリカ）のものだという事実、さらに戦後七〇年にわたって居すわっているという理不尽。したがって、その軍事基地（と軍人）がもたらす事故と事件に、くりかえし被害を受け続けている沖縄と沖縄県民。この事態について、これまでなされてきた、「戦争の抑止力だから」、「日米同盟が大事だから」などという説明は通用しなくなってきた。

沖縄県民は、去る第二次世界大戦の一環であるアジア太平洋戦争において、地上戦を経験した唯一の日本国民であり、戦争の悲惨さを体で感じとっている国民である。戦争に反対する気持ちはとりわけ強い。その沖縄を、戦後、アメリカ軍の支配に委ねたのは日本政府であり、一九五一年調印・五二年発効の「サンフランシスコ条約（対日講和条約）」であった。この条約によって、アメリカ軍の占領支配から脱却できた、「独立」を得たと祝ったのは、まさに「沖縄」を切り捨てた「本土」のみがそうだったのである。それから二七年間、沖縄は軍事占領支配におかれ続けた。安倍内閣は、内閣成立早々の同条約の発効記念日に、祝典を催し、沖縄県民の反発を受けた。沖縄では事前にこれに抗議する集会が「オール沖縄」で開催された。

その沖縄に、ほかならぬ軍事基地を広く設定させておいて、いままた新しい基地を建設しようというのである。「もう、がまんできない」というのが、多くの県民の心情なのである。

基地をめぐる沖縄経済の現在と将来

ところで、近年の沖縄の世論は、沖縄経済の認識についても大きく変化してきた。自分はくわしいことはわからないが、沖縄経済は「基地経済」といわれており、どうも基地なしには沖縄経済は成り立たないのでは、と考える人びとがこれまでは多かったのである。

しかし私は、一九七二年の日本復帰後まもなくから「もはや基地経済ではない」と指摘してきた。それは、政府の財政投資の増大によって、経済規模が大きくなり、「基地収入」（軍用地料・軍雇用者賃金・アメリカ軍の物資やサービスの調達代金などで構成される）の占める割合＝「基地依存度」が低下したからであった。数字を示せば、アメリカ占領下後半（前半はデータがない）は二八〜一七％（ベトナム特需期は二〇％）、復帰時に一〇％前後、いま五〜六％である。

しかしまず世論をとらえたのは「3K経済」論であった。たしかに、復帰後は財政投資が増えているからこれを「公共投資」と表現して一つのKとし、そのご目立ってきた「観光」をもう一つのKとし、それでも「基地収入」を捨てずに三つめのKとして、三つのKで特徴づけたものである。素人受けのする、マスコミ好みのこの特徴づけが、ひろく浸透していた。実態として、「基地収入」の比重は、復帰後すぐに大幅に低下したのだったから、この理解が克服されるのは時間の問題だったともいえるかもしれない。今では、基地依存度が五%前後にすぎないという理解が浸透してきた。そして「もはや基地経済ではない」という理解が主流になりつつあるのではなかろうか。私は、そこから「基地がなくなって被る打撃は小さく、そのマイナス面をカバーすることは難しくない」と論じている。

沖縄経済の理解に関して、最近になって新しく加わった要素は、「基地があるので財政的に潤ってきたかのような理解は、どうも事実に反する」「基地返還跡地の開発はめざましく、基地が無くなった方がむしろいい」というものである。このことが、近年の沖縄世論をとらえているのは間違いない。どちらも、沖縄県当局が発表したデータに基づいている。このことは「基地反対」の機運をグンと高めた。戦争や軍事基地には反対というのはもともと圧倒的に多数派だったが、「経済」で足踏みする人が少なくなかったのである。しかし、今や「経済」でも迷うことはないことが分かったと、人びとは思うようになった。

ただ、このことについては、私は次のように指摘している。①財政については、そもそも「本土並み」になっただけで大幅に増大したのだったのだが、近年は「基地受け入れの見返りとしての沖縄特別財政措置」というのが目立ってきている。この点は注意が必要である。②基地返還跡地の開発は、それまで何もなかった（軍事施設しかなかった）所に、にぎやかな街が出現するのであるから、「よかった」と思う人が多いのは当然であるが、それは収支計算をしっかりして実際の効果を確かめなければならず、なお評価は保留しておきたい。例えば、那覇市の「新都心」の繁栄の裏側で「旧都心」の衰亡があるのである。③そして、「開発」というものがいつまでも同様に進展するとは限らず、飽和状態といわれる大型ショッピングセンターを核にした再開発は、無限には可能ではないということである。④農業は土地が少ないから停滞しているのではない。工業は用地が多く準備されているのに立地が進んでいかない。基地用地が返還されても、農業や工業の展開とは関係がないのである。⑤現状は、観光客の増加が目立っており、そのためにホテルの建設が続いているが、そのことと関連した分野には希望があるかもしれない。

そして私が強調しているのは次のことである。「基地が撤去されたら経済が発展する」というのは、「経済が発展するだろうから、基地に反対する」という論理につながり、「経済が発展しないのなら、基地には反対しない」という論理と同居しているのである。だから、私は「経済と基地を結びつけて論じてはならない」と言っているのである。基地は絶対悪、何としても撤去させたい、例え経済に悪影響があったとしても、基地は撤去させたい、これが私の主張である。

もっとも、知事選の戦いのなかでは私の主張はかき消されるであろう。それは致し方ないことである。また、それほどに、今の沖縄は「基地撤去」に燃えているといっていい。

知事選の展望

県知事選が近い。それはどのように展開するのだろうか。私の観測を述べてみたい。これまで争点は、基地か経済か、となるのが常であった。基地には反対だが、経済を考えると「保守」に入れようという心理が働いていたのである。それでも沖縄では何度も「革新」が勝利した。おおまかにいえば「保守」と「革新」が代わり番こに勝利を得てきたのである。このことからすれば、保革の基礎票は50：50で、人物と情勢によっていずれかが勝利するといえる。また、争点から基地問題が弱められれば「保守」が勝つ。そこで、今回もそうだが、「辺野古問題は結論が出ていて、知事選の争点ではない」と政府筋は言いたがるのである。

今回の「人物と情勢」はどうか。「変節漢」仲井真に対する候補は、経済界の一部と「革新」も一致して推している人物、「保守」を自認してきた、翁長雄志《おながたけし》那覇市長である。その彼が「保革を超えて、沖縄のアイデンティティーを守ろう」という立場を表明している。問題はない。情勢はどうか。県民の多くが最近まで築かれていた「オール沖縄」を崩すなと燃えている。基地はない方がいいと考える人が増えている。辺野古基地の建設工事は、多くの反対を無視して強引に進められている。沖縄経済を「守る」のに、ぜひとも財政資金を大幅に導入しようという意見は大きく弱まっている。

なお、安倍内閣の路線は、沖縄にだけ基地を押しつける「沖縄差別」との声が日増しに高まってきており、沖縄では「琉球独立論」が盛んになってきた。私はこのことについては中立だが、日本の全土から米軍基地をなくし、日本を戦争する国にしないためにも、沖縄県知事選挙は重要な意味をもつ。

（新日本出版社『経済』二〇一四年一一月号）

第二部　沖縄経済論——書評

1　基地返還反対の経済論（書評・牧野浩隆著『再考 沖縄経済』）

論争的沖縄経済研究者、熱血漢、牧野浩隆《まきのひろたか》氏の著書が出た。『再考 沖縄経済』（沖縄タイムス社、一九九六年一二月）である。その内容を紹介し、若干のコメントを加えたい。

本書の構成

本書は四つの章から構成されている。

第一章　沖縄経済にとって、いま何が問題か
第二章　地域開発政策の転換と沖縄経済
第三章　南の国際交流拠点への一視点
第四章　「国際都市」の陥穽―昨今の県経済に寄せて―

第一章以外は既発表の作品であるが、著者にしたがって、その執筆動機と発表の経過などを整理しておく。まず、第一章は、沖縄タイムスがこの著書を編集するに当たって、牧野氏に「要請」し、それで「急遽《きゅうきょ》書き下したものである」（二八九頁）。この表題自体が「編集者から課された…設問」であ

った（一一二頁）。第二章は、政府の「地域開発政策」が「大きく転換し」て、「生産拠点の海外シフト」すなわち「国内産業の空洞化」が進んできた。このようななかで、「シンガポール、台湾、タイ、ホンコン、中国、インドネシア、マレーシアへ数回にわたって現地調査に赴い」てまとめたもので、「企業誘致に依存してきた従来の地域開発方式が破壊され」てきたという認識に立って、沖縄経済の課題を提起しようとしたものである（二九〇―二九一頁）。第三章は、その「現地調査した中から台湾経済を例にと」って、「外に目を向けるより、脆弱な［沖縄―評者］内部の経済的諸条件の強化に取り組むことが先である」ことを主張したものである（二九一頁）。第四章については、その「動機」あるいは「問題意識」は三つあって、第一に、普天間飛行場の全面返還などの新しい事態に直面して、「いわゆる基地関連収入を代替する産業開発をいかに構築していくかという緊張感を覚えた」こと（二八七頁）、第二に、国際都市形成構想が「突如として」出され、それが「基地返還要求とそれによって引き起こされる県経済への打撃」の「救済策であるかの［ような―評者］役割を負わされて」いることに対して、問題点が多いし、「性急すぎ」る進め方に疑問をもったこと（二八八頁）、第三に、基地関連収入の大きさや大事さを指摘することが「非〇〇［国民―評者］扱い」されるような、「異様としか表現しえない政治的・社会的な意識が支配的になった」現状を憂えたこと、である（二八八頁）。この第四章の執筆動機は、そのまま本書の執筆動機と受け止めてもいいであろう。

第三章と第四章は「沖縄タイムス」紙に掲載されたものである。執筆時期は一九九二年から九六年にわたっている。著書全体の構成は論理的になされているわけではなく、各章間の重複は少なくない。

沖縄経済にとって、いま何が問題か（第一章）

第一章の「はじめに」の冒頭で、著者は次のように述べている。

「沖縄経済振興開発に対する筆者の問題意識は、一九九〇年ごろを境に大きく転換した。それまでは、政策当局による手厚い産業保護・育成政策を積極的に展開しなければならないとの認識に立脚していた。しかし、それ以降は、沖縄経済にとってきわめて過酷ではあるが、人材育成と産業技術のインプットこそ最重要課題であり、自助努力と内発的産業振興を重視する経済意識とシステムをいかに構築していくかが問われているとの認識に立っている」（一一頁）。

すなわち、著者は以前は、沖縄がアメリカ占領下にある間に「生じた落差」を解消させねばならず、そのためには「本土で展開されたと同じような手厚い産業保護育成政策がきわめて重要」と考えていた（同頁）、しかし、今ではそうは考えなくなった、という。これに対して、今は、政策に頼るのではなく、「自助努力」が必要で、それによって「内発的産業振興」をめざすべきであると考えるようになった、という（五七頁）。

著者は、「振興開発事業に投下された事業費の累計は四兆九五〇〇億円余に達し、多大な成果をあげている」といいつつ、「産業振興＝企業誘致の実績」はどうかと問うて、「何らみるべき実績をあげてはいない」と自答している（四三–四四頁）。その原因を何に求めるべきか。それは「企業を魅了する経済的諸条件の欠如、企業誘致に対する認識の深度、客観情勢の変化に応じて企業誘致政策の妥当性の再検討を怠ったことなどが相乗した結果である」（四四頁）と主張している。これを「総論」と名付けることにする。

次にこれを「概略的に検討」するとして、次のように四つにまとめている。これを「概論」と名付けることにする。①復帰直前に可能性のあった「大型外資導入が挫折を余儀なくされたこと」、それは日本政府と本土資本側の責任である（四四–四七頁）。②一九七三〜七四年と、七九年の二次にわたる「オイルショックによって戦後最大といわれた不況にみまわれた結果…企業誘致どころではなくなったこと」、これは如何ともしがたいことであった（四七–五〇頁）。③は二つに分かれる。「沖縄経済内部における認識・自助努力の欠如」が一つであり、「企業誘致」がつぶれた時点で「それに替わるべき産業振興のあり方を真剣に検討し、かつ取り組むべきであった」にもかかわらず、そうはならなかった。財政投資によって深刻な不況を本土のようには受けなかったからである（五〇–五三頁）。③のもう一つの指摘は、「時代の潮流に逆行したともいうべき〈企業つぶし〉の政治意識が吹き荒れたことである」。「日米両政府＝政治の論理の背景には、資本の論理が存在するという〈国家〇〇［独占–評者］資本主義〉的な政治・経済観から」、例えば「本部《もとぶ》開発公社」を打ち壊した（五三–五五頁）。④「一九八五年九月のプラザ合意以降の急速な〈円高〉により〈生産拠点の海外シフト〉が進行した結果、従来の〈工場の地方分散〉による地域開発政策が効力を発揮しえない事態に突入したことである」（五五–五六頁）。

この章の結びは次のようになっている。これを「結論」と名付けることにする。「沖縄経済にとっていま何が課題であるのか—結論を先にあげれば、沖縄経済にとってきわめて過酷なことではあるが、人材育成と産業技術のインプットこそ緊要の課題であり、自助努力と内発的産業振興を重視する経済意識とシステムをいかに構築していくかが問われているのである」（五七頁）。

「総論」と「概論」と「結論」を並べて比較すると、「総論」にあった「企業を魅了する経済的諸条件の欠如」については、「概論」でも「結論」でも触れていない。「総論」で「企業誘致に対する認識の深度、客観情勢の変化に応じて企業誘致政策の妥当性の再検討を怠ったこと」と表現されたことは、「概論」では③の一として受け継がれている。それは「沖縄経済内部における認識・自助努力の欠如」の指摘であり、「企業誘致…に替わるべき産業振興のあり方を真剣に検討し、かつ取り組むべき」との指摘であり、課題の提示につながる。ここでは「自助努力」が付け加えられている。「総論」ではなかったが「概論」で出てきたことは、①と②と、そして③の二である。①と②と④は過去のこと、あるいは外から与えられたことで、未来を展望するさいの課題とはならない。③の二は、「〈企業つぶし〉の政治意識」の批判であり、「〈国家独占資本主義〉的な政治・経済観」の批判であり、その克服は課題の提示につながる。そして「結論」では、これまで触れられなかった「人材育成と産業技術」が、前後の脈絡なしに導入され、「概論」の③の一に対応する「自助努力」と、③の二に対応する「産業振興を重視する経済意識」が、課題とされている。しかし、「産業振興」になぜ「内発的」という形容詞がついたのかの説明はなく、「内発的産業振興を重視する…システム」ということも突然ここで出てきた。それは第二章などで詳論されるのであるが、論理的構成という点で弱点といえる。

このようにみてきて奇異に感ずるのは、「総論」で指摘していた「企業を魅了する経済的諸条件の欠如」については、何も展開していないことである。「概論」の①に関連して、本土企業は「本土政府が電気、水、港湾等の産業基盤の整備に本腰を入れ、また、先発企業に対する手厚い優遇措置をとること」を要求したが、その「〈条件〉を充たす措置がなされてこなかった結果」本土企業は進出しなかった、と述べている（四七頁）が、そうではあるまい。そのような「産業基盤の整備」は沖振法と沖振計の目標であったし、そのために「振興開発事業に投下された事業費の累計は四兆九五〇〇億円余に達し、多大な成果をあげている」（四三頁）のである。

問題は依然として「企業を魅了する経済的諸条件の欠如」にあると、評者は考える。そして、その諸条件の一つは、確かに「産業基盤の整備」もそうなのだが、それだけではなかったのである。空港、港湾、道路が整備されていっても、企業は来なかった。電気や水の供給も以前ほど問題ではなくなっているはずなのに、企業は創造されなかった。ならば、「企業を魅了する経済的諸条件の欠如」というとき、その他の条件とは何かを明らかにすることが、ここでの主要な課題であるべきではないか。このことの認識で著者と評者は分かれているように思われる。

こうして、本来の主要な課題であるべきことを回避しつつ結論が導かれた。ともあれ、この章は「急遽」書かれたものであるし、内容は他の章で展開されている筈であるし、この章の構成について問題点を指摘することは、この程度に止めておくことにする。

なお、この第一章は次のように構成されている。①はじめに、②戦後日本の経済政策、③戦後沖縄の経済政策、④沖縄経済にとって、いま何が問題か。ここで評者が論じたのは①と④である。

地域開発政策の転換と沖縄経済（第二章）

第二章は次のように構成されている。第一節「貿易不均衡と経済政策の転換」、第二節「円高不況と地域開発政策の空洞化」、第三節「新たな地域開発政策」である。日米間の貿易不均衡、その是正策としてのプラザ合意（一九八五年九月二二日）、急激な円高の進行、日本の経済政策の転換、円高不況、その対応策としての円高不況業種の切り捨て、企業の海外進出という経緯をたどって、第二節の最後で「円高と地域開発政策の空洞化」を論じている。ここでは「従来の地域開発政策」が「企業誘致」にあったとし、これは先に述べてきた円高の進行などに影響されて、「空洞化」したとしている（用語として「空洞化」は適当か。国語辞典によれば「空洞」は「うつろ」であるから、「空洞化」は「うつろになること」である。減っていくとか、無くなっていくという意味合いである。著者がいいたいのはそうではなく、「政策が転換した」ということではないのか）。どのように転換したかは第三節で示される。

「新たな地域開発政策」は、「技術革新を背景に産業構造が高度化していくという潮流に沿って」考えられた（一二〇頁）。「技術革新・情報化の成果を活かした新規産業の創出、企業の新分野への進出」が必要であった（一二一頁）。ところで、全般的な産業構造については、「物財生産部門」（従来の一次産業と二次産業を統合した概念）が減少し、三次産業のうちの「知識・サービス生産部門」が増加するし、「就業構造」も同様である（一二一―一二四頁）。これは「都市型産業」の進展を予測したものであり、「地域経済は、企業誘致に依存してきた従来型の開発方式に見放されただけでなく、今後の発展が期待されている都市型産業の恩恵にもあずかれない―地域開発は二重の意味において〈空洞化〉する事態に陥ったのである」（一二五頁）。それでも、「新たな地域開発政策」は、「中枢管理機能＝産業の頭脳部分そのものを地域にビルトインさせることを打ち出してきた」（一二七頁）。そして

「経済運営五カ年計画」（一九九二年）では「新たな地域産業政策への転換」の項で、①地域内発型の産業振興、②研究開発機能、人材の育成を中心とした地域産業政策、③地域における新規産業の振興、を掲げたが、著者はそこに注目している。この①が第一章で突然出てきた感を与えた「内発型」のルーツであった。それはともかく、著者は続いて、これらが新規立法によって、具体的に支援する制度としていかに出来上がっているかを紹介する。

表題には「と沖縄経済」とあるが、沖縄経済に具体的に触れてはいない。著者の頭の中には、これだけの支援策があるのに、それには対応しないで、どうするつもりなのかという、県政への苛立ちがあるのであろう。

南の国際交流拠点への一視点（第三章）

「〈南の国際交流拠点〉ということが沖縄振興開発の一支柱として初めて位置づけられたのは、〈新全国総合開発計画〉においてであった」（一四九頁）。「一方、こうした理念は〈第一次沖縄振興開発計画〉にも取り入れることになった」（一五〇頁）。それは「〈第二次沖縄振興開発計画〉にも引き継がれ」（一五〇頁）、また「〈第三次沖縄振興開発計画〉に引き継がれ」た（一五一頁）。「ともあれ、上記のように、〈南の国際交流拠点の形成〉は、本土復帰を契機に二〇年余にわたって沖縄振興開発計画の理念の支柱として期待が寄せられてきた」（同頁）ものであった。

しかしながら、「〈南の国際交流拠点の形成〉を沖縄振興開発の起爆剤にしようとする昨今の期待感は、従来とは比較にならず、異常ともいえる高まりを見せている」（一五二頁）。その背景には、①

「国際的な相互依存関係が深まるにつれ、経済大国として日本の国際的役割が増大していることにかんがみ、その一部を沖縄が担い得る可能性が予想されるようになってきたこと」(同頁)、②「東南アジア諸国や中国沿岸地域等が近年ダイナミックな経済成長を遂げて」きたこと(一五三頁)、③「香港が一九九七年に中国へ返還されることにかんがみ、〈ポスト香港〉の候補地として沖縄にも可能性があるという期待感が存在していること」(一五四頁)、④「沖縄の振興開発」が「産業の振興面に関しては何ら実績を挙げていないことに対する反省と、他方では、東南アジアがダイナミックな経済成長を実現していることに着目したことから生じたものである」(一五五頁)、などがあるとしつつ、「おそらく第四番目に挙げたものこそ最大の要因である」(同頁)と述べている。

著者は次に、「ところで、[このような―評者]〈北〉が駄目なら〈南〉を向こうという恋慕は、単純に許容されるものであろうか」(同頁)と問い、そこには「多数の陥穽《かんせい》が潜んでいることが明かである」(同頁)と答える。

そして、「日本経済との関連で不利であれば、日本経済と一体をなす台湾経済に関しても不利である」(一六〇頁)のであり、「沖縄経済の視点からみた場合、〈本拠地〉たる日本経済と〈飛び地〉たる台湾経済の間には同一の経済的諸条件が存在している」のであるから、「沖縄にとって重要な課題は、〈跳び越された〉理由をこそ明確に把握し、その対策を講ずることである」(一六四頁)と述べる。更に、必要なのは「台湾の産業構造が急速に高度化した」実態を把握することであるとして、それを解説する。また、「いわゆる〈ポスト香港〉の候補地として」の可能性についての議論は、台湾と中国の間の「貿易を生み出した〈経済論理〉に関する検討を欠いたまま、両地域間の〈政治的不調和〉を前提にし」ていて（一七八頁）、それが変化しつつあること、香港が一九九七年七月一日に中国に返還されても（執筆はそれ以前）、「台湾が新たに輸出市場を開拓しなければならないという経済力学が働いてい」る（一八三頁）ので、それは本来「両者間で〈直接〉おこなわれるべきもの」であり（一八六頁）、「台湾側が香港の機能を変えることはないとみるべきであろう」（一八七頁）。

この章の結びの第五節で「沖縄経済の課題」を掲げ、「台湾経済が求めてやまない〈産業構造の高度化〉に対応しうる経済的諸要件を、どれほど沖縄経済が充たしうるかにかかっている。これは台湾経済の関知するところではなく、文字通り沖縄自体の要件充足をめざした努力が問われているのであり、充足いかんによっては逆に先方からネットワーク形成を求めてくる性質のものである」、だから「産業構造の高度化をめざす自助努力」が課題であるとする（一八九―一九〇頁）。こうして、課題はこの一点に絞られていく。

「国際都市」の陥穽（第四章第一節）

第四章には「昨今の県経済に寄せて」という副題が付いている。これが八つの節で構成されているが、その第一節は「怒り、感動、そして苛立《いらだ》ち」と題して、執筆の動機を述べている。

「〝怒り〟は、昨年（一九九五年）九月に起きた米兵によるいたいけな少女に対する暴行事件。…〝感動〟とは、事件がきっかけとなったとはいえ、米軍犯罪の根絶、謝罪と補償、地位協定の見直しに加え、〈米軍基地の整理・縮小〉を求めて決起した県民のエネルギーに対してである。…〝苛立ち〟とは、戦後沖縄の政治・社会・経済領域における諸々の難題は…〈米軍基地あるが故に…〉ということで概略的に説明がつくと認識しているにもかかわらず、基地の全面返還要求はあまりにも唐突に思え、全面的には同調しえないある種のわだかまりを禁じえなかった自家撞着のためである」（一九九―二〇一頁）。

このうち〝怒り〟と〝感動〟は、ここで論ずることはあるまい。問題は〝苛立ち〟である。そこにこの章の執筆動機があることは明白であるからである。引用文をていねいに読み直してみよう。まず、「戦後沖縄の政治・社会・経済領域における諸々の難題は…〈米軍基地あるが故に…〉ということで概略的に説明がつく」という著者の認識が提示されている。よく言われる「米軍基地は諸悪の根源」ということと対応しているのであろうか。次に「基地の全面返還要求はあまりにも唐突に思え、全面的には同調しえない」と述べて、その不一致を自ら「自家撞着《じかどうちゃく》」と表現している。著者は、後者の「基地の全面返還要求」への不同意という心情からこの文章を執筆することにしたのである。

前もって指摘しておきたいことは、「米軍基地あるが故に諸々の難題がある」という認識について、評者は必ずしも同調しないということである。これをひっくり返して「米軍基地がなくなれば諸々の難題が解決するか」と問えば、必ずしもそうではないということが分かるはずである。それは「主要で、最大の」問題の解決にはなるだろうが、「すべての、多くの」問題の解決とはならない。殊に、ここで議論しようとしている「経済」の問題の基本は基地の返還ではほとんど解決しないし、それは経済問題としては必ずしもプラスではないという、現実的な認識こそ求められているのである。本書で著者が展開しているのは、まさにそのことと大きく重なっているはずなのに、著者がこのような一般に流布している「感情的な議論」に簡単に同調しているのはうなずけない。

著者の本旨は、後者の「基地の全面返還要求には同調できない」ということにあるし、それを経済問題として論じようとしている。これを次のように論じていく。

まず、「理念論に立てば基地の全面返還要求はあまりにも当然のこと」としているが、すぐに、このように「理念論に立つ」ことを拒否する。すなわち、「しかしながら」として、「理念のみで事態は動かせない」という「現実的」認識をとるように主張する(二〇一頁)。具体的には「経済問題」を見つめよということである(二〇二頁)。

そこに提起された「国際都市形成構想」が、①「基地返還要求に起因する経済不安を打開できるかのような」偽った「衣装をまとっ」ていること、②「十分な検討を欠いたまま」だという、二つの点から、著者の「〝苛立ち〟を増幅させた」と告白している(同頁)。

評者は、「国際都市形成構想」については、①も②も、著者とほとんど同一の見解である。意見の分かれは、これに続く次の部分である。

基地返還要求に反対なのか(第四章第一節、その二)

「それにしても、理念論の立場から基地返還要求に対する批判ないし反論を許容しないとの論調がなんと支配的であったことか」。問題は「理念論の立場から」なされる「基地返還要求」の「限界」、すなわち「基地撤去のもたらす経済的インパクト」、それはマイナスのインパクトであろうが、それを見失うことになるという「限界」にあるのであって、その打開策にこそ、より一層の意を配ることが必要である、とする。著者は「理念」としての「基地の全面返還ないし反戦平和」には賛意を示しているし、その経済的打撃の打開策に意を配ることが、「理念実現への近道」だとしているように読みとれなくはない（二〇二—二〇三頁）。だが、理念の実現は後景に大きく退いて、ひたすら「基地返還要求」を批判するのみである。

「周知の通り、基地返還要求との関連において、最大のブレーキになるとして批判の矢面に立たされたのは経済領域であり、また、軽視されたのも経済問題であった」（二〇三頁）。このように指摘して、著者が述べたいのは次のことである。「軍用地主会連合会の県民総決起大会への不参加および国際都市形成構想に対する不信表明、軍用地代の高額さに対する批判等が象徴的なものである」（同）。このうち「軍用地主会連合会の県民総決起大会への不参加」に対する批判と、「軍用地代の高額さに対する批判」は、少なくとも評者も関わっている（先にも述べたように、評者は「国際都市形成構想」には賛成していない）。

評者は、一九九五年一二月の『琉球新報』紙に「土地連の基地返還反対を糾す」と題して、指摘されているような主張をした。すなわち、土地連が基地の返還に反対していることを批判し、その理由を軍用地料が高いからであると指摘した。著者は評者を名指しはしていないが、間違いなく評者の寄稿文を読んで、苛立ちをおぼえたのである。著者の批判的論調は、いま述べたように評者（だけではないが）へのものであると受け取らざるを得まい。

まず「土地連が基地の返還に反対していることを批判」することが、なぜだめなのか。著者が本章の冒頭で言った、県民総決起大会に決起した「県民のエネルギー」に「感動」したというのは、偽りだったのか。評者は、その大会に団体として唯一背を向けたとして土地連を批判したのである。次に、

「軍用地料が高い」と指摘することがなぜだめなのか。それを批判するなら、「高くない」ことを示すか、「高いが、問題ない」ことを主張するかすべきであろう。それをせずに、他の論者と一緒にして「振興開発の困難さに対する認識欠如」などと論難するのは、ルール違反と言いたい。

著者は続ける。「経済領域で軽視されたものの中でも最も問題にしなければならないのは、いわゆる〈基地関連収入〉に対する受け止め方である。県民総生産に対する基地関連収入の占める比率は五％強にすぎないので、もはや〈基地経済〉ではなく、したがって、基地撤去の理念からすれば基地収入などさほど問題にすべきではないとの評価がみられた」（二〇三―二〇四頁）。これも、評者（だけではないが）に対する批判と受け取れるものである。だが、その前に論拠を聞こう。

「たしかに、計数的に表面だけをみれば、同比率は復帰直後の一五％から次第に低下してきた。しかしこの見方には二つの点が軽視されているのである。第一には、比率は低下しているものの、絶対額は復帰直後の七八〇億円から一九九三年には一六二九億円に上るなど確実に増加しているということである。…第二には、分母である県民総生産自体が、県民の自力だけによって形成された健全なものではないことに対する認識欠如である。…こうしてみると、基地関連収入の県経済に及ぼすインパクトは、表面的には五％にすぎないが、実質的には適切に認識しなければならない重さをもっているのである」（二〇四頁）。

これらの論点については、評者は『経済』誌の一九九六年一月号ですでに書いている。批判の対象を明確にせず、同一のテーマに関する他の論調を引用もせず（それを支持するのか、批判するのかに触れながら引用するのが筋である）、自らの見解を展開するだけでは議論は深まらない。

著者は「もはや基地経済ではない」とする説を批判している。評者はこれまでもくり返し「もはや〈基地経済〉ではない」「復帰後の沖縄経済は〈基地経済〉とは言えなくなった」と指摘してきた。このことは、著者の旧著『戦後沖縄経済史』への長文の書評（拙著『沖縄経済論批判』所収）でも述べているが、それが著者には伝わっていないようだ。というのは、評者は「計数的に表面だけをみ」て述べてはいないのに、著者は計数だけでみている浅薄な議論であるかのように扱っているからである。評者は「基地経済」に定義を与え、「三つの指標」を提起し、その指標に即して論じている。そのうえで、念のため、数値も示しているのである。

しかし著者は、このような「もはや基地経済ではない」という論は、「計数的に表面だけをみ」たものであるとしつつ、「したがって、基地撤去の理念からすれば基地収入などさほど問題にすべきではないとの評価がみられた」と続ける。評者はたしかに次のように述べている。「かつてのように基地がなくなったら大きな打撃を受けるという状況が緩和されたため、人々の頭には〈基地はなくてもいい〉という意識が芽生えつつあり、〈むしろ基地がない方がいいのではないか〉と考えるようになってきたことは事実である。このことが今回の住民運動の盛り上がりの背景にあるといえるだろう」（『経済』誌。『沖縄経済の幻想と現実』に収録）。

しかし評者は「基地収入などさほど問題にすべきではない」とは考えていない。「軍事基地は、地域経済から奪うだけではない。…雇用をもたらす以外にも、軍用地料や自治体へのさまざまな補助金を提供している。…軍事基地というものは、本来的に、カネを地域に落とすという性格をもっているものなのであり、マイナス面だけの議論では一面的になることを知るべきである。…これら〈基地収入〉で経済的にはうるおう面があるというのが、基地と経済の基本的な関係の他の一面なのである」（同）。

著者は、基地関連収入に関して「二つの点が軽視されていること」として、「第一には、比率は低下しているものの、絶対額は…確実に増加しているということ…第二には、分母である県民総生産自体が、県民の自力だけによって形成された健全なものではないこと」を上げている。いまみたように、第一については評者も無視してはいない。第二については評者と一致している。評者はすでに書いている。「このような復帰後の沖縄の〈繁栄〉は、しかしながら本土の経済力の恩恵を受けてはじめて成り立っているものなのである。政府の措置としては当然のこととはいえ、それは膨大な財政資金の流入なしにはあり得ないことであった。[最近の] 沖縄の歴史と文化の自己認識と謳歌も、この経済力の支えを抜きにしては不可能であったであろう」（同）。

そうなると、「もはや基地経済ではない」という説への批判は、どういうことになるのか。著者が「基地関連収入の県経済に及ぼすインパクトは、表面的には五%強にすぎないが、実質的には適切に認識しなければならない重さをもっているのである」というとき、実質的には何%と考え、したがって「いまも基地経済である」という主張を秘めているのか、文章からは読みとれない。

その議論は展開されないまま、「産業振興の困難さ」に話が移っていく。ここでまた、膨大な財政投資はなされたが、「産業振興に関しては…実績に乏しい」という、例の指摘が出てくる。ここでは「技術、資本、人材欠如など」として、企業育成や産業開発の失敗の原因を指摘している（二〇六頁）。これは第三章末尾の「産業構造の高度化をめざす自助努力」という課題指摘と対応している。

国際都市形成構想の陥穽（第四章第二節）

第二節は「国際都市構想の陥穽」と題されて、その問題点が指摘される（なお、「陥穽」とは、国語辞典によれば「落とし穴」または「人をおとしいれる計略」のこととあるが、著者はどのような意味で使っているのであろうか。単に「問題点」とした方がいいのではないか）。指摘されている問題点を整理して箇条書きにまとめてみよう。①実現性に対する疑問、②財政的裏付けに関する疑問、③具体的な産業振興策を欠いていること、④軍用地地主の承認を得ていないこと。このようにいろいろあるが、「県経済の最重要課題である産業振興の視点に立った検討が欠如している」ことに、著者の苛立ちの主要点があるとしている（二〇七頁）。このうち、①と②は、「基地返還問題によって生じている沖縄に対する〈甘い政治環境〉」が解決する可能性がある（二〇八頁）のであるから、本質的な問題点からはずれ落ちる。残るのはやはり③ということになる。

さて、著者は、同構想の内容を概略的に紹介して、「肝心な中身が全く不明」とする（二一二頁）。そして「〈国際都市〉という一見新しい衣装をまとってはいるが、沖縄振興開発計画が三次にわたって提起してきた〈南の国際交流拠点の形成〉とどのように異なるのであろうか」と問い（二一三頁）、似たようなものだと指摘しているようだ。だとすれば、「突如として」出てきたとか、「拙速、かつ性急」に出されたという、著者の先の批判は当たらないということにならないか。

次の著者の評価に対しては、評者は積極的に賛成する。「しかしながら、南の国際交流拠点形成を長年にわたり目指してきたにもかかわらず、さほどの実績をあげていない」（二一四頁）。この点は本書の第三章で詳しく展開されたものであった。要するに、日本経済と東南アジア経済との間には「強大なネットワークが形成された」のに、沖縄経済はその間にあって「結節機能」を果たそうとして、果たすことができず、跳び越されてしまったということである。そこで、著者は「資本、情報、技術、人材など」が大切だ、それが欠けていたから跳び越されたのだという（二一五頁）。

その他、「国際都市構想」の「陥穽」（→問題点）として、次のようなことが指摘されている。①「一方では財政依存からの脱却を標榜しながら、他方では新たな行財政依存体質を自らつくり出す」方向、すなわち財政援助の強化と特別立法の要請へと流れているが、それは「産業振興が進展しない」ことを「行財政」の問題に転嫁することになるのではないか（二一七頁）。②軍用地を返還させて経済振興につなげるという発想は、「工場用地不足が産業振興を阻害している」という現状にないから、支持できず、むしろ「軍用地返還までは産業振興策は展開困難である」との責任転嫁が心配される（二一八–二一九頁）。③「沖縄がアジア諸国と日本を結ぶ南の交流拠点として適している」というのは幻想に基づいているにすぎない（二二一–二二二頁）。④「日本及びアジア諸国」間の「ネットワークに沖縄が割って参画するため」の「経済的要件」を検討していない。事態は「ますます直結したものになっていく」状況にあり、「現在の沖縄経済にその［割って参画する–評者］吸引力は存在しない」（二二三頁）。このような著者の主張は、評者にも素直に受け入れられるものである。

規制緩和要求の問題点（第四章第三〜八節）

第三節は「企業誘致政策の挫折」である。ここで著者は「国際都市形成構想」を「返還地の跡利用計画」であるとし、これが「基地返還要求」と「不可分のセットとして提起されている」が、そこに問題があるとする。しかし、この場合、「国際都市形成構想」が「返還地の跡利用計画」だとみるところに難点がある。その後の事態の推移からみても、もっと多様な内容をもっており、これは単なる跡利用計画ではない。「基地返還要求」に消極的な著者が、それを批判するために、一面化しているように感じられる。しかし、その後の展開に対しては、評者に異論はない。すなわち、まず「産業振興策」を確立することが先決であって、そのために土地が必要という議論になれば、基地の返還跡地もその計画に取り込んだらいい、というのである。この節の他の部分は、第三章第一節の繰り返しであり、論評は控える。

第四節は「今後の地域開発」、第五節は「内発的産業振興」として、第二章と第三章第二～四節で展開した現状認識に立ちつつ、また、「行財政支援による国際都市形成が必然的に県経済の産業振興に直結するとの過剰な期待」(二四〇頁)に繰り返し危惧を表明しつつ、更にまた、「県経済の主要課題」は産業振興と雇用対策である、と繰り返し指摘する。具体的には「科学技術系の人材強化」「レベルの高い理工系の人材」(二四二頁)の必要性に結論を持っていく。

評者が興味をそそられるのは、次の部分である。「今県経済にとって最大の課題は、企業[を]創出するに当たって欠如している要素がいかなるものであるかを明確に認識することであり、それらの育成強化に最大限のエネルギーを投入することである。ちなみにこうした要素とは産業技術に裏打ちされた〈起業家〉であることは、つとに指摘されていることである」(二四四頁)。

評者はこの書評の冒頭で「企業を魅了する経済的諸条件の欠如」をどう理解するかという基本問題を避けていると指摘したが、この論点にかかわっている。著者は「企業を魅了する経済的諸条件の欠如」を深める方向で論ずることなく、「魅了する経済的諸条件の欠如」している沖縄の「企業」と企業環境をどう理解するかを避けて、企業を起こす「起業家」を求めている。経済学を含む社会科学の使命は、現実の社会を構造的に理解することを基礎にして初めて、有効な提言が可能であるという立場に立つ評者は、この「経済的諸条件」の分析を抜きに、起業家にベンチャーを求める著者に同調することはできない。

第六節は「産業技術の開発」と題して、①世界的スケールの子ども科学館創設、②県立産業技術大学の創設、③トロピカル・テクノ・センター（TTC）、工業試験場の整備拡充、などを具体的に提示している。これらに関しても、例えば、次のような疑問もある。①県内には「科学する心を育成する場」は果たしてないのか。それを造るとして「子ども館」が「経済人の育成」に直結させられていないのか。②県内にも産業技術にかかわる大学はないわけではないが、なぜ必要なのか。また、なぜ「県立」で、なぜ「創設」でなければならないのか。③の機関に「数百倍のヒト、モノ、カネなどのエネルギーを集中投下すべき」か、等々。

第七節は「制度要求の限界」として、「特別立法ないし規制緩和などの制度要求」の問題点を、次のように述べている。①それは「短期間にその効力を失っていく」（二五八頁）ものである、「果たして、先行している間だけにとどまる〈限られた時間的要素〉が、県内における経済的諸条件の脆弱《ぜいじゃく》性を払拭《ふっしょく》すると期待することが許されるであろうか」（二六二頁）。②規制緩和は「果たしてすべてがプラス要因だけであろうか」、「逆にいえば、これまで県内の産業振興が遅々として進まなかったの理由は、諸々の〈規制〉によって抑制されていたからであるといえるのであろうか」（二六一頁）などと指摘している。これに関連して、「ビザなし観光入域」と「沖縄経済特区ないし全島フリーゾーン構想」への批判も提起している。③「沖縄振興開発計画の大支柱である〈格差是正〉という〈理念〉を変質させ、否、完全に破壊してしまう危険性さえ秘めている」（二六五頁）。これらの指摘について、評者に異議はない。

最後の第八節は「万国津梁の教訓」と題して、「ある著名な県外の経済研究機関」が沖縄経済振興の研究課題に取り組んだという「シナリオ」を描いて見せて、「万国津梁」の幻想におぼれる危険性を指摘している。

書評のまとめと、著者・評者間の認識の対比

まとめてみよう。著者の主張は次のようになる。①沖縄経済の課題は、企業の創出すなわち雇用の創出にある。②それには技術開発が大切で、そのために思い切った投資をすべきである。③国際都市形成構想は問題点が多い。④規制緩和策の要求や「一国二制度」の要求は支持できない。⑤基地返還の要求は、現在それなりに比重を占めている基地収入を考えれば無責任な要求である。また、基地が返還されたら沖縄経済に展望が開けるかのように論ずることは間違っている。

評者は、これらの著者の主張に対して、一部賛成、一部反対である。賛成なのは③と④で、⑤については前半に反対、後半に賛成である。③については次のように述べたことがある。「沖縄経済は今、表面的には本土ほど不況の影響が見られず、その深刻さを論ずる人はいない。それどころか、東アジアや東南アジアへの経済進出によって、飛躍が生ずるかのような楽観的な議論が横行している。しか

しながら、その実態はいかにもみすぼらしいものである」(『経済』誌)。①については反対ではないが、それは誰でも考えていることであって、著者だけの突出した意識であるかのように描くことは認められない。問題は「企業を魅了する経済的諸条件の欠如」にある。その諸条件をどのように理解し、どのようにして克服していくかを追求することである。著者のように、ただ「企業を創出しよう」、「科学技術系の人材を育成しよう」というだけでは展望は開けまい。②についても反対ではないが、①と関連していることであり、このような方策によって「企業を魅了する経済的諸条件の欠如」が克服できるとは思えないのである。

⑤については、次の文をみてもらいたい。「最後に、軍事基地との関連で沖縄経済を展望してみよう。個人としての軍用地料、基地周辺整備資金の受け取り、また市町村のさまざまな交付金や軍用地料の受け取りは、現在はやむを得ないとしても、それが健全なものとは決していえず、将来にもわたって確保されるべきものという考えは捨て去るべきである。その転換には多くの苦痛をともなうとしても、平和と人権と真の自由のために、健全な生活の回復のために、なくなるべきものである。軍事基地が撤去されることは、少なくとも経済問題としてはマイナスのインパクトとして出てくる。それを理解し合うことがまず必要である。苦しい試練を受けることになるが、それでも撤去させようというべきである。／返還された跡地をどのように利用するかについても、個別具体的に考えると簡単なことではない。すでに財政投資の盛況の中で公共施設もずいぶんと建設されている。商業的に開発された地域も増えているから、このような需要は大きくはない。不振な工業に関しても、埋立てて造成した工場用地が埋まらなくて困っている。さとうきびの収益性の低下で、農地は遊休化が進みはじめ

た。このなかでの土地の増加は、必ずしも歓迎される事態ではない。〈基地が撤去されたら、土地を有効に利用して、地域を活性化し、所得を向上させる〉という課題は、いうは易しいが、その実現の方向がみえているわけではない。苦しい試練を受けることになるが、それでも撤去させようというのが県民の意思であるといいたい」(『経済』誌)。

結びとして。この書評は評者の沖縄経済論を積極的に打ち出すためのものではないので、この程度で閉めることにするが、評者は「企業を魅了する経済的諸条件の欠如」こそ、沖縄経済の本質問題であると考えている。そして、その「欠如」という事態は、沖縄という地域社会の、自然的・地理的特質と社会的・歴史的特質の、総合的な分析によってこそ、解明されることである。それは、まず「個人」(一人一人の人間)の問題であり(それは「個人」の人生観、労働観、すなわち死生観に関わっている)、次にその「個人」たちが結成する組織の問題であり(それには会社、協会、組合などが含まれる)、その「個人」たちが構成している地域社会の問題である(例えばムラの機能などがある)。このように理解するからこそ、沖縄経済研究においても、経済学以外の広い学問分野との交流が必要だと、評者は考えているのである。

(沖縄国際大学南島文化研究所編『南島文化』第一九号、一九九七年三月)

2　経済振興策への批判的対応（書評・高橋明善著『沖縄の基地移設と地域振興』）

はじめに

私は、『沖縄タイムス』紙（二〇〇一年三月二五日付）に、次の短評を出したことがある。

本書は、一〇年余り沖縄調査に従事してきた著者による「中間報告」というが、四六八頁の大著である。著者の主たる対象地域は、名護《なご》市、大宜味《おおぎみ》村、そして読谷《よみたん》村である。著者はこれらの地域とそこに住む人々に深く入り、交わり、くわしく調べ、本書をまとめあげた。

九五年の少女暴行事件以来の「激動」の沖縄に際会して、このテーマが設定されたようであり、第Ⅰ部は「ヤンバル地域の社会変動と海上ヘリ基地問題」、第Ⅱ部は「基地移設と地域振興」と題されているが、内容はこの問題の克明な経過を整理するに留まらず、沖縄という社会の成り立ちと性格を描き出すことに腐心している。克明な経過の整理という点では「基地移設・北部振興問題年表」が末尾に三八頁、本文中にも三〇頁も掲げられ、これに基づいて詳述されている点に表われている。また、社会の成り立ちと性格に関しては、第Ⅰ部の中の「沖縄と名護の社会経済変動」（第一章）、「基地と自治体財政」（第二章）、「人口・農業から見た名護市の地域変動」（第六章の4）、第Ⅲ部「沖縄研究フィールド・ノート」の中の「基地の中での農村自治と地域文化の形成」（第二章）などで、とりわけ分析が深められている。その際、著者の念頭にあるのは、これまで調査してきたジャワ、中国、そして日本各地の農村との比較であった。その比較そのものは本書では具体的には触れず、別に公刊するというが。

第Ⅲ部第一章の「沖縄県における介護保険と高齢者福祉」も、大方の参考になろう。

沖縄は、著者とその仲間たちを含む多くの人々にとって、「魅力にとりつかれる」土地であるようだ。好きだが、言いたいこともたくさん出てくる。本書の長所は、言いたいことを言っている個所に認められ、短所は惚れ込んで「とりつかれ」すぎたところに見える。山をなす誤植・誤記は気になるが、近年の沖縄研究書の中では推奨できる一書であろう。

基地移設と「経済振興」策

まず、「本書の長所は、言いたいことを言っている個所に認められ」るとした事例として、著者の論調が集約されている、「第Ⅱ部　基地移設と地域振興」の「第四章　内発的発展と文化自立論」をとりあげる。

ここでは、基地移設承認と引き換えに打ち出されている「地域振興策」「経済振興策」が「果たしてほんとうに沖縄や北部地域、名護市に…貢献するだろうか、別の振興策［「の別」を削った―評者］の道の選択はないのだろうか」について「私的感想」が述べられている（二九九頁）。

その冒頭で「私が本書でよってたった沖縄を見る基本的な［「基本的な」の語句を後ろに移動させ

た―評者」視点」を明らかにしている（二九九頁）。それは、次のように表現されている。「目線を沖縄の庶民におきたい」（二九九頁）、「私は、沖縄の基地反対運動の中には、立場の違いをこえて、名も知れない人々の生活世界からのため息やうめき声が聞こえてくるのではないかと思える」、「名護市の世論調査での圧倒的な基地反対の声は政党派やイデオロギーをこえたものなのである」（三〇〇頁）。

第一に、二〇〇〇年に話題になった、高良倉吉《たからくらよし》、大城常夫《おおしろつねお》、真栄城守定《まえしろもりさだ》の琉球大学「三教授」による「沖縄イニシアティブ」論を取り上げて、これを批判し、「知識人の役割は、外からの普遍的な言葉で沖縄を自己規定することではなく、沖縄の内側からの言葉をそのまま普遍的な言葉として外に語ることではないか」（三〇二頁）と述べている。

第二に、沖縄振興計画の策定過程の論議について、次のように批判的に述べている。「稲嶺県政は、…経済を中心にしたそれも戦略産業の振興に重点をおい」ている、「経済中心」であって、「生活、福祉、教育、文化などを全体のバランスの中に位置づけ」ていない。「県内は官民あげて、夢物語のような経済振興策がいかにも実現可能なものであるかのように踊りすぎているように思える」。「しかし、国の振興開発策は県の経済構造を変え、その自立性を可能にするという見通しを初めからもっていないのである」（三〇〇頁）。県内にも「既存の製造業の振興こそ沖縄経済の発展の土台になる」との認識はある。「衰えてきてはいるが、砂糖きびは依然として農業の基幹部門である。…なお多くの改良余地があるように思う」（三〇一頁）。しかし、今の流れでは「産業は戦略産業中心であり、教育も福祉もそれ自体として取り上げられず、産業振興に従属して論じられている。自然環境保全も経済開発政策とのバランスの中で論じられる点で、経済戦略的である」（三〇九頁）。「経済主義的な振興策だけでなく、福祉も地域振興の一環に位置づけるべきだが、諸振興策はその点では極めて不十分か全くふれないのである」、「庶民の生活と遊離しない産業と地域の振興をはかりたいものである」(三一一頁)。

第三に、各種「振興策」の具体例をあげて、それを批判している。一つ、「名護市のマルチメディアセンター」「国際海洋環境情報センター」「宜野座村のサーバーファーム」などの「先端企業やセンターは、かりに設置されたとしても、地域社会の経済、社会の現状との間にあまりにも溝があり過ぎる」(三〇五頁)。二つ、「国立工業高専は…教育政策の失敗した例だと考えている。本土では、そのことは自明のものとなっている。だから、文部省は高専卒業生の四年生大学への編入制度をやみくもに制度化したのである。多数は卒業後、国立大学工学部に進む。…高専は完結した技術者、研究者教育を行なうところではない」。このように述べたうえで「沖縄は見くびられているのか、沖縄もまた、その夢を不完全な教育で実現できると錯覚しているのではないだろうか」(三〇六頁)。三つ、「人材育成をコンピュータ操作を理解する程度の短期養成できる技術的な問題であるかのように錯覚してはならない。いたずらに〈国際〉の大風呂敷に酔うのではなく、沖縄の特性に沿って実現可能な特定分野にしぼった情報処理にじっくりと腰をすえた取り組みが必要であろう。さもなければ沖縄は労賃だけ、利益はすべて本土に吸収しようとする資本の草刈場になってしまうであろう」(三〇七頁)。「沖縄の情報化施策は、外部資本の誘致や新産業の起業化だけを向いている。情報技術を、庶民のものとしながら、沖縄を活性化する道はいくらでもあるのではないだろうか」(三一一頁)。四つ、「名護市が要求する金融情報特区は全くストックのない所へ、政府援助で無から有を作り出そうとするものである」。しかし「国の援助、税金上の優遇策があれば、明日にでも特区ができると考えるのは間違っている」

（三〇七頁）。五つ、「沖縄で情報を国際化することは至難の技であろう」。それをできると考えているのをみると、次のように言わざるをえない。「沖縄はアジアの中心にあって遅れた国々に対して指導的立場にたてるとするような事大主義的感覚は捨てなければならないだろう」（三〇七頁）。六つ、「日本一の英語県とする人材育成プログラム」があるが、「日常的に英語を使う機会の少ない沖縄を英語県とすることの困難さを考えるべきだろう」。「具体的手段がなければ、夢物語が語られているに過ぎないことになる」（三〇七頁）。

第四に、伝統的な沖縄社会のあり方が壊れつつあり、壊れていくだろうと述べている。著者は伝統的な沖縄社会を次のように描いている。「アバウトな行動を包み込んで、助け合って来た沖縄のゲマインシャフト社会」（三〇九頁）、「一夕五〇〇〇円の席料［それだけでも安いと思っているのに―評者］で遊んだ名護《なご》の碁会所で…泡盛とゴーヤ［ゴーヤー―評者］豆腐を出され」た（三〇九頁）。そして家族構造の特質については「沖縄は本土に比して、高齢者の単独世帯率が四・五ポイントも高い。離島が多いこともあろうが、…本島でも親子別居が多いのである。沖縄の人は沖縄定住志向が強いが、沖縄内での流動性が高いこと、土地家産をもつ家族制度を持っていた本土農村と、地割制の頃からそれを持たなかった沖縄の家族制度の違いも考えられるかもしれない」。「名護東海岸久志《くし》は…一人暮らしの高齢者は、高齢者人口の二七・七％に及んでいる」等々（三一〇頁）。

しかしながら、すでにその崩壊は始まっているし、今の経済主義的な「振興策」が続けられれば、それは加速されるであろう、という。「効率と合理性が、…沖縄のゲマインシャフト社会を引き裂いていくだろう」（三〇九頁）。「厳しい競争や切捨ての論理が伝統的な沖縄社会を掘り崩してゆくだろう。

沖縄の心を語る時常に強調されるユイマールの心もそれによって浸食されざるを得ない。実際既に、ユイマールは生産の中でも生活の中でも、これがそれだと納得できるものは、実態的には殆どなくなっているのが現実なのである」（三〇九頁）。

第五に、地域社会のあり方を提起している。「地域社会は…経済や資本の効率性と行政の合理性による社会と人間関係の分断、亀裂を修復し、人間的社会を取り戻す場でなければならない。この観点から、まず、既存産業や、教育、福祉の基盤整備に正当な位置づけを与えるべきである」（三一〇頁、三一二頁）。「経済主義的な振興策だけでなく、福祉も地域振興の一環に位置づけるべきだ」。「庶民の生活と遊離しない産業と地域の振興をはかりたいものである」（三一一頁）。「自然をそのまま保存し、自然破壊につらなる建物施設を徹底して規制し、農家の住宅を自然とのバランスをもつように、また、滞在者が独立して自炊生活できるように改造する西欧型ツーリズムを基本にすべきである」（三一四頁）。

著者の沖縄県民と名護市民に対する心からのメッセージは、次の如くである。「名護市の九九年末策定の新総合計画は人間を中心としている点で、逆格差論を説いた第一次総合計画の流れを引き、いたずらな経済開発主義に対しては抑制的である。基地移設が焦点になることによって、市行政は政府依存の経済主義的開発政策に大きく傾斜してきている。自ら作ったばかりの総合計画をもう一度ふりかえり、外発でない、内発的発展のしっかりした道筋を見極めてほしいと思う。人間の夢を失うことなく、等身大の振興開発をはかってほしいと思う」。「沖縄経済自立の道はけわしい。早急な経済的自立化のための伝家の宝刀などはない。基地のための経済振興策が先行しているが、それが、沖縄の弱い部分、戦略産業振興から切り捨てられる住民や産業を犠牲に、社会のバランスを崩してしまうことを何よりも恐れる。それにしても、これでもかこれでもかと政府の振興策が出されるが、それに飛び付く沖縄の側にもある種の事大主義を感ずることさえある」(三一三頁)。

以上、著者の「基地移設と経済振興」をめぐる論点を紹介してきたが、評者はそのほとんどについて同じ意見であり、何物かを付け加える必要を認めない。

著者への若干の異論

ただ、ここまでの引用に加えていないことで、沖縄方言継承のあり方と、基地移設のあり方については、若干の異見を持っている。

方言について、著者は次のように述べている。「私はこの沖縄的感性と意味とシンボリック世界を作り出すウチナーグチの教育が日本語教育と同じように大事だと思う。小学校でのバイリンガルの教育を求めているのである」(三二五頁)。評者はこれには同意できない。

言葉に優劣はない。しかし、社会生活には日本語こそが必要なのであって、沖縄方言では「世界が狭くなる」。沖縄方言には無数の地域差があり、限られた同郷の人にしか厳密には通じないものである。また、沖縄方言の精通者は、しばしば日本語の語法を正しく駆使することができず、日本語での意思伝達に苦労することになる。生活の圧倒的部分を日本語が占めているのが現実であり、その中で生きるためには、日本語の習得が何より大切なのである。日本語の正しい習得のためには、方言の語法を離れて、その意味では一種の外国語として、日本語を学習することが必要なのである。方言と日本語は親類関係にあるとはいえ、ずいぶんと離れてしまった。これを混合して教育すれば、混乱を避けることはできず、成果もあがらない。

方言を排除するのは行き過ぎであるが、逆に方言を日本語と対等に、高く位置づけることには賛成できない。方言は、家庭内と小さな「シマ社会」の中での言語として大切にすべきだが、そして成人してから沖縄社会を見直すための媒介手段として大切にすべきだが、子供の時から積極的に方言教育をするということは、子供の時から英語教育を並行して進めるべきだということと同じく、賛成できない。子供のころは、基本になる言語を正確にしっかりと学習することが、ぜひとも必要だと考える。その基本になる言語は、沖縄では日本語なのである。方言は、沖縄にとってもすでに補助言語となっている。

語法レベルではなく、単語レベルでは、対応がやや異なっていい。「礎」を「いしじ」といい、「命」を「ぬち」といい、「結い」を「イーマールー」「ユイマールー」といったりすることである。これらはもともとの日本語を使えば広がりが出る場合が多く、明確な目的がある場合に限定して、制限的に使う方がいいと評者は考えている。やたらに方言らしさを強調する風潮があるが、制限的であってほしい。ただし、日本語への置き換え、翻訳の難しい特殊な言語もあり、それらは排除するのではなく、状況に応じて日本語の中に組み入れ、意識的に保存していくべきという提案もあり、それには評者も賛同している。

次に、基地移設の問題に関しては、本書の全体を通して著者の意見に賛同するものであるが、ただ「沖縄にとって、まず大事なのは基地の県外移設・縮小なのである」(三一七頁)という章句だけは、賛成しかねる。これは大田前知事の発言と行動に引き寄せられた、著者の「うっかり」であろう。基地の移設先は単に「県外」であってはならない。日本の国から撤去せねばならない。そして「縮小」も目標ではない。過程として縮小の段階を踏むこともあろうが、目標はあくまで撤去でなければならない。これらのことは決してあいまいにできないことだと考える。

読谷村の経済・文化行政の評価と基地返還闘争

次に、「第Ⅲ部　沖縄研究フィールド・ノート」の「第二章　基地の中での農村自治と地域文化の形成」をとりあげよう。これは、著者も編者の一人となっている、既出の『沖縄の都市と農村』（東京大学出版会、一九九五年）で公表された論考の再録である。冒頭に「短所は惚れ込んで〈とりつかれ〉すぎたところに見える」と評したことの、事例となる。

さて、これを読んだ七年前に、評者は次のようにメモ書きした。「研究対象にほれ込んでは、客観的評価はできない」と。著者はひたすら読谷村の経済・文化行政をほめたたえる。評者は沖縄に在住し、日常的に「沖縄」を体験している。その中には「読谷村」も含まれる。その立場から言えば、明らかにほめすぎなのである。

「読谷村のむらづくりは基地返還闘争を軸に展開してきた」（三八七頁）。この評言がこの章を要約している。その「むらづくり」が、平和を求め、歴史と文化を尊び、より住民的立場から取り組まれていることに、あえて異議を唱えようとは思わない。しかし、それが「基地返還闘争を軸に展開」されてきたといえるのか。

「基地返還と復帰［旧集落への復帰―評者］のための運動は読谷村の地域形成の原点となっていることを忘れてはならない」（三九三頁）というのも、同様の評言である。

読谷村では基地に接収されたままの所があるために、元の居住地に帰れない人々がおり、彼らはほぼ固まって居住している。ただし例外もあり、「読谷村の各字《あざ》の旧住民は別れて［分かれて―評者］住んでいても、旧字の結合を保持し、共通の自治組織に加入している」（三九五頁）。著者はそれを表にまとめた（三九四―三九五頁）。これは一つの成果である。

しかし検討の弱さもみられる。第一は、「旧字の結合」を直ちに「自治組織」として評価している点である。元の居住地には宅地あり、農地あり、しかも人的なつながりがあり、祭祀的なつながりもある。そこに帰属意識が持続する根拠があるのであって、「自治」という現代的な機能とはほぼ無縁の社会組織である。

第二は、その帰属意識は物質的基盤に支えられてもいることを、著者が軽視している点である。村中に軍事基地のある読谷村では、字ごとに「字有地の軍用地料」がある。それには多い字と少ない字があるが、多い字ではよそ者を加入させない。配分額が小さくなるからである。そうなると少ない字も自衛的になり、利害が他の字と対立して内に固まっていくのである。このことについて、著者も少し感じているはずなのに、「ほめたたえる」ことを基調としたレポートであるために、軽く扱ってしまったのであろう。著者はこう述べている。「基地内に旧住民の共有地があり、字への基地の地代収入が大きい場合も多いことであろうが、何よりも、母字の地への復帰によって、何時の日にか、字を文字通り属地一体化の形で復元したいという住民の強い願いがあるといってよいだろう」（三九六頁）。

軍用地料の所在に気づきながら、重視しなかったのである。

著者が「自治意識」を強調しながら迷ったことがもう一つある。それはこれに続く次の文章で述べている。「〈寄留民〉を区別したムラ意識の伝統が残っていることもあるかが［あるかも―評者］知れない」（三九六頁）。評者は、まさにそのとおりだと考えている。つまり、いま述べた第一の問題点の指摘に関連することである。

渡具知《とぐち》、宇座《うざ》、儀間《ぎま》、喜名《きな》の四字が旧居住地外に住んでいたのに、復帰後に旧居住地に復帰した。これを著者はもっぱら帰属意識と自治意識で説明するのであるが、これも物質的理由があってのことである。旧居住地の復旧費用の大半が防衛施設庁の補助金（総額二三億円）でまかなわれているのである。著者もそのことを承知しているようであるが、事実上問題にしていない。「集落の復帰先における集落基盤整備事業（居住地整備）も七地域で行なわれた」（三九九頁）と述べているだけである。評者はこの事業が提起されているころの渡具知集落を調査したが、近隣の別字に住んでいたこれらの人々の腰は重かった。後にそれが実現したのをみて、カネの力の大きさを感じざるを得なかった。

渡具知は併せて土地改良事業も完工させた（著者はそこに「大地悠遠」の碑が建てられているし、同名の記念誌が刊行されていることを紹介している）（三九九頁）が、それは「長い闘いを通してようやくかちとった返還土地が農地として蘇ったのである」（三九九頁）というものではない。返還された地域は、トリイ通信施設の南半分（北半分はなお現存）で、以前は通信塔の立っているだけの基地であった。そこに農民たちは「パス」を見せて立入り、農業をしていた。これが返還されると、誰でも入ることができるようになって、農作物の泥棒が横行し、ついには荒廃してしまった。評者はそのような草だらけになった現場を見ているので、その後の土地改良事業の完工は驚きでもあり、感動でもあった。しかし、人々が農業をするために基地の撤去を要求しつづけたというなら、それは歴史と現実の歪曲になってしまう。口にはしないだろうが、今も基地のままであって、軍用地料をもらいつづけて（その地料は復帰時に六倍となり、その後も七倍にまで上がったのである）、しかも「黙認耕作」が認められるのであれば、その方がよかったと思っている人が多いことは間違いないのである。

どうも著者は、読谷村の基地返還要求運動の事実を取り違えているようだ。沖縄では基地は困ったものだと位置付けている市町村が少なくない。そのレベルでは、読谷村も全般的に基地の返還を要求しているとしていい。いわば「理念型」である。しかし、例えば読谷村において、かつての不発弾処理場の撤去運動を唯一の例外として、具体的な基地返還要求が運動としてあるとは言い難い。

このような理念的な、抽象的な基地返還「期待」とは別に、読谷村には具体的に返還要求を運動として展開している基地が、確かに存在している。それは「読谷補助飛行場」である。ここは復帰後には低度利用となっていて、時々パラシュート訓練が行われ、そのつど村長を先頭に抗議行動が組まれていた。この基地でのみ返還運動が具体的なのは、ここが「国有地」であるからである。それは、村民に軍用地料をもたらさない。事故も起こるし、目障りで迷惑なだけである。

この基地については一つの問題がある。アメリカ軍が返還しても、受け取るのは国である。それは国有地とされているからで、そうなったのは、戦時期の強制収用による。元の地主たちは、「所有権回復」の運動を放棄していない。地代はもらわなかった、もらったが一部だった、もらったが強制的に貯蓄をさせられ、あるいは国債を買わされた、というのである。そこで「所有権を戻せ」と主張している。つまり、国有地であることを否定しているのであり、この土地については、まず軍が国に返し、次に国が元の地主に返すことが期待されているのであり、その意味でがぜん力が入るわけである。

このような事情から返還運動が盛んといっていいのであるが、これを全般的に基地返還を要求しているものと取り違えては、沖縄社会の現実はつかめない。

著者はまた、読谷村は基地返還運動に熱心で、また跡地利用についても積極的な内容を示している、と評価するのであるが、その跡地利用の積極面は、ほぼ「読谷補助飛行場」地域に限られていることを見落としてはならない。それは、軍用地料を生んでいない土地であり、白地に思いきり絵が描ける土地だからである。その他の返還跡地は、返還されたから取り組んだものであって、計画がもともとあって返還させ、その計画を実現したのではない。

なお、著者は本書の第Ⅱ部「第二章　基地移設と住民運動」で、読谷補助飛行場と象のオリの移設問題、および瀬名波《せなは》通信施設の返還問題に触れている。「読谷補助飛行場はパラシュート訓練の伊江《いえ》島《じま》補助飛行場への移転、象のオリの移設後二〇〇〇年末に返還する計画だった。前者は、伊江村が財政上の理由で受け入れた。しかし、象のオリの移設はなお、受け入れ先でもめている。読谷飛行場の返還は大幅に遅れる見通しである。読谷村の瀬名波通信施設返還（六一・二㌶）もSACO合意されている。村内トリイ通信施設への統合をはかろうとするものだが、黙認耕作地の耕作者が、耕作地がつぶされると反対していた。二〇〇〇年八月になって、関係する楚辺区がまとめた五項目の移設条件をふまえ、村内全体での基地縮小がはかられるとして村長は受け入れを表明した」（二五九頁）。

この文章の中で重要な部分は、瀬名波通信施設に関して、①その返還に住民が反対しているということ、その理由は「黙認耕作ができなくなる」からとあること、②読谷村長は、「村内全体での基地縮小」ととらえて、基地の移設に同意しているということである。

①については、移設先で行なわれている黙認耕作ができなくなることを理由に掲げているが、地主たちは返還させないための理由探しに腐心しているのが、一般的状況である。理由が立てば「瀬名波通信施設そのもの」の返還にも反対したいというのが、地主たちの本音だということも、見落とせない。②については、読谷村長が基地の移設に同意したことは、撤去ではなく基地温存の道を選択しているということになる。

現場の行政関係者が、地主たちが軍用地料に魅力を感じているという現実に立って、妥協的に対応することを、私はきびしく批判はしない。しかし、そのような実態、つまり同様の実態にある沖縄県と読谷村に対して、著者の評価はいかにも不公平である。著者は沖縄県を批判しながら、読谷村を「基地に反対する村」として描いている。その二面的な使い分けを、評者は認めることができない。

字の公民館活動

著者はいう。「全活動の基礎には…中央公民館のほか、二三字すべてに設けられている公民館が地域活動の拠点として重要である。字《あざ》公民館は字の自治活動と協力しつつ社会教育、文化、スポーツ活動の拠点として機能している。字の自治活動は…きわめて強力である。各字とも専従職員をおき、多額の自治費をもちいて自治活動を展開している。文化保存会や、体育振興会をおき、字誌編集、字祭り、字体育会を行い、御嶽（うたき＝おたけとも）などの拝所や各種の伝統行事の保全、三味線、琴などの伝統芸能の保存も学校や字で図られている」（四一二頁）。「現在沖縄全域でも字誌編集の動きが活発化しているが、農村末端段階でのこうした活動によって大部の字誌が組織的に編集されるのは、本土には見られないむらの動きである」（四一〇頁）。

これら公民館の活動を評価することに異を唱えるつもりはない。しかし、問題はなぜこのことが可能なのか、にあろう。それは「多額の自治費」に支えられている。その「自治費」は、これまた軍用地料を基盤としているのである。

著者もそのことを指摘しているが、しかし、主題はその否定におかれている。すなわち「その物的基礎には旧字の共有財産への基地補償料を考えることもできるだろう、しかし、すべての字がそれを持っているわけではない」（四一五頁）。前半では軍用地料が物的基礎（の一つ）だとしつつ、後半ではそれを否定的に扱っている。そして、近世期、戦前期、戦後初期、占領下の字の態様を略述して、「字は住民の生活のための現代的な自治体としての性格をもって再生してきたと考えられる」（四一六頁）としている。しかし、そこで述べられていることは、少しも「現代的」ではなく、古い歴史に規定されてきた字の実態である。

軍用地料は「すべての字」にあるわけではない、という。ならば、軍用地料のない字を含めて、すべての字が「専従職員をおき、多額の自治費をもちいて」「文化保存会や、体育振興会をおき、字誌編集、字祭り、字体育会を行い、御嶽などの拝所や各種の伝統行事の保全、三味線、琴などの伝統芸能の保存」をしているか、その提示が必要であろう。その場合の財源はどこから出てくるのかも知りたいものである。

「基地と字予算」について論じた個所ではニュアンスを異にしている。［ ］内に評者のコメントを加えつつ引用する。「多くの字は字財産をもちそれが基地内にあるため、かなり多額の地代収入をもっている［軍用地料は「多くの字に」ある］。喜名《きな》では年間八五〇万円、楚辺《そべ》では二五〇〇万円、渡慶次《とけし》は二〇〇〇万円に及んでいる。こうした基地収入は字の慰霊塔、公民館、運動場、体育館、道路などインフラ整備に貢献している［これらができるのは軍用地料のおかげである］。基地返還前に［軍用地料のあるうちに］インフラ整備を進めたいということであった、にもかかわらず［？］字費負担はかなり多い。渡慶次の場合一戸平均一・八万円のほか公民館建設償還金六〇〇〇円が負担されている。字費は基地収入と役場補助を含んで巨額なものになる［この役場補助は軍用地料の少ない字に厚くするのではないか］。楚辺では四〇〇〇万円をこえており（うち職員給料、役職手当など一八〇〇万円［これが役場補助に見合うのではないか。次を見よ］）、役場から区長手当の他、ボーナス、退職金が支給され、役場のコミュニティ重視策と基地収入の貢献をうかがうことができる（表2-11参照）」（四二〇頁）。

基地返還後の経済・自治行政

この章の最後のテーマは、基地返還によって軍用地料がなくなったときの影響を論ずることである。ここでは、それが小さいものとして描かれている。

「読谷村の村づくりの方向」は、「単に沖縄だけでなく、〈地方の時代〉を目指す日本全体における地域づくりのためのもっともすぐれた先進事例の一つとしてモデル化し得る価値をもっている」（四二四－四二五頁）。「読谷の歩んだ軌跡はこれから基地返還を受ける市町村にとって、基地返還が村の衰退になるのではなく村の発展をもたらすという過渡的モデルになるといってよいだろう」（四二五頁）。

著者は一九九二年の「村財政への基地関係収入」を、次のように示している（四二五頁）。①村土地賃貸料三・九億円［四・三億円］、②施設等所在市町村調整交付金一・五億円［同］、③特定防衛施設周辺整備調整交付金〇・八億円［一・六億円］、④国有提供施設等所在市町村助成交付金〇・三億円［ほぼ同］、計六・五億円［七・八億円］。「そのほか学校の防音関連維持費補助金と交付税の割増があるが、いずれも、基地があるための必要経費なので基地解消で財政には影響しないだろう。そこで基地収入は、予算総額六・八億円［六八億円の誤記―評者］の九・六％であり、村税一三・三億円に比して半ば近くを占めることになる」（四二五頁）。

手元に一九九三年度の資料しかない（沖縄県総務部知事公室編『沖縄の米軍及び自衛隊基地（統計資料集）』一九九五年三月）ので、それを［　］内に示した。基地周辺整備資金は、単なる「学校の防音関連維持費補助金」ではなく民生全般に及んでいるので、これを除外することはできないが、著者は「基地があるための必要経費」として除外している。それは、著者も計上している「特定防衛施設周辺整備調整交付金」以外に、九三年度は一・四億円ある。したがって、他の数値の微調整を含めて、総額は六・五億円［九三年度七・八億円］ではなく、九・三億円［九三年度］になる。これは村の予算総額八二・三億円の一一・三％になる［九三年度］。これは県内では八番目の高さである。このように、著者は基地関係収入を小さめに描いている。

前著『沖縄の都市と農村』所収時には、基地返還後の収入減を二・六億円と計算してみせて、「基地返還によって村財政が決定的に影響されるとは考えられないだろう」としていた（三二三頁）が、この部分は本書への収録時には省かれている。「言いすぎ」を反省したのだろうか。

評者は、基地が返還されれば、読谷村を含めて、基地所在自治体の財政に決定的な影響があると考えている。

著者は続けて、個人の所得となる軍用地料についても小さめに描き、それがなくなっても影響は少ないという。「基地関連の地代」は村民所得中で「せいぜい五％程度だろう」。「地代は半ば近くが五〇万円以下であり、一〇〇万円以下で七〇％を占めるといわれる」（四二六頁）。地料は子供たちへの分割がすすんでおり、一人当たりでは増えない。しかし、それでも一〇〇万円以上受け取る地主が三〇％もあるという事実、総額が増えているという事実、これを軽視することはできない。

しかも、次のように村当局の安易な説明を鵜呑みにしては、とても沖縄経済の展望は語れない。「村役場では、基地が返還されれば、花き園芸などを含めて、地代の三倍の所得になろうと試算している。地代の低い山林は植物園化するなどして全体として悪くても二倍になろうという姿勢で臨んでいる」（四二六頁）。花きはすでに頭打ちの時代に入っている。地代は、読谷村で民有地最大の嘉手納《かでな》弾薬庫地区は宅地並みであり、農地も坪二〇〇〇円の水準であって、これをゼロと見立てても、経営所得で三倍を稼得することはきわめて困難であり、山林も農地並みの地代水準であることを見れば、このような論議の幻想性は明らかというべきであろう。一九九九年、嘉手納弾薬庫地区の一部が返還されたが、それが発表された時、多くは読谷村民である地主たちはいったんはその延期を要請したのである。

それでも著者の結論はこうである。「一部の巨額地代取得者を除き所得減少問題は前進的に解決されると考えてよいのではないか」（四二六頁）。

かくして評者は、末尾の「開かれた地域主義」を求める提言などには賛意を抱くものの、その提言に至った批判的認識を前面に出した分析ではなく、現状の肯定的認識を主とした分析になっている点で、違和感を覚えるのである。

冒頭に戻って、やはり「本書の長所は、言いたいことを言っている個所に認められ、短所は惚れ込んで〈とりつかれ〉すぎたところに見える。山をなす誤植・誤記は気になる［それは一ページに一か所以上にもなる―追記］が、近年の沖縄研究書の中では推奨できる一書であろう」。

（沖縄国際大学南島文化研究所編『南島文化』第二四号、二〇〇二年三月）

3　沖縄経済史を捉え得たか（書評・松島泰勝著『沖縄島嶼経済史―一二世紀から現在まで』）

一、沖縄経済とその経済思想を、四つの時代に区分して、体系的に論じた、四五八頁（本文だけで三七〇頁）にもおよぶ大著である（藤原書店、二〇〇二年）。以下の文章の中で、「　」内は著者のもの、または特定用語・強調用語であり、［　］内は評者のものである。

二、「序論」には、沖縄経済についての著者の現状認識が吐露されているが、そこには多くの誤解があり、認識不足があり、説得的でない。

二―1、「本書は沖縄という島嶼における経済発展の問題を、経済思想と開発経済論を結合させる形で検討した」（八頁）とある。これは「序論」（～一二頁）の書き出しであるが、そこでは次のように論じている。

「島嶼を経済分析の対象にした理由は、島嶼が」これこれを「原因とした経済発展上の問題が生じているからである」（八頁）。

続けて、「沖縄」を「経済分析の対象にした理由」らしきものに触れる。そこでは、沖縄の経済的その他の「諸条件」、それによってもたらされた「沖縄経済の特異性」、「沖縄経済の特徴」が述べられている。「諸条件」は、有人島四〇、経済拠点の分散、それゆえの「不効率性」［→非効率性？］、米軍基地面積の大きさ、である（八頁）。「沖縄経済の特異性」は、一人当たり県民所得の低さ、産業構成におけるサービス部門の多さ、完全失業率の高さである（八頁）。「沖縄経済の特徴」は、「諸外国との経済関係が島嶼経済に与える影響力の大きさ」である（九頁）。沖縄経済の独自性は語られているかもしれないが、そのことに関する著者の視点の独自性は何も見当たらない。

この議論の中で前後矛盾した表現がみられる。「沖縄経済の特異性」と関連して、「以上のような経済状態を改善するために、膨大な補助金が投下されている」（八頁）と一方でいいながら、他方で「現在、沖縄に米軍基地が集中していることの補償として膨大な補助金が投下され、基地関連産業が大きな比重を占めるようになった」（九頁）といっていることである。「膨大な補助金」は、沖縄の経済状態を改善するために投下されているのか、それとも、基地受け入れの代償として投下されているのか。両者に矛盾はないのか。著者において、基地受け入れの代償を支出することと、沖縄経済の改善をねらう施策とが矛盾ないとすれば、そのような「膨大な補助金」は肯定的に受け止められているということになり、例えば昨今でもみられる、基地の受け入れはいやだが、北部振興策はほしいという議論が、肯定的に受け止められていることと対応する。

しかし、そうであってはならないであろう。「基地受け入れの代償」としての「膨大な補助金」は、ただただ「基地受け入れの代償」であるだけであって、それは沖縄経済の改善のために投下されているのではない。そのことが目的ではない。そして、その「膨大な補助金」は、効果として、沖縄経済の改善に役立ってもいないのである。

なお、この「膨大な補助金」は、「基地受け入れの代償」という前に、アメリカ軍の占領支配下に永くあって、後れていた社会資本の整備を急いで補おうとしたものであり、すべてを基地との関連につなぐのは正しくない。そして、これには「補助金」(国庫補助金)だけでなく、国庫負担金もあり、地方交付税交付金もあるのであり、これらを区別しないことも気がかりである。さらに、それが「膨大」に過ぎるのかどうかも、検証を要する。復帰直後に「膨大」であったとしても、ずっと「膨大」であるとはいえないし、目立つのは「基地受け入れの代償」として名指しされた「補助金」だけではなかろうか。著者は本書の中でくりかえし「膨大な補助金」と述べているが、そうであれば、その実態と性格について、もう少し立ち入った考察を加えるべきではないか。

「膨大な補助金が投下され、基地関連産業が大きな比重を占めるようになった」というのも、実証抜きであり、事実とは離れている。

二―2、「沖縄経済の特徴」としての、「諸外国との経済関係が島嶼経済に与える影響力の大きさ」については、琉球王国の時代、明治の日本への編入の時代、戦後のアメリカ軍占領支配の時代、復帰後にそれぞれ簡単に触れて、「このように沖縄は諸外国の政治的影響下におかれ、支配大国が変わるに従い沖縄の経済政策、経済状況にも変更が生じた」と総括している(九頁)。そして「地政学的に重要な位置に存在していること」(同)を指摘している。この議論の中でも、多くの不正確さと、多くの誤解が見える。

琉球王国は「アジア貿易網の中で中継貿易地となった」、そのために「王国を独立国家として維持させ、経済的繁栄がもたらされた」というが、琉球王国の一五世紀から一九世紀に至る長い歴史過程の認識が平板で、その「独立」の実相、危うさ、従属化は眼中になく、またその貿易の盛衰も眼中にない。ひたすら「経済的繁栄」というのみである。

「諸外国との経済関係が島嶼経済に与える影響力の大きさ」の例示として挙げられている、琉球王国の時代のほかの時代についてみる。近代は「日本の一県になることで日本経済の構成要素」となり、「日本の戦略的な拠点として位置付けられた」。戦後はアメリカに占領され、「極東の［↓太平洋の］キーストンと定め」られ、「軍事基地を建設」され、「アジアに各地紛争が［↓アジア各地に紛争が？］発生するに従い沖縄の景気が変動するようになった」、また「米国民政府の経済政策が適用された」た。復帰後は「再び日本経済の一翼を担うようになった」（九頁）。この中では、①紛争の発生が「沖縄の景気を変動」させたというが、それは朝鮮戦争とベトナム戦争にほぼ限られるのではないか、②「米国民政府の経済政策が適用された」というが、もともと「米国民政府の経済政策」というものがあり、それが「適用」されたのではなく、経済政策にアメリカが関与したという程度のことではないか、という疑問がある。

二―3、「本書の問題設定」は「特異な状況に置かれている沖縄経済問題の構造を歴史的に分析し、経済思想として、これらの諸問題がどのように考察され、問題への解決策が示されてきたのかを明らかにすることである」。そして続けて、「古琉球時代から日本復帰後の沖縄経済思想をみると、一貫して内発的発展が思想家たちにとって大きな課題として示されていることが知られる」（九頁）。

こうなると、著者にとっての「内発的発展」論というのが、いかにも安易な概念であろうことが予想されてくる。もちろん、著者は、それについての先行者の議論を、鶴見和子《つるみかずこ》、国連報告書（一九七五年)、西川潤《にしかわじゅん》、宮本憲一《みやもとけんいち》となぞってはいる。それでも、「古琉球時代から日本復帰後の沖縄経済思想」［古琉球時代には経済思想家はいないので、せいぜい近世の向象賢《しょうじょうけん》や蔡温《さいおん》以後のことになる。それも経済思想家なのかどうか］が「一貫して」内発的発展を課題としていたというのは、驚きである。

そのなぞりの間あいだに、「内発的発展により現在、沖縄が抱えている経済問題を解決し、経済自立を実現することが可能であると考える」（一四頁）と述べたり、「宮本［憲一］は沖縄における内発的発展への道筋を明らかにした」（一五頁）と述べたりしている。しかし、最後まで読んでも、本書が経済自立の展望を指し示したとは、とても認められない。また、宮本憲一が、そのような道筋を明らかにしたとも認められない。

二―4、著者の次の発言には少し賛成する。「今日のような経済問題を沖縄が抱えるようになったのは、諸大国による支配に直接の原因があるのではなく、沖縄自らが生み出したものであるというのが、本書の立場である」（一六頁）。ただし、いくつかの条件を付さねばならない。①沖縄経済は「諸大国による支配」を受けたことがない。戦前の日本も、占領下のアメリカも、復帰後の日本も、「沖縄経済を支配」したりはしていない。それはただ、放置したのであり、手の下しようもなかったのである。したがって、「直接の原因」をそのことに求めるという議論は成り立たないであろう。②今日ある沖縄の経済問題を「沖縄自らが生み出したもの」としている点は微妙である。「他に責任を転嫁するだけでは沖縄の経済問題は永遠に解決できない」という論には賛成する。しかし著者の議論は、誰も悪くない、沖縄自身が悪いのだ、と響く。資本主義ないし商品経済、市場経済が、沖縄をそのように追い込んできたのであり、人びとがそのような経済から逃れることができない以上、沖縄のみならず、多くの離島や、農漁業を基礎とする地域が、問題を抱えることになるのは避けられないのであり、それをすべて「沖縄自ら」の責任として扱うことは不当である。評者（来間）は、「沖縄自ら」にも責任があるとは考えているが、それについては後に述べることにする。

二―5、「序論」には、基地との関わりを中心とした復帰後の沖縄経済の現状についてのコメントが見られる。「復帰後」の「今日、補助金に大きく依存した沖縄経済が形成された」、それは「外来型開発によってもたらされた」とする。「一部の特別措置は残されたものの、復帰により経済的な保護政策が撤廃され、沖縄経済が本土市場に大きく開放された。それとともに膨大な補助金が流入し、基地を凌ぎ補助金に大きく依存する経済構造になった。インフラ整備が行われ、観光業が発展したが、他方、公的部門が肥大化し、非公的部門が主導するような産業構造は形成されなかった。復帰後も沖縄に基地が残り、経済的、人権的な問題を引き起こしているが、基地が沖縄県民に与える経済効果は無視できない状況にある。また、膨大な補助金によりインフラ整備が進展したが、経済自立への道はなお遠く、環境問題が発生し、沖縄独自の生活環境にも変貌がみられるようになった」（一六頁）。まだ、文章は続くが、ここで切って、検討する。

①「復帰により経済的な保護政策が撤廃され」たとある。「一部は残されたものの」と著者はいうが、「撤廃」とはいえまい。むしろ「一部は廃止された」ものの、「保護政策」体系は基本的に引き継がれたのである。②「沖縄経済が本土市場に大きく開放された」とある。復帰前においても「開放」されていたのであり、本土物品に対する「物品税」や輸入制限はなくなったものの、その効果はかな

り小さくなっていたので、「大きく開放された」は過大評価である。③「基地を凌ぎ補助金に大きく依存する経済構造になった」とある。「基地を凌ぎ」というのは「〈基地収入〉を凌ぎ」なのであろう。日本政府の沖縄「援助」は、復帰が近づく過程の一九六〇年代半ば以降はどんどん増加していて、一九七〇年には「基地収入」とほぼ並び、七二年の復帰の年には「援助」は「基地収入」の三倍となる。④「基地が沖縄県民に与える経済効果は無視できない状況にある」とある。「無視」はできないが、その比重は復帰以前により大きく、復帰後により小さくなっている。沖縄経済全体の姿は、「基地経済」から「財政依存経済」に大きく転回した。このことを無視して、「基地の経済効果」を語る意図が分からない。それはアメリカ軍が駐留を合理化するために述べていることの裏返しであり、駐留を合理化することに貢献してしまう。

そして、「戦略的な開発行政や計画が実施されなかった」（一九頁）、あるいは「中央官庁主導で様々な開発計画が提示され、実施されている」との認識をもとに、あるべき方向として、「沖縄側から経済発展論や具体的な経済政策を提示する必要がある」（一六頁）と主張する。これは、経済政策が「中央官庁」によって作成されていると誤認しているものである。しかし、それはすでに沖縄側から提示されている。それは沖縄県が作成しており、中央官庁の法令や予算などによって一定の制限を受けることは受けるが、ほとんどそのまま採用されていくものである。中央官庁が「沖縄のために良かれ」として政策を提示することはほとんどない。二〇〇〇年末の次のメモを見よ。

「①沖縄新法は沖縄に対する政府のプレゼン（原注：プレゼンス。［あるいはプレゼントかも―来間］）みたいなもの、②沖縄にしてみれば政府がどれだけやってくれるかが関心事、③沖縄では地方分権の発想は評価されない、④新法が沖縄で利用されるかどうか、需要があるかどうかは、気にする必要はない、⑤法律を作るということは閣議でも決められた約束事。既存の制度に化粧をしただけの、名前だけの制度でもよい、⑥とにかく法律を作ることが目的なので、ニーズはいわば二の次」。これは「沖縄振興策を一手に引き受ける内閣内政審議室の沖縄担当室長が、内政と関係省庁との打ち合わせの後…促した」ものという（百瀬《ももせ》恵夫《しげお》・前泊《まえどまり》博盛《ひろもり》『検証・沖縄問題』東洋経済、二〇〇二年五月、五〇頁）。

基地受け入れと引き換えの「沖縄振興策」は、基本的にこのような性格のものである。政府中央官庁は、必ずしも沖縄側の提案をよしとはしていないが、最終的にはその制度化と予算化に同意する。この構図では、政策の失敗は中央にではなく、沖縄側に責任が戻ってくるのである。

評者（来間）もこの点をくりかえし指摘してきた。

「いま、政府は沖縄県からの要求は、それがカネで解決のつくことであれば、すべてを受け入れる態度を取っている。その中には理屈では説明つかないものも少なからず含まれている。行政の原理からは容認できないもの、他の府県との公平性を欠くことになるものなどもある。そのような要求があったとき、行政官は一応問題点を指摘するが、それでも沖縄側が粘れば、結局は容認する」（来間「沖縄―〝常識〟を見直す視点」、地理教育研究会編『地理教育』第三一号、二〇〇二年七月〔本書第一部11〕）。

「〇二年四月から、旧法を衣替えして『沖縄振興特別措置法』がスタートした。その理念も内容も、上に述べた状況の延長線上にしかない。したがって、政府は〈こんなことが本当に必要なのか、有効性があるのか〉と問われれば、〈沖縄県の要望に沿いました〉というだけなのである。／例えば、〈特別自由貿易地域〉は旧法にもあったし、すでに動いているものであるが、想定されたように企業は寄って来ず、広大な敷地が開いたままである。…／また、金融業務特区、情報通信産業特区、産業高度化地域などを設けるというが、そのいずれに成算があるというのか。このようなことは、単なる税制優遇措置で立地するかどうかが決まるものではなく、沖縄の現実からくる何らかの必然性の上に立っていなければならないはずである。／このように、政府自体が成算があるとも思っていないことが、沖縄県の要請だからと制度化されていく。この構図では、どう転んでも政府には責任がなく、政府は基地容認という回答を取り付けることで満足することになる」(同上)。

この認識がなくて、現代の沖縄経済を論ずることがいかに的外れであるか。

したがって、問題は、沖縄側が主体的に政策提言をしないことにあるのではなく、沖縄の提言そのものに現実性がなく、幻想的で、ことごとく失敗していることにあるのである。

「島それぞれにおける環境、歴史、文化等を考慮に入れ、島の人々が経済発展の方法を創り出し、実施する必要がある」(一七頁)とある。また「島嶼内の生産力を向上させ、経済構造を強固にするとともに、草の根的な内発的発展を展開することで沖縄内における格差を解消し、産業連関度を高める必要がある」(二〇頁)ともある。これまでの「経済思想家」の多くが、そのように考え、さまざまな提言をしてきた。それでも「有効打」が打てていないという現実に向かって、著者は今さら何を言おうとするのか。

三、全体が、内発的発展論と島嶼経済論でまとめあげられている。だが、それは初めにそれありきという感じで、帰納的に引き出された理念とは見えない。

例えば、「近世琉球時代」に関しては次のようにいう。「資源の少ない、規模の不経済が問題となる島嶼琉球の経済的問題、そして国家としての独立という政治的問題に対して琉球王国の思想家は、島嶼内の生産力を強化する政策とともに、時代状況に応じた外交関係の形成と貿易の促進により島嶼問題を克服しようとした」（九〇頁）。「琉球王国の思想家」たちは、はたしてそうしたであろうか。そもそも「島嶼問題」という認識があったといえるかどうか。そして問題は、それに成功したか、どの程度に成功したかにあろう。しかし、そのような検討はしない。

四、四つの章が四つ、あるいは五つの時代にそれぞれ配当されている。第一章は「一二世紀〜一八七九年」とされ、一二世紀から一六〇九年までの「独立」した琉球王国を「古琉球時代」とし、それ以後の薩摩藩支配下の琉球王国を「近世琉球時代」と区分してはいる（三四頁）。しかし、両時代の区分が一つの章で扱われ、同じ一つの節で扱われている（第一章第二節　中国型華夷秩序と琉球経済）。これは基本的な欠陥であるが、それは近世以前の琉球史を、ただ対外交易を重視する視点からのみとらえた結果であり、経済構造を分析するという視点が欠けていることからきているといえよう。

四-1、「古琉球・近世琉球において琉球王国が、…、独立国家としての経済発展が可能になった」（二五頁）、「琉球王国は…、王国としての経済基盤を培い、独立を維持してきた」（二五頁）、「琉球が…管理貿易という貿易制度を導入し、貿易利益によって王国の経済的基盤が形成された」（三九頁）、「琉球は南海諸島の様々な国と貿易を行ない、アジア間分業体制から生じた利益により島嶼国家の財政基盤を確立した」（四三頁）、「貿易活動により琉球王国の政治経済体制が確立されていた」（五〇頁）、「海禁という中国の貿易政策を利用したことが琉球繁栄の一因となった」（五一頁）。ここでは「琉球王国」について、しかもとりわけ「古琉球」時代について、「独立」「経済的基盤の形成」「財政基盤の確立」「政治経済体制の確立」「繁栄」という賛辞のオンパレードである。反省する言辞はどこにも見られない。歴史学的研究の現状では、当時、例えば民衆から租税をとったかどうかは不明であり（どちらかといえば否定的）、土地制度も不明であり、著者は何をもって諸々のことが「確立」されていたというのだろうか。特に一五世紀半ば以降の貿易縮小の事実は抹殺され、その「繁栄」が後に衰退していったその論理は見えてこない。

四―2、この中で、「中国型華夷秩序」に並べて、「日本型華夷秩序」（「島津型華夷秩序」ともある）とか「琉球型華夷秩序」という造語を提起しているが、このような方法は、本来の「中国型華夷秩序」の意味をあいまいにさせるだけでなく、日本や琉球の置かれた実態を正しく説明することにもつながらない。

四―3、なお、著者は「貿易活動については、中国人移民［↓渡来人？］に全面的に依存する時期が古琉球の大貿易時代の初期においてみられた」（九二頁）とも述べているが、そのことの評価は避けられ、ただ繁栄のみが強調されている。このような渡来中国人への「依存」というのは、問題の把握が逆転しているのであって、事実は渡来中国人が主体の「大貿易時代」［↓大交易時代？］であったのである。それが、早くも一五世紀半ば以降には衰退過程に入り、中国人は減っていき、その後の「貿易」はやむなく琉球人自身によって担われるようになったが、その規模は大幅に縮小して、一七世紀以降は薩摩藩の支えなくしては成り立たないほどになっているのである。

五、「近世琉球時代」は「日本型華夷秩序」への編入が完成した時代として描かれている。そこでは「人口の増大からも明らかなように近世琉球は薩摩による支配で社会が停滞していたのではなく、薩摩から生産性向上のための技術体系、物産、諸制度を導入することで経済発展を実現していたといえる」（六三頁）、「中継貿易活動で扱う物産を琉球の物産と代替することで島嶼内の生産力を向上させ、中国伝来の製糖技術を独自に改良し、琉球の島嶼環境を配慮した農法を作り上げ、そして琉球科律という特色ある法体系を整備した。羽地朝秀や蔡温を中心とする琉球人がその形成の担い手であった。他国とは違うという独自性を制度的に、そして世界観として確立したのが琉球型華夷秩序であった」（九四頁）、「島内における生産力向上と対外的経済活動が並行して行われていた」（九四頁）などと総括されている。

これでは、「古琉球時代」だけでなく、「近世琉球時代」も万々歳の発展を遂げていったことになる。しかし、具体的な事実は少しも示されることはない。「薩摩から…技術体系、物産、諸制度を導入」したのは事実であるが、それはその後どのように「経済発展」につながったのか。「中継貿易活動で扱う物産を琉球の物産と代替することで島嶼内の生産力を向上させ」たというが、「中継貿易活動で扱う物産」とは何を指しているのか、それが「琉球の物産と代替」したというが、その「琉球の物産」なるものは何を指しているのか。どんな分野で、どの程度に「島嶼内の生産力を向上させ」たのか。

「糖業における技術革新」については、儀間真常《ぎましんじょう》が製糖技術を導入した、武富重隣《たけとみじゅうりん》［↓しげさと］が白糖の技術を伝えた、真喜屋実清《まきやじっせい》が三柱糖車（堅型三ローラー圧搾機）を発明した、製糖取締が厳重だった［文中の「石炭」↓「石灰」］、などが指摘されている。そして、東南アジアとは異なって、「琉球人自らが技術革新の担い手になった」、「糖業については技術導入の初めから琉球人が主体的に係わっていたのである」（九二頁）とまとめる。これらのことによって、「琉球糖が日本市場で継続的に需要された」（九二頁）とする。①「白糖の技術」は普及しなかったが、どうして「画期的」なのか、②真喜屋の「三柱糖車」は、この方式は世界中で採用されていたが、彼の発明といえるか、③琉球糖の日本市場における比重は、日本糖業史の上では決して高くない。

「琉球の島嶼環境を配慮した農法を作り上げ」た（九四頁）というのも、具体性がない。蔡温などによる農業技術指導書はある。それはどの程度に実践されたのか。結果として、どのような「琉球の島嶼環境を配慮した農法」が「作り上げ」られたのか。その後の展開と今日の現状からみて、そのような農法があったとは思えないし、今もない。

「島内における生産力向上と対外的経済活動が並行して行われていた」という（九四頁）。「島内の生産力向上」はくりかえし指摘されるが、具体性は何もない。その「向上」と「対外的経済活動」が「並行して行なわれていた」とあるが、その有機的な関連は説明されない。

六、沖縄経済の構造的分析が軽薄で、実態を捉えきれていない。

六―1、「近代」の経済分析は次のような構成になっている。まず「沖縄県となり、近世とは性格の異なった島嶼経済問題が生じるようになった」（一二七頁）としたうえで、「大幅な移輸入超過状態が続いた」（同）ことを指摘している。これは、昭和戦前期の湧上聾人《わくがみろうじん》に依っているのだが、自ら統計数値を検証し、そのうえで、評言を先行者に求めるというのが筋であろう。「大幅な移輸入超過状態」は、以前からあったことではない。

評価として「現代の島嶼経済において特徴的にみられるモノカルチャーと島内における食料自給の

困難という問題に近代沖縄が直面するようになった」（一二八頁）、「日本の一部になることで自由競争の論理に島嶼経済が従わざるをえなくなった」（一二九頁）とする。「モノカルチャー」とは、いつの、どのような状況を表現したものか、いつの時代も「島嶼」においては「モノカルチャー」になるとの認識であれば、いただけない。「自由競争の論理に島嶼経済が従わざるをえなかった」という理解は正当だろうが、「日本の一部になることで」そうなったのではなく、沖縄史のうえでは二〇世紀初頭の「土地整理事業」によって、そうなったのであり、経済史の転換点としてのこの事業への無知が木漏れ出ている。評者（来間）には、『沖縄県史』第一巻に、この事業について詳しく検討した論考があるが、著者は読んでいない。

次に、「ソテツ地獄」の原因論に移っている。そこにはしかし「ソテツ地獄」と評された沖縄経済の実態についての言及はほとんどない。なお、「ソテツ地獄」について、「食べるものがなくソテツの実しか食べられなかったために、多くの死者が発生」と注書きしているのはいただけない。ソテツについての無知と、「ソテツ地獄」と評された沖縄経済の現実への無知を露呈している。評者（来間）には、これについても詳しく検討した論考がある（『沖縄県史』第三巻のうち）が、著者には完全に無視された。

六―2、「米軍統治下」の経済分析は次のような構成になっている。「第二節　復帰前の沖縄軍事基地と島嶼経済」は、(1)「沖縄・ミクロネシアにおける米国の軍事戦略」（二二〇―二二五頁）から始めているが、そこでは「基本的に両地域に対して本格的な経済開発策を実施しなかった」（二二四頁）と正当に結論している。ただし、自らは別の所で「米国民政府の経済政策が適用された」（九頁）と述べていたのであり、その矛盾に気づかない（二一-2）。

なお、一九五七年の「行政命令」（大統領行政命令とすべき。二三〇頁でも「大統領」が付いていない）が「立法化されたのがプライス法である」（二二二頁）とか、この命令で「沖縄の統治は軍政的色彩が強いものとなった」（二二三頁）などの評価はいただけない。「軍事的色彩」は、ある時点から「強く」なったのでなく、占領支配の初めから一貫して「強い」のである。

そして(2)「戦後沖縄経済の形成」（二二五-二三七頁）と続くが、そこでは何と！「経済」が少しも出てこない。基地問題、表現の自由の制限、法案の事前調整、土地闘争、漁船の国旗掲揚問題、渡航制限、裁判制度などについて述べるのみである。そして「島ぐるみ闘争」の結果、「一括払いを止め、借地料の値上げが決定されると闘争が鎮静化し、基地に依存する経済構造が確立するようになった」（二三二頁）と述べている。とすれば、それまでの一五年間は「基地経済」は「確立」されていなかったということになる。実態を客観的にみれば、それと並行して日米の財政援助が始まることにより、「純粋」基地経済から、「基地経済＋財政依存経済」への変化が始まるのであって、著者が「確立」したというその時期は「基地経済」としては衰退期なのである。
(3)「基地経済の構造」（二三七-二四八頁）が、真に経済を論じた個所である。そこでは、基地機能の強化、サービス産業ないし第三次産業の成長、農業の衰退、保護策を受けた工業の自給率の高さ、財政が産業支援にまわせなかったこと、為替レートのB円高設定、琉球列島経済計画、景気変動、税制、水・電力・ガス、外資導入、自由貿易地域、移住政策、などに順次触れていく。しかし、それは構造分析にはなっておらず、事実の羅列となっている。占領下二七年間の経済を、初期と中期と後期などと、メリハリをつけて取り扱うことをせず、説明が前後して、論理的に構成されていない。「ベトナム戦争の激化にともない…沖縄経済の成長を促した。沖縄に基地が存在する限り近隣地域の戦争発生によって、沖縄が軍需景気に沸き返るという経済構造がつくりだされた」（二四二頁）といいながら、根拠資料は何一つ出さず、ここでもまた「基地経済」がこの一九六五～六七年に「つくりだされた」となり、先に一九五九年前後に「確立」されたとした論と矛盾している。事実は、このベトナム・ブームの経済的効果は見られたものの、それは「基地経済」の後退過程での最後のあだ花でしかなかったのである。

六―3、復帰後については、二―5で述べた。

七、沖縄経済の実態に対応した経済思想の検討も、平板で、羅列的で、少しも思想的ではない。いろいろな議論を紹介し、ワンポイント・コメントをつけ、流していくのである。

七―1、羽地朝秀の「経済思想」は、「琉球を近世においても海洋国家として存続させようとしていた」「島嶼経済の内実を固めようとした」（二〇一頁）ものと評価されている。蔡温の「経済思想」は、「島嶼の生産力を増大するための政策を実施した」（二〇五頁）ものと評価されている。そして「両者とも琉球と諸外国との経済的関係を重視していたが、技術や制度の導入による国内の生産力向上を目指して、政策の比重は琉球という陸地に置かれていた」（二〇九頁）と総括されている。

しかし、それらが「琉球内部の経済発展の土台が確立していた」（二〇八頁）とか、「経済諸制度や技術体系の導入とその改良が着実に行なわれていた」（同）などという誤った認識に基づいているのをみると、経済政策・思想と経済の現実とが混同されていると言わざるをえない。

七―2、「近代」の「経済思想」の対象者としては、伊波普猷《いはふゆう》、太田朝敷《おおたちょうふ》、謝花昇《じゃはなのぼる》をあげている。

七―3、「米軍統治下」では、「沖縄独立論者の経済思想」として、宮城仁四郎《みやぎじんしろう》、西野照太郎《にしのてるたろう》を、「環境保護・反基地運動家の経済思想」として、安里清信《あさとせいしん》、阿波根昌鴻《あはごんしょうこう》を、「企業家の経済思想」として、宮城仁四郎、小波津清昇《こはつせいしょう》、具志堅宗精《ぐしけんそうせい》を、そして久場政彦《くばまさひこ》と宝村信雄《たからむらのぶお》との論争を取り上げている。また、「日本復帰を巡る開発の思想」を加えている。

七―4、「日本本土復帰後における沖縄の経済思想」は次のように区分されている。「独立、特別県制論者の経済思想」では、平恒次《たいらこうじ》、高良勉《たからべん》、いれいたかし、原田誠司《はらだせいじ》・安東誠一《あんどうせいいち》・矢下徳治、自治労沖縄県本部、島袋純《しまぶくろじゅん》、宮本憲一が扱われている。「コモンズの経済学」では、玉野井芳郎《たまのいよしろう》、多辺《たべ》田政弘《たまさひろ》が、「沖縄自由貿易地域を巡る経済思想」では、嘉数啓《かかずひろし》、田中委員会（産業・経済の振興と規制緩和等検討委員会）提言、沖縄県の国際都市形成構想、西川潤が、「自助努力の思想」では、牧野《まきの》浩隆《ひろたか》が、それぞれ扱われている。批判的検討を抜きにした紹介にとどまっており、相互に矛盾する議論も、基本的には肯定的に扱われている。

八、固有名詞のルビの誤りが多数見られる。池城安規（いけぐすあんき→いけぐすくあんき〔一一七頁〕）、名城里之子親雲上（なしろさとのこぺーちん→なしろさとぬしぺーちん、あるいはさとのし〔一一八頁〕）、新城朝功（しんじょうちょうこう→あらぐすくちょうこう〔一三一頁〕）、護得久朝惟（ごとくちょうい→ごえくちょうい〔一四七頁と一五四頁〕）、護佐丸（ござまる→ごさまる〔一五三頁〕）、西里蒲（みしざとかま→にしざとかま〔一五四頁〕）、宮城鉄夫（みやぎてつお→みやぎてっぷ〔一六三頁〕ただし「てつお」説あり）、伊江朝助（いえちょうすけ→いえちょうじょ〔二二二頁〕）。

九、結論として、沖縄経済とその思想に関する「壮大な羅列」ともいうべき著作である。「二一世紀に向けた沖縄経済発展のために政策提言を行なった」（三六二頁）というが、それは書く前にあらかじめ持っていた理念の吐露であって、分析の結果として得られたものではない。したがって、説得力に欠ける。

ちなみに、その結論は次のごとくである。「その骨子は、文化の発展、島嶼経済の再編と経済的ネットワークの構築、経済発展のための二重戦略である。沖縄をとりまく今日的な時代状況を見据え、多くの蓄積を有する沖縄経済思想史を踏まえた経済発展の方向が望ましいと考える」（三六二頁）。ここでいう「二重戦略」とは、「貿易や移民等を通じて、島嶼外部との経済関係を強化することで島嶼経済を発展させる方向と、島嶼内部の生産性を向上させて経済構造の安定化を目指す方向である」（三七〇頁）。つまり、島嶼の不利性を克服するためには、外部との関係を強めるべきであるが、それだけだと外部の変化に翻弄されかねない、そこでこれに並行して、内部の経済構造を強固にする取り組みが必要で、そこに内発的発展の展開が求められる、というのである。

なぜ沖縄では製造業の力が弱いのか、なぜ沖縄農業は低迷しているのか、そのような分析はないし、それに対処する具体的な提言もない。分析なくして正しい認識なし、正しい認識なくして正しい提言なし。宙に浮いた提言の一人歩きでは、何事も変わらない。

（沖縄国際大学経済学部編『経済論集』第三巻第一号、二〇〇六年一〇月）

4 「開発のかたちの差異」論（短評・原洋之介『北の大地・南の列島の「農」』）

本書は、「北の大地」＝北海道と、「南の列島」＝沖縄の、農業を論じたものである。副題には「地域分権化と農政改革」とあり、昨今の「新自由主義的農政改革」の方向が、地域特性を無視したものであるとして、批判される。

著者の原氏は、永く東京大学東洋文化研究所に籍を置いて、アジア経済論と取り組んできたベテラン研究者である。『アジア型経済システム』（中公新書）、『現代アジア経済論』（岩波書店）など、多くの著作がある。近年は年に二、三度も沖縄に通っている。「東南アジア経済・農業を過去三〇年くらい見てきた自分にとって、沖縄の開発の問題は決して他人事ではない研究課題であった」。そして、「北海道の経済・農業問題にも、取り組んでみ」たい、という。

原氏は、近現代の沖縄および北海道の歴史、とりわけ農業の歴史を復習して、いずれも「日本文明のバリアント」（変種）の一つだとし、「北海道も沖縄も、それぞれがもつ個性を発揮しつつ、日本国家全体の健全な再構築ためにどのように寄与できるのかを考えぬいた地域作りをしなければならないのだ」という。「日本の南北の辺境におけるこのような農のあり方は、間違いなく、内地・本土とは違っている。この違いは、わが国の地域の間での資本主義・市場経済の発展段階の差に起因していると考えることも可能ではあろう。しかしそれ以上に、単純には発展段階の差異とはいい難い〈開発のかたち〉の違いがあるというべきであろう」。ひるがえって、東アジア地域にも「発展段階の差異に解消しきれない経済制度面での多様性が存在している」。

「発展段階の差異」ととらえれば、沖縄の場合は「後進的」となり、いずれ進んできて追いつくものと位置づけられる。評者は、かつて「後進性」という言葉を使って、沖縄農業・経済をとらえたことがある。しかし今では、そのような時間軸では考えていない。原氏と同じく「開発のかたちの差異」ととらえたいのだが、そうすれば時間的な先進・後進ではなく、並列的な差異となる。それは夕イプが異なるのだから、時間が経過しても同じ道に合流してはいかない。問題は、そのように、「開発のかたちの差異」ととらえてもなお、積極的な展望はなかなか描けないというところにあろう（書籍工房早山、二〇〇七年六月、二七〇頁）。

（『沖縄タイムス』二〇〇七年一〇月一三日）

5 〝九五年転機〟の確認（書評・川瀬光義著『基地維持政策と財政』）

本書は、二〇一三年九月に、日本経済評論社から刊行されたもので、総ページは二二八である。著者は、宮本憲一《みやもとけんいち》主宰の「沖縄持続的発展研究会」のメンバーで、『沖縄論―平和・環境・自治の島へ―』（岩波書店、二〇一〇年）を刊行し、宮本とともに編者となっている。その時のテーマは、宮本が「〈沖縄政策〉の評価と展望」を、川瀬《かわせ》が「基地維持財政政策の変貌と帰結」を書き、また本学の佐藤《さとう》学、砂川《すながわ》かおりも、執筆に加わっていた。

一、目次

序　章　本書の課題
第一章　在日米軍基地と財政
第二章　沖縄の基地と地域経済
第三章　基地と自治体財政
第四章　基地維持財政政策の展開

第五章　嘉手納町にみる基地維持財政政策の実態
第六章　名護市にみる基地維持財政政策の実態
第七章　沖縄振興（開発）政策の展開と帰結
第八章　沖縄市にみる振興政策の実態―中城湾港泡瀬沖合埋め立て事業を中心に―
終　章　ルールなき財政支出の帰結

二、本書の課題

「日本における基地を維持するための財政支出、とくに一九九〇年代半ば以降のその展開が意味することについて、地域差別という点を据えて、原子力発電所の場合とも比較して分析すること、これが本書の課題である」（八―九頁）。

「本書では、日本の軍事費の一割ほどをしめるにすぎないが、基地の提供という日米安保条約にもとづく日本側の義務を履行する際に重要な役割をはたしている経費、さらに普天間飛行場撤去の条件として沖縄県名護市辺野古への新基地建設計画がすすめられ始めて以降、質量ともに重大な変質をとげた基地を維持するための財政支出の特質を、〈地域差別〉という視点を据えて問うことにしたい」（一一頁）。

三、「思いやり予算」

いわゆる「思いやり予算」については、次のようにまとめている。

「〝思いやり予算〟は金丸信《かねまるしん》防衛庁長官（当時）の提唱により、一九七八年度から始まったとされている。しかし、沖縄返還交渉に係る密約をスクープした、元毎日新聞記者の西山太吉《にしやまたきち》は、一九七二年の沖縄返還協定発効にともなって実施されていたと指摘している」。沖縄返還協定第七条で、三億二〇〇〇万円の負担、また「基地の移転に関する費用、従業員の待遇に関する費用が日本側の負担となった」。「その後アメリカの求めるままに対象を拡大して膨張していった思いやり予算の沿革をみるにつけ、沖縄返還協定が思いやり予算の始まりという西山の指摘は正鵠《せいこく》を得ているといえる」（二九–三〇頁）。

「当初の思いやり予算は、〈基地従業員対策等〉（表1–5の「労務費」の一部）と〈提供施設の整備〉だけであった」。「このようにして始まった思いやり予算の次の大きな転機は、一九八七年の特別協定である」。それは「暫定的」「特例的」「限定的」とされ、五年間の期限付きであった。しかしその五年後に、さらに五年間の延長が決められただけでなく、「訓練移転費」の対象が国内のみならず、グアム島までも含められたし、「提供施設の整備」の対象は軍事施設のみならず、娯楽施設や教会の建設にまで対象とするようになった。さらに、「基地従業員」という費目の中に、これらの娯楽施設のそれをも含められた（三〇–三四頁）。

四、原子力発電所立地自治体との比較

もともと沖縄のアメリカ軍基地は、占領直後と一九五〇年代初頭に強権で作られ、その後一九六〇年前後に在日海兵隊が沖縄に移動することによって、主に国・県・市町村有地を加えることによって

拡張されたものであり、沖縄県民が誘致したり容認したりしてできたものではない。そこは原発の立地とは異なっている。しかし、「九〇年代半ばの転換」によって、両者の性格は近寄った。

例えば、自治体財政に占める「基地関係収入」の比率が最も高い（三四％）宜野座村《ぎのざそん》と、「浜岡《はまおか》原子力発電所が五基立地している（うち一・二号機は廃炉が決定）静岡県御前崎《おまえざき》市」の場合を比較してみると、「迷惑施設立地の〈代償〉として過分な財政収入を得ているのは同じである」（八三頁）。ただ、違いもある。

「第一に、地方税の占める割合が、御前崎市は五二・四％と過半を占めているのに対し、宜野座村は七・四％にすぎない。これは、原子力発電所にかかわる最大の収入源が固定資産税の償却資産分［地方税とされる―来間］であるのに対し、軍用地料は財産収入［二六％］に、基地交付金は国庫支出金［一五％］に計上されているからである」。宜野座村のこれらの合計は、七＋二六＋一五＝四八％となり、御前崎市の五二％と同様になる。そのかぎり、その違いは、財源の性格の違いからくる形式的なものである。ただ、原発には核燃料税［地方税とされる―来間］もあるが、停止中は出ない。「そして最大の税源である固定資産税償却資産分は、減価償却により着実に減少していくのである」。「他方、基地所在自治体の二種類の基地交付金」も、軍用地料も「増加している」（八四―八五頁）。

「第二に、地方税収入が多くをしめる御前崎市は」、財政力指数が高く「富裕団体」とされ、「普通交付税の不交付団体」である。これに対して宜野座村は、財政力指数は低く、普通交付税を受け、その割合は一七％にもなっている。「これは基地交付金、軍用地料とともに一般財源であり、かつ地方交付税の基準財政収入額算定の対象外となっていることによるものである」（八五頁）。

著者は、原発と基地という「迷惑施設」が立地することへの「代償」が「過分な財政収入」を得ているという共通性を指摘するのであるが、そのような一般的な共通性も、詳しく見ていくと、基地の方が優遇されているということを示唆している。

五、まとめ

本書は、基地と財政の問題を、主として沖縄に即して、一部は原発問題と重ねて、解明している。

著者は、一九九〇年代半ばを転換点ととらえている。沖縄振興策は、それまでは主として「日本復帰」という異常事態に対応するための「特別」な位置づけであったし、その基地に関わる支出も、いわば基地があることから生ずる諸問題への対応としての「迷惑料」の性格のものにとどまっていた。しかしその後は、単に「沖縄振興策」と名づけられていても、基地を容認してくれるから出す、基地の移設を受け入れてくれるから出す（受け入れなければ出さない）という、基地がらみの性格を持つようになっていった。著者は、ポイントであるこの転換を正しく認識している。

そして、その転換が「基地維持政策と財政」（本書の表題）への転換であり、原子力発電所の立地に対応する財政支出と同じ性格を持つことにつながったのである。

「日米地位協定」でアメリカ側負担となっているのに、協定外に特別に支出されるいわゆる「思いやり予算」は、沖縄の復帰と絡まって始まったが、これもその内容が一九八七年に大きく転換し、しかも急速に増大した。そうなると、単に「思いやり」とするにははばかられてきたために、近年は「地位協定」とは別の、時限的な「特別協定」をくりかえすことによって、対応するようになった

（第一章）。

著者は第四章で、九五年ころを境にして「基地維持財政政策」といえるものに変質していった経緯をくわしく追求している。キーワードを挙げれば、九五年の「少女乱暴事件」とそれへの県民の反発、SACO合意、「普通交付税の算定項目に安全保障への貢献度を加え」たこと、沖縄に特定した「基地所在市町村に関する特別事業費」の支出、いわゆる「島田懇談会事業」、普天間飛行場の移設先とされる沖縄本島北部地区に関わる「北部振興事業」、「米軍再編交付金」等々である。そして「質的な変化」が指摘される。「質的な変化とは、従来の基地関連の財政支出は、沖縄の人々が合意して基地を引き受けているわけではないという点も考慮された、補償金ないし迷惑料的な性格が主だったのに対し、普天間飛行場撤去の条件として新基地建設が政策課題となってからの財政支出には、新たな負担を引き受けることへの見返り的な性格が濃厚となってきたことである」（一一八頁）。

さらに、第五章では嘉手納町の、第六章で名護市の、「基地維持財政政策の実態」が解明され、第七章では「復帰財政経済政策四〇年」が「検証」されている。そこでは、当初の目標であった「格差是正」が達成されてもなお四〇年間も続いている「沖縄振興（開発）特別措置法」とそれに基づく「沖縄振興（開発）計画」の必然性にも、「沖縄振興一括交付金」にも疑問が出され、「今、沖縄だけを対象とする特別な財政措置を講じることに全国的な共感が得られる施策があるとしたら、やはり基地返還跡地利用に関するそれではないだろうか」という（一八二頁）。的確な指摘といっていい。

本書が明らかにし、秩序立てて説明したことは、他にもいろいろとあるが、省略する。

細かいことであるが注文をつける。①「軍用地料は、民間の地権者にとっては地代所得となり、毎年確実に増収となるので、格好の利殖手段となっている」という、また「最近では、確実かつ利回りの高い不動産として、県外の購入者も増加しているという」（五九―六二頁）。このように論ずるのは、マスコミなどによる報道に影響されているものであろう。確かにそのような報道もあったが、しかし、近年はその上昇率が一%程度に抑えられてきたので、今やそうではなかろう。私が集計している『タイムス住宅新聞』『かふう』（いずれも週刊）に掲載される軍用地の売り広告は、近年その件数が激減している。②「もし仮に、今米軍基地が撤去され、これら軍関係受取が消滅したとしても、沖縄本島中部の優良地が活用できることからして、マクロ経済レベルでは容易にその回復は可能と言えよう」とあり（六三頁）、そうではあるが、返還跡地の利活用は数々の難問を抱えており、そうスムースに運べるものではないことを見通す必要があろう。

（当初『経済』二〇一四年三月号に発表したが、それをやや敷衍《ふえん》した。沖縄国際大学南島文化研究所編『南島文化』第三七号、二〇一五年三月）

第三部　琉球独立論

1　琉球独立論者の皆さんに捧げる

琉球独立論は、沖縄県民が政治の主人公になろうという思想である。政権を取りたいのだ。日本のような強大な国家の一員として位置づけられることを嫌い、小さくても自分たちの国と思える国家を創造したいのである。

しかしながら、この思想は、いくつかの課題ないし難題を抱えている。

歴史のどの時代にモデルを求めるのか

琉球独立論は、沖縄は、永くヤマトに支配されてきたと考え、その状態からの脱却を求めるとしている。ヤマトに支配される前の状態に戻すという意識であろう。では、「ヤマトに支配される前の状態」とは、どの時代のことであろうか。

まず、「琉球王国」が「沖縄県」にされてしまった明治初期が浮かぶ。その場合も、「琉球王国」が「琉球藩」にされた一八七二（明治五）年か、その「琉球藩」がさらに「沖縄県」にされた一八七九（明治一二）年か、いずれをとるかも問題である。普通は、後の方が「琉球処分」と命名されていて、大方はこの年を起点と考えているのであろう。本二〇〇九年が「琉球処分一三〇年」という場合、一八七九年をとらえている。

しかし、この明治初期という設定は自明のことではない。それ以前もヤマトに支配されていたからである。当時の江戸幕府は、薩摩藩に「琉球王国」の支配を許した。そこで、薩摩藩は一六〇九年に軍隊を派遣して、「琉球王国」を屈服させた。それから二七〇年ほどの間は、「琉球王国」は薩摩藩・島津氏に支配されていたのである。本二〇〇九年は、「薩摩侵入四〇〇年」などともされている。しかし「琉球王国」は、王国としてのあり方は否定されず、形は残ったのであるが、それはけっして「独立国」ではなかったし、栄光の時代ではなかったのである。

もっとも、薩摩藩の支配下に置かれながらも、沖縄の社会は以前と大きく異なったものとはならなかった。薩摩藩の支配は、経済と社会の内奥までは及ばなかったからである。俗に、薩摩藩に搾取されたから疲弊したなどといわれる場合もあるが、それを過大に言うべきではない。もともと経済力が弱く貧しかったのであり、薩摩藩による部分は大きくはない。

では、それ以前が「琉球王国」の独立していた理想の時代とされるのであろうか。これもなかなか難しい。「琉球王国」は一四二九年に成立したとされている［私はその後『琉球王国の成立』を著し、成立は一三七二年とした］。本二〇〇九年は、「琉球王国建国五八〇年（→六三七年）」でもある。それは、どのような建国であったのか。

一三世紀から一五世紀のアジア（東アジアと東南アジア）は、一つの交易のネットワークの中にあった。国境という意識も実態もよく成立していなかった時代であり、幾筋もの海路で結合されていた。

商人の活躍した時代である。この商人たちは「海商」と呼ばれるが、交易がスムースに行なえなかった時には、武力に訴えて「海賊＝倭寇」となるような、そのような商人であった。取り引きの対象は物品だけでなく、「人」つまり奴隷もあった。日本人が中国に住み、中国人がタイに住み、タイ人がまたいずれかの国に住むというような、現在の国境を超えた交流や強制移住があった。

このような中で、ようやく原始時代を抜け出てきた沖縄にも、しだいに「外国人」の「海商」が住み着くようになっていった。その意味で、沖縄の地理的な位置は有効だったのであろう。日本人も朝鮮人も中国人もいた。この「外国人・海商」に混じって沖縄人もいたが、おそらく、それらの中心は中国人であっただろう。

ところが、一三六八年に成立した中国の新政府「明」は、海禁（鎖国）政策をとり、外国への渡航・交易を禁止し、すでに海外にいた中国人の帰国を禁止した。沖縄を拠点に交易を行なっていた海商たちは窮地に追い込まれた。明は同時に、周辺諸国に対して、朝貢＝冊封体制に加わるように呼びかけた。その呼びかけが沖縄にも伝えられた。沖縄にいた中国人海商たちは、沖縄人たちを指導して、「ここは琉球である、国である、私がその権力者である」と主張させた。明も沖縄の実態は承知の上で呼びかけたのであるから、これに対応する沖縄を受け入れて、「琉球」という国名と、「王」という称号と、「尚」という名を与え、朝貢＝冊封体制の一員に加えた。それは、公式文書を作成する人びとや、通訳や航海技師を派遣し、船を与えるなど「優遇措置」をとるほどの好待遇であった。そして、初期の王国行政を取り仕切っていたのは「中国人宰相」たちであった。

「琉球王国」は、このように、在沖の海商たちの交易の手段として成立したものであったので、王国の体制は交易（対外対応）を軸に編成されていた。また、日本の古代・中世のように、農業などの産業を基礎に地域社会ができているのではないので、人民から租税を徴収することはなかった。地域社会の支配をめぐって「武士」が育つということもなかった（武力をもつ者がすべて「武士」ではない）。このような状況であったから、交易を軸に盛況の一面を示す王府およびその周辺と、生きるための業《なりわい》に勤《いそ》しむ農漁村とは、別世界のような格差があった、とされている。

このように、成立期の「琉球王国」は独立国ではなかったのである。そうであれば、独立論者たちは、ここにその拠り所を求めることはできまい。

それでは、琉球独立論の根拠は、その歴史のどの段階にも見出せないのであろうか。いな、わずかにいわゆる「第二尚氏」の時代がある。一五世紀の末期に始まり、一七世紀初頭に薩摩藩の侵略を受けるまでの、ほぼ一世紀のことである。この時代は、中継貿易の核としての琉球のメリットが喪失しており、中国側の肩入れは薄くなり、在沖海商たちはしだいに立ち去り、交易による立国がままならなくなっていて、自立ないし独立が求められる状況にあった。尚真《しょうしん》王が「黄金時代」を築いたとされる時代がその中心である。

しかしながら、自立しようにも独立しようにも、産業の基盤ができておらず、租税さえ徴収できないという状況では、如何ともしがたい。どうにもならない。そこで、薩摩藩などのヤマトへ近づいてゆき、結局はそれへの従属化の方向へと流れて行ったのである。その延長線上に、一六〇九年の薩摩藩の侵略があるのだが、それを道徳的に批判するだけでなく、当時の状況の中での沖縄がどのようなものであったか、客観的に評価する眼を持ちたいものである。

かくして、琉球独立論の根拠を歴史に求めるとすれば、それは「第二尚氏」の時代（一六世紀）のみとなるが、この時代をモデルにしてこれからの沖縄のあるべき姿を模索しようとしても、そこにはなんらの展望も描けない。繰り返すが、この時代は対外交易が縮小していった時代である。自給自足に甘んじていたと考えられる「地方」「田舎」は、そのようなことには関係なかっただろうが、「王国」は大変で、恐慌をきたしたであろう。「経済」という問題は、「金儲け」のことと受け取られて敬遠されがちであるが、「経済」を抜きにして社会は成り立たないのであり、独立した国家も続かないのである。第二次大戦後に待望の独立を果たした国ぐにの多くが、経済の面から苦悩しているのは、よく知られた事実である。また、尚真を英雄に押し上げて、その時代を賛美するなどという図柄も、琉球独立論者たちに似つかわしいとは思えない。

琉球独立論者たちは、ヤマトからの独立を主張しているようだ。その文脈で「日琉同祖論」が批判の対象にあげられている。沖縄人が日本人とは別の人種であると思いたいのだろうか。

そもそも人類は一つの集団からスタートした。人類はアフリカのエチオピアあたりで誕生して、それが世界中に拡散したものである。気候条件や自然環境の異なったさまざまな地域に拡散していく中で、白人・黒人・黄色人種などに分かれ、背の高い人びとと低い人びとに分かれ、眉の濃い人びとと薄い人びとに分かれつつ、それぞれに独特な言語生活を営むようになっていったものである（この点を重視する立場に立てば、「国家」そのものの否定論とならねばならなくなるだろう）。

その流れで、日本列島にはまず北方から旧石器人が入り、それが縄文人に発展していったが、そこに渡来系の弥生人の流入があり、混血したりその影響を受けたりしながら、日本人が形成されていった。南からの旧石器人と考えられている港川人などは、沖縄にいたのは確かであるが、石器などの道具を遺しておらず、定着して旧石器文化を形成したとは考えられていない。沖縄も縄文文化の影響下に入っていたが、日本が弥生時代になっても、沖縄では農耕が始まることもなく、金属器が使用されるようなことはなかった。一二世紀になってようやく農耕が始まり、原始時代から脱却した。奄美諸島では、それより一世紀ほど早かったと考えられる。ただし、沖縄の社会は、農耕の発達からしだいに成熟していって「階層社会」になったのではないので、農耕の成立の意義は日本ほど大きくはない。それは、外からの影響を受けて変化していったのであり、特に、海商たちの居住地・取引場となっていったことが、社会を展開させたと考えられる。

それまでも南からも北からも人びとが流入したであろうし、時代的にも繰り返し流入してきたであろうが、定着はなかなか進まなかった。それが、ようやくこの時代（一二世紀）に人口が増加しはじめた。それは、主として日本本土からの渡来によるものであった。沖縄語が日本語の分かれであることも、人が言語を伴ってきたからである。したがって、日琉は「同祖」なのである。しかし、このような議論に対して、琉球独立論者たちの多くはそれを「日琉同祖論」として排斥しているようだ。まさか、沖縄人がウチナーグチを生み出したというのではあるまい。「事実」と「想い」のいずれを重視するのか、という問題である。

独立論は政権掌握期待論である

もちろん、独立論の根拠を歴史に求めなければならないという制限や制約はない。歴史から離れて、自由に構想を描くといい。しかし、それはただ独立をいうだけでなく、どのような社会なのかを示すような構想でなければならないのだ。独立論者たちの議論には、経済問題が欠けている場合がしばしばである。

では、独立論者たちの政治論は、よくできているのだろうか。民主主義の面から独立を主張する形をとったりする場合、そのかぎりで好感が持てる。しかしながら、独立するということは所詮「政治権力を握る」ということなのである。政治権力を握るということは、政治・軍事・経済・教育・医療福祉等々を取り仕切り、国民に対して責任を持つということである。それは、現在も見られるように、選挙で政策を披露して争う、そのような流れの一員になるということなのである。しかし、考えてみてほしいのだが、どのような政治傾向・党派であれ、国民の希望を満たしてくれたことがあるだろうか。

独立しても、このような仕組みに変化はないのであって、「仮想敵国」日本という重石《おもし》が取り払われるだけで、その中でやはり、選挙で政策を披露して争うことにならざるをえまい。「独立」とは、ある種の重石を取り払うだけのことであり、それ以上ではない。そうであれば、今の体制の下で、選挙で政策を披露して争うこととどこが違うというのか。意見の異なる党派を弾圧して、共通意思で固めるということはできないだろうし、すべきでもないであろう。多様な意見があり続けるのである。

そして、政治権力を握ればなんでも希望がかなうという安易さはないか。経済（その構造と運営原理）も自由に構成できるはずだという甘さはないか。かつて、三〇年ほど前まで、私は「社会主義」に希望を持っていたが、その後はその希望を持たないことにした。社会主義という社会の仕組みは、実現できない「空想」にとどまる。創ろうとしてもできないものである。それを強いてつくろうとするから、ソ連も中国も、かつての東ヨーロッパの国々も、そして近年のベトナムも北朝鮮も、「人為的国家」となり、権力で民衆を抑圧する体制になってしまったのである。資本主義（市場経済）の仕組みは自然にできてくるものであるが、社会主義の仕組みは人為的に、権力的にしか生まれないし、長続きはしないものである。私は、資本主義の仕組みがいかに不合理で、矛盾をはらんだものであるかを、マルクスによって学生に講義しており、そのかぎり、マルクスの理論は正しいと思っているが、だからといって、社会主義を推奨することはしない。

「民主主義」であった方がいいとは言える。しかし、それは人間の社会のあり方としては「必要条件」であって「十分条件」ではない。政治体制として「民主主義」であれば、人びとを幸せにできるだろうか。そうではないという経験を、われわれはすでにずいぶん積んできたのではないか。

私は、政治に期待することはほとんどない。その都度の選挙でいずれかの政党や候補者を選択して投票はするし、少しの期待は持つが、大きな期待はもたない。現実の政権掌握者（あるいはそのグループ）、さまざまな政治家（あるいはそのグループ）の、明らかな不正・不道徳・悪政に反発する気持ちは小さくないので、政治に嫌気はさすし、憤る。だから政治論議は大いに楽しんでいる。しかしながら、彼らに代わって政権掌握者になりたいとか、政治家になりたいとの希望はもたない。このような「政治に期待しない」立場、「政治を好きになれない」立場からは、「政権掌握者や政治家になろうとする琉球独立論」との距離は縮められない。足を引っ張ろうとも思わないが、応援しようとも思わない。

冒頭で「沖縄独立論は、沖縄県民が政治の主人公になろうという思想である」と述べた。しかし、「独立」が政治権力の奪取を目的とするものであるかぎり、単に「思想」にとどまることは許されまい。現実に、「政治権力の奪取」者になることであり、すでに「政治家」なのである。そうであるから、社会のあらゆる部門・分野・側面についての主張を網羅した「政策綱領」を提示する義務がある。

それをしないのであれば、その主張は個人的グループの趣味の範囲にとどめておいて、「居酒屋独立論」で自己満足すればいい。

その「居酒屋独立論」という「批判」を容認する、自認する独立論者もいるようだが、そうであれば、社会に向かっての主張・広報はやめることである。

（原題は「沖縄独立論者の皆さんに捧げる」、21世紀同人会編『うるまネシア』第一〇号、二〇〇九年五月）

2　沖縄経済の現実から「独立」を考える

「押しつけられた常識」とは何か

今回のテーマは、「経済の視点から」↓「押しつけられた常識」を覆そうということです。沖縄経済に関して、「押しつけられた常識」とは、何を指すのでしょうか。

主催者の宮里政玄《みやざとせいげん》氏が、五月二六日付の『沖縄タイムス』に書いているものの中から探してみると、「独立では食っていけないということ」、または「基地収入や基地関連の振興策なしに沖縄の経済は成り立たないという思い込み」ということのようです。後の方は、「基地を認めなければ沖縄の経済は成り立たない」と言い換えてもいいでしょう。もっと言い換えて、「基地がなくなれば、沖縄経済はレベルダウンする」ということでしょう。

これは「押しつけられた常識」なのでしょうか。間違っているのに、そのように信じ込まされている、という扱いでよいのでしょうか。

独立して「食っていけるか」どうかは、その内容と水準の問題です。「食う」だけなら、おそらくできるでしょう。どのような内容（生活様式）で、どのような水準（生活水準）で「食う」ことができるか、が問題なのです。独立は、水準を落として生きていくという決意が伴うことなのです。基地がなくなれば「経済は成り立たない」「レベルダウンする」かどうか。「成り立たない」というのは間違っています。だが、「レベルダウンする」かと聞かれれば、私はそのとおりだと答えます。「レベルダウンする」と考えているのが常識的であり、それは「押しつけられた」わけではなく、事実がそのような認識を生んでいるのです。

しかしながら、このテーマについての「常識」は、沖縄県民の間で分裂していると思います。もう一つの「常識」「思い込み」があるのです。それは、基地が撤去されたら、沖縄経済は「もっとよくなる」というものです。これは、私の意見とは異なります。私も基地の撤去を望んでいますが、それは、経済的には「もっと悪くなる」だろうが、それでも基地を撤去させようというものです。「よくなるから撤去させる」という意見は、「よくならなければ撤去は諦める」という意見なのであり、経済の現実に立ち戻ったときには、撤去要求をためらうようになる、危うい意見なのです。

政治と経済の違い

多くの政治家・評論家、マスメディアを通じて政治を論ずる人たちは、政治は自分たちが考えたとおりに「変更」「変革」することができると考えているようです。私もそう思っています。だから、政治改革に期待を持っています。

しかし、「変革」できないこともあります。それは経済にかかわる多くの物事です。消費税を上げるか下げるかは、政治の力で可能です。名護市に「金融特区」を設けることも、中城《なかぐすく》湾の一帯に

「自由貿易地域」を設けることも、政治が決めたことです。

問題は、消費税を上げたら経済がどのように変化し、下げたらどのように変化するかは、政治が決めることではないということです。消費税の上げ下げによる経済の変化は政治によってコントロールできることではありません。また、「金融特区」や「自由貿易地域」という制度を作っても、少しも動き出さないというのは、経済の力がそうさせているのです。

このように、経済は経済法則で動くのであって、人間の意思によって思い通りにすることは出来ないものなのです。失業率を政治の力で下げることはできません。普天間飛行場の代替基地を名護市・辺野古地区に移転・新設する、その見返りとして出された「北部振興策」は、総じてうまくいっていません。ただ、カネだけは落ちています。あの時「人口を二倍にする」などと、できもしないことを大声で叫んで、この政策はスタートしたのです。経済の振興は、カネでできるとはかぎらないのです。

私は、失業率を下げると公約して実績をあげられなかった政治家を、そのことによって非難する立場はとりません。それは、誰にもできないことなのです。仮に下がったとしても、それは政治の力でそうなったのではなく、経済の流れがそのような結果を生み出しただけなのです。

「金融特区」や「自由貿易地域」に対しても、私は「反対」はしませんでした。そうではなく、「やってもいいが、うまくいかないと思うよ」といったのです。そのとおりになったではありませんか。「自由貿易地域」については、私が反対したのは「全県」のそれであって、中城などの「特別」とか「地域限定」のそれには反対していません。これに対しても、「やってもいいが、うまくいかないと思うよ」といったのですが、これもそのとおりになりました。

したがって、経済問題はつねに政治の争点となりますが、経済「政策」によって経済が変革できるというのは幻想です。正確に言えば、経済を政治の力によって変革することは、一時的にはできるが、最終的には経済法則に流されていくものなのです。

私たちは、目の前の経済問題に対して、政治が関与するに当たって、その良し悪しについて意見を言いたくなります。私も言います。しかし、当面の政策選択については意見できても、その経済への影響を増長したり、制限したりすることは、決定的にはできないことだとの認識をもって、すべきものだと思います。

このような私の意見は、「独立」「自立」に伴なう経済問題について、経済の困難は政治の力で解決する（できる）とか、改善する（できる）とかの考えに対して、それは「甘い」とする考えにつながっているのです。

「独立」「自立」して、沖縄経済はやっていけるか

このテーマについての最大の参考資料は、日本復帰前の、アメリカ軍占領支配下の沖縄経済の実態に求めることができます。

(1) まず、アメリカは、当初六〇万人、すぐに七〇万人になった沖縄の人口の大きさに頭を抱えていました。軍事面からは排他的に支配したいが、経済面からは沖縄住民の生活について責任を持つことになり、それができないのではないかと危惧《きぐ》したのです。しかし、軍事面の要請を優先させて、排他的支配に踏み切りました。動き出してみると、やはり沖縄経済に活力はなかった。いわゆる「基地

収入」を与えるだけでは、沖縄経済はやっていけない。そのため、アメリカはずっと、沖縄経済の「自立」を求めていました。そのことは、「基地依存からの脱却」の要請であり、「基地依存度の軽減」の要請だったのです。

(2) 「基地依存度」は、一九五五年前後に二五〜二七％もあったものが、しだいに低下していき、六四年頃には一七％まで落ちます。そして「ベトナム・ブーム」(ベトナム戦争の沖縄経済への影響はこのように言われました) の六六〜六七年ころには少し上昇し、二〇％になりました。このわずかな時期を例外として、基本的には低下していったのです (これは、復帰時には一〇％を割り、今は五％程度になっています)。「基地依存度」は実際上は低下していきましたが、それは、増大して止まない「人びとの生活水準向上の期待」を満足させる力はありませんでした。

(3) そのため、人びとはアメリカの支配が悪い、日本に復帰すれば解決する、と考えるようになり、「日本復帰運動」が高まっていきました。この運動は、もちろん政治問題を中心にした運動であり、経済問題がつねに大きく意識されていたとは言えないでしょうが、人びとの心の底にそれがあったことは否定できないでしょう。

(4) 沖縄経済を「主語」にして言えば、次のように表現することができます。アメリカ軍の占領支配下に入り、日本経済から切り離され、孤立させられた (「独立」「自立」ではありません) 沖縄経済には、「二つの道」があったのです。

一つは、そのまま「沖縄経済として自立する」ことを求めることです。

もう一つは、戦前の状態に復帰すること、日本経済の一環に戻ることです。

アメリカ軍占領下の沖縄経済は、この「二つの道」の選択をめぐって揺れていたのです。もちろん、まずは「自立」が追求されました。しかしそれは、ことごとく失敗しました。その結果、沖縄経済は日本復帰を選んだのです。

「自立」の追求手段として試みられた政策には、次のようなものがありました。

①自由貿易地域の設定　↓本土企業が原材料を持ち込んで、低賃金労働を利用して製作させ、製品を主としてアメリカ本国に輸出するものです。これは「低賃金」状態に期待をかけた方式であり、台湾やシンガポールが同じことを始めると、潰れていきました。

②通貨のドルへの切り替えと、日本本土を含む「外資」の導入　↓本土からは製糖業を中心に、アメリカからは清涼飲料水製造業などに投資がありましたが、限定された分野でした。

③それよりも効果があったと考えられるのは、琉球政府自身の「島内産業保護育成政策」でしょう。これは、税の減免もありますし、融資の便宜も図りましたが、競合する本土製品を輸入しない、あるいは輸入に制限を加えるというものです。

(5)　沖縄経済が「自立」に向かって進んでいかない、人びとは「日本復帰」に流れていくという状況に対して、財政面の対応がなされました。アメリカ政府は、「プライス法」といわれた法律を作って、琉球政府に援助をするようになりました。それでも足りないとなって、次には日本政府の援助（「日政援助」と言われました）を容認するようになり、それも、当初はアメリカよりも金額を少なくするようにと、制限していましたが、一九六七年度の予算からは日本政府の援助の方が、アメリカ政府のそれよりも上回ることを認めました。それ以後は、日政援助はどんどん増加していき、一九七二年の復帰とその後の財政資金の絶大な投入となっていきました。私は、このような流れの中で、沖縄経済は復帰を境に、「基地経済」から「財政依存経済」に変わったと言い表しています。

さて、このようなアメリカ軍占領下の沖縄経済の体験から、どのような教訓を引き出すことができるでしょうか。

沖縄経済は何をめざしていくべきか

現代の経済は、「資本」が生産と流通と、そしてまた金融を主導しています。資本にとって沖縄経済はどのようなものとして、捉えられているのでしょうか。明らかに、資本の投資先として魅力が無いのです。

①資源に乏しく、②市場《しじょう》は小さい、↓①②から、原材料の輸送と製品の輸送が必要になるが、その輸送コストの高さが重荷になる。

③賃金はやや低いが、格差をもっての低さではない、↓周辺アジア諸国より高い。

④技術力が高いとか、労働の効率がいいということもない、…。

資本にも大小があり、地域を選ぶ資本もあります。だから、それなりの企業が立地していますが、十分とはいえません。

私は、この現実に立つべきだと考えています。「ないものねだり」はよくない。「奇策」に頼るのもよくない。足元を見つめて、「身の丈の経済」に甘んじることです。

「甘んじる」といっても、簡単ではありません。経済は競争の原理で動いています。過去の成果に安住して油断していたら、負けます。沖縄のどの企業も、自らの経営の現状を把握し、その問題点をつかみ、不断に改善する取組みを持続させなければ、そのうち潰れます。農業や水産業のような、企業の形態になっていない分野は、そのことがいっそう求められます。

はっきり言って、沖縄の企業や農家は、このような不断の取組みが弱いのです。この現状を改革せずして、うまくいかないことを政治のセイにする、特別な措置をお願いする、—これがよくないと思います。課題はもっと基本的なところにあるのです。

「自立」「独立」のことでいえば、その方向性は正しいし、私も賛成です。しかし、経済には（文化問題もそうでしょうが）政治では解決しないことがあるのです。「自立」で経済にかかってくる課題は、けっして小さくはないのです。それを覚悟して進みましょう。

（以上は、二〇〇八年五月三一日の会場で配布した私の発言要旨ですが、当日の平恒次《たいらこうじ》先生のお話に関連して、会場で発言したことに少し補足を加えて、次に記します）

平先生の独立論は沖縄経済の現実と切り離されている

平恒次先生は、古くから「沖縄独立論」「琉球独立論」の主唱者として知られています。その平先生のご専門が経済学であるということに、みなさんは注目し、かつ期待されていることでしょう。経済学者が独立論を口にしているのだから、独立に伴う経済問題はないか、小さいか、いずれかであろう、という具合に考えている方が多いのではないでしょうか。しかし、平先生の独立論は、経済を抜きにした議論なのです。先生の名著『日本国改造試論』（講談社新書、一九七四年）を、そのことに注意して読んでみてください。経済については何も書いてないことが分かると思います。

平先生が、経済との関連をどのように捉えているかを、あえて言えば、次のような意見といっていいでしょう。「経済というものは、回りまわってどうにかなるものである。世界の経済は国別に動いているのではなく、国の枠組みが変わっても、経済の実態にはほとんど関わりはない。だから、独立論に経済論議をからませる必要はない」。

しかし、この意見には大きな欠陥があります。沖縄に即していえば、一九七二年の日本復帰以後の沖縄経済が、アメリカ軍占領時代から一変して、今のような姿になったのは、日本政府が財政面で関与したからです。

「今のような姿」を肯定的にみるかどうか、財政に依存して「今のような姿」になったことを肯定的に見るかどうか、そのことは次元がずれることですから、その評価とからませないように願います。まずは、事実の問題として論じ合いたいのです。その上で、評価の話に進みましょう。

これが日本への復帰ではなく、いきなり独立だったとしたら、沖縄の社会と経済はどのようになっていたでしょうか。道路・空港・港湾・橋梁・トンネルなどの公共投資の資金は、沖縄県（または沖縄独立国）だけでは、ほとんど進まなかったでしょう。病院や、福祉施設や、学校などの教育施設も、ずいぶんと立派になりました。かつての琉球政府の財政力では、とてもできないことでした。

それでは、その評価に進みましょう。道路・空港・港湾・橋梁・トンネルなどは必要がなかった、と言い切れますか。病院や、福祉施設や、学校などの教育施設も、必要なかったと言い切れますか。一つひとつ検討していけば、無駄なものもあるし、性急すぎた工事もあった、同じく建設するのなら、配慮してほしいコレコレのことがあったなどと、言いたくはなります。ただし、それは「部分的」なことであって、「全体的」には推進されるべきものが多かったと言えるのではないでしょうか。

独立を主張するのなら、これらの公共事業を基本的にすべて拒否することとセットに主張してほしいと思います。独立論が、そのような「拒否」を鮮明にした上でなされるのなら、私は反対しません。そのようなことは自分たちの力でやってみせるという、根拠のない「カラ威張り」はしてほしくないのです。

平先生の議論に戻れば、先生は、そこまでの現実を踏まえて、独立を論じてはおられないのです。

平先生の沖縄経済論と「琉球独立論」についての私見

平恒次先生は、一時、琉球大学で経済学を教授しておられました。沖縄経済について考え、また調査もし、そのうえでいろいろと悩まれたようにお見受けします。経済学の理論では解釈できないし、展望も描けない、と。そこで、ご自身の言を引けば、沖縄から「亡命」されたのです。

私には、そのお気持ちがよく分かります。私も、同じ気分なのです。沖縄経済はとても経済学の理論では処理できない。沖縄経済を専門にしていますと、私は名刺に書いていますが、これでは「世界的な」どころか、「日本的な」レベルでも、大家になることはできません。したがって、私は「亡命」はしませんが、経済学者としての成功を求める道を捨てているのです。

沖縄経済の現状をあれこれと説明することはできます。それは、今もやっています。しかし、その現実の分析の中から理論を導き出すことは、ほとんど不可能です（挑戦者が現れることは歓迎しますが）。また、経済学の理論を引用し、紹介しながら、その理論とからませて沖縄経済を論ずることは、とてもできることではありません（経済学の体系そのものではなく、部分理論であればある程度可能です）。

　平先生は私に、次のように漏らしたことがあります。私の「独立論は〈空想〉だ」と。それには、いろいろな意味が含まれています。まず、先生が沖縄経済の現実に根ざして議論してはいないという「引け目」があることでしょう。そして、「現実」から離れていることになるので、「空想」といって、自分を揶揄するのです。しかしながら、この「空想」という言葉は、平先生にあっては、「幻想」に近いのではなく、「理想」「ユートピア」に近い用語法なのです。「議論が科学的に深まって行けば、可能性がないわけではない」という、希望を託した提案なのだと思います。

　そのかぎりで、私は「琉球独立論」の敵対者ではありません。「理想」を求めることに異議はないのです。ただ、県民が現実を離れて「幻想」を追うようであれば、経済学者の一人として、それを現実に引き戻すことが、私の社会的な義務だと感じているのです。

（原題は「〈独立〉とは遠い沖縄経済の現実」で編集者が付けたもの。宮里政玄《みやざとせいげん》・新崎盛暉《あらさきもりてる》・我部政明《がべまさあき》編『沖縄〈自立〉への道を求めて』高文研、二〇〇九年。当初は「いまこそ発想の転換を！」実行委員会が開催した、シンポジウム「押しつけられた常識を覆す―安保・開発・環境の視点から」で報告したもの）

第四部　経済学は地域個性にどう向き合うべきか

1　内田真人「沖縄らしさと市場原理」を読む

『沖縄タイムス』二〇〇三年四月一四日の文化欄に、日本銀行那覇支店長の内田真人《うちだまさと》氏が「沖縄らしさと市場原理」を書いている。

このテーマへの関心は、沖縄経済にかかわってきたすべての人に共有されているものであり、沖縄で生活する人の多くも、意識の強弱はあってもそれぞれに引っかかっていることといっていい。

内田氏は「沖縄経済界のリーダーたちは市場原理を取り入れるべきではないかという漠たる不安と、それでも沖縄らしさを残したいと悩みながら、結局どちらつかずで中途半端になっている点が問題である」といい、「市場原理」（それは内田氏によれば「強い者が勝つ」という原理である）と決別して、「沖縄らしさ」を「市場原理」に優先させようという。いわく「独自の時間間隔で戦略を」「〈地方分権〉の手本示そう」「沖縄流を光らせよ」「沖縄の強みを活かせ」。

さて、そうだろうか。

「沖縄経済界のリーダーたちが…中途半端になっている」のは事実であろう。しかし、それは沖縄経済と経済人が抜け出すことのできない現実であって、私は、そのことを「問題」だという内田氏に、現実逃避の姿を見てしまった。「高みから、無責任にものを言う」姿である。

われわれにとって「市場原理」は与えられた枠組みであり、それから逃れることはできないことだと、私は考えている。しかし、近年の「市場万能主義」の風潮と政策推進には大いに疑問を持つ。市場原理の暴走を許さず、適度に抑制するのが政策の基本であるべきと考える。すべて「強いものが勝つ」ということでは困る。この原理にゆだねていては、「沖縄経済」に勝ち目はない。

私は、市場原理を理念的には批判するが、現実的にはそこから逃れることはできないし、「沖縄経済」もその中で生きていくしかないと思っている。その暴走に対する適度な抑制は必要だが、大枠としての原理は拒否しようがない。

内田氏は、市場原理を理念として批判しない。公共事業は「競争の歪《ゆが》みをもたらす」から最小限にとどめるべきでものである、などという。そして、現状認識として、「日本でおそらく沖縄ほど市場原理が働いていない地域はないだろう」という。この論理からすれば、沖縄でも市場原理を働かせるような「改革」が必要だと結論するかと思えば、そうではない。

「沖縄経済」は市場原理から離れて生きていけという。市場原理で勝負したら「沖縄流」が劣勢なのは分かりきっている、「沖縄は市場原理を導入し、もっと競争しない限り、明るい将来が描けない」という人々がいるが、「しかし、沖縄で本当に競争を打ち立てれば問題は解決するだろうか？」として、「沖縄には誰の目にも、そしていつの世にも通用する良さが多く残っているように思う。沖縄流で結果が出ないのは、その良さを活かしきれないためだ」と答えている。日本もアジアも世界も市場原理で動いているのに、沖縄だけはその中に「別天地」を囲い込んで、市場原理に惑わされない世界を築きなさいというのである。

はたしてそれはできることなのだろうか。うまくいかないのは、沖縄の「やり方が悪い」からなのか。「沖縄の良さ」なるものは、市場原理の貫かれる社会の中で、「経済活動」として（「文化活動」としてではなく）生かせるものなのか。あるいは、「沖縄の良さ」なるものは、市場原理を無視した「経済活動」によって、残しうるものなのか。

内田氏が「沖縄の良さ」として挙げていることのいちいちについてはコメントを控えておくが、そのような理解に立ってする氏の提言を見てみよう。

「処方箋の第一歩は長期ビジョンを確立することである」。「孫の代まで見据えた平和で豊かな長期的なビジョンを構築し、短期的な対応を重視する市場原理とは違ったアプローチの確立」をめざせ。これは、氏によれば、すでに実行されていることである。「時間がゆっくり流れ、テーゲー主義で皆のんびりしている。…利益も三カ月、一年ではなく〈そのうちなんとかなるさー〉と楽観的に長期的な利益を期待する」。それでもうまくいっていないという現実をどうするか。そもそも長期的な利益を見据えながら短期的にも対応するというのが、市場原理に則《のっと》ったいき方ではないのか。

「第二に、沖縄のどの部分に市場原理を入れるべきかの再点検も必要だ。沖縄でも競争しなければならない分野はある。…競争の導入により［高いものは］値下げし、県民の生活を向上させる余地があろう」。これは、市場原理を無視するなという提言である。やはり市場原理からの「独立王国」は否定されている。市場原理のあれこれを区分して、これは取り入れてあれは取り入れないという、そんな「都合のいい」いき方は所詮《しょせん》ありえないのである。

「第三にやるべきことは、沖縄でしかできない強みについてもっと知恵を絞ることである。長寿の料理、健康食品、琉球文化、豊かな自然環境を活かしたビジネス。これら沖縄の持つ独特の良さを県外に今以上に強烈にＰＲしたら良いだろう」。これも実行されていることである。氏の提言の独自性は、「今以上に」ということでしかない。この第三の提言は市場原理とはどのような関係にあるのだろうか。「強み」を発揮して競争に勝てということであって、市場原理から離れて生きていけという、内田氏の今回の趣旨は、根本から崩れているのではないか。

「沖縄経済」も、このテーマにずっと悩んできた。「沖縄の良さ」と市場原理とは相反するものである。だから、資源に乏しく、エネルギーコストが高く、台風がときどき来て、潮風が常に吹いていて、中心市場から遠隔の地にある沖縄での「経済活動」は根本的に難しいのである。

この環境の中での沖縄経済のいき方は、乏しくともないわけではない資源をうまく活用し、エネルギーコストの引き下げに努め、台風や塩害に影響を受けない分野を選択し、輸送コストの負担を回避するために県内需要を主たる相手にすることなど、小さな努力を続けることだと思う。

沖縄経済に飛躍を求めるから、現実から遊離した「奇策」の提案が絶えないのである。「全県」自由貿易地域、金融特区、カジノの導入、などなど。

内田氏の提言は奇策ではないが、これもどうやら失敗作だったようだ。

（『沖縄タイムス』に投稿したが、不掲載。二〇〇三年四月）

2　沖縄の「地域個性」と経済学

一　私の研究課題とその変遷

(1)　研究への前段階

高校時代は、沖縄史の研究を希望していた。しかし、受験制度の問題（壁）があって、農業経済学を選択した。

進学した宇都宮大学（一九六一〜六五年）では、農学部の農業経済学科に入ったものの、その学習に打ち込むことはできず、自然科学系の科目を軽視するなど、いい学生ではなかった。ようやく目覚めたのは、卒業論文の執筆の日程に入った時だった。農業経済学の中でも、農政学を専攻し、沖縄農業をテーマに選んだ。ただし、それを政治経済の背景とともに考えた。卒業を迎える頃は、もっと勉強したいと思うようになっており、宇都宮大学やその周辺にいて、勉強を続けられるといいと考え、琉球農連の東京事務所に応募したところ、採用が決まった。その後、ある人と相談したら、「政府入りをとれ」との電報をいただいた。そこで、やはり帰郷することとした。

琉球政府の公務員（一九六五〜六八年）となって、「経済局協同組合課」に配属され、沖縄の農業と接することができた。私には農村・農業の経験はなかったので、それは初めてのことであった。そこで見た沖縄農業は、大学で学んだ概念とは、ずいぶんと異なるものであった。また、沖縄経済や沖縄農業に関して研究をしている先輩は数少なく、その人びとも寡作《かさく》であったため、自らその道を開拓する必要を感じた。

(2) 私の第一期（一九七二年の日本復帰前後）

琉球政府からは、卒業後の面倒は見るとの口約束を得て、そこを辞し、大学院（修士課程）に進んだ。宇都宮大学大学院農学研究科で、専攻は農業経済学（農政学）である（一九六八〜七〇年）。修士論文は「沖縄経済の展開過程と農業構造」で、戦前昭和期から、まだアメリカ軍の占領支配下にあった沖縄の、経済と農業についてまとめた。その内容は、さっそく二つの論文として公表する機会を得た。一つは、「戦前昭和期における沖縄県の経済構造について」（沖縄歴史研究会編『沖縄歴史研究』八号、一九七〇年九月）であり、もう一つは、占領下の部分を圧縮した「沖縄経済の現局面と〝一九七二年返還〟」（月刊誌『経済』一九七〇年一二月号）である。

帰郷して、幸いにも国際大学（旧コザ市にあった）の職を得ることができ（一九七〇年四月）、主たる担当科目として「経済原論」を割り当てられた。一九七二年五月の日本復帰の直前であり、私立大学どうしの「統合」問題に直面し、その研究と対応に追われ、また大学の教員労組の委員長としても、「復帰対策」に翻弄《ほんろう》された。また、この復帰運動の高揚期に、高校生向けとして『戦後沖縄の歴史』

(高校時代の二人の恩師、安仁屋政昭《あにやまさあき》先生と儀部景俊《ぎべけいしゅん》先生と三人の共著。日本青年出版社、一九七一年八月)を執筆、刊行したほか、復帰までの間に、五つの小論文を書く機会を得た。以上の一九七〇年前後を、「私の第一期」としておく。

(3) 私の第二期(一九七〇年代)

日本復帰と関連して、統合・新設された沖縄国際大学の商経学部に移籍した。復帰は、私の研究条件と環境を大きく変化させた。沖縄総合事務局などの役所や農協などからの調査・執筆依頼が数多くあり、それをこなすなかで、沖縄の農業、沖縄の経済、沖縄の歴史への理解を深めていった。また、大学に設置された南島文化研究所の調査にも参加した。一九七〇年代、「私の第二期」の作品には、『沖縄の農業―歴史のなかで考える―』(日本経済評論社、一九七九年)がある。これは、農協労組の調査依頼に応えて執筆していたものを、出版したものであり、そのころまでの農村調査の成果が集約されているといえる。

(4) 私の第三期(一九八〇年代)

また、一九八〇年代、「私の第三期」の成果は、『沖縄経済論批判』(日本経済評論社、一九九〇年)であり、これは、沖縄の歴史・経済・農業に関する諸著作を批判的に書評したものをまとめたものである。

さらに、この時期には、沖縄県農林水産部が企画した『沖縄県農林水産行政史』全一九巻の編集事務に携わり、そのうちの「第一巻総説・第二巻農林水産行政編」(合本。農林統計協会、一九九一年)を一人で執筆した。明治以降の政治・経済の歴史の中に、農林水産業とその行政の変遷を描いたものである。これは、第一回九州農業経済学会賞(学術賞)を受賞した。

この時期の終末期(一九九〇-九一年)には、沖縄国際大学と私学研修福祉会の資金の支えによって、アメリカ・イリノイ大学に一年間の海外研修の機会を得た。その際、アメリカ各地(カリフォルニア、ルイジアナ、フロリダなど)、メキシコ、カリブ海諸国、そしてヨーロッパ(イギリス、フランス、ドイツ、スペイン)に遊んだ。

(5) 私の第四期(一九九〇年代)

そして、一九九〇年代、「私の第四期」の成果は、『沖縄経済の幻想と現実』(日本経済評論社、一九九八年)である。沖縄県が一時提起していた「全県自由貿易地域(フリーゾーン)構想」を批判し、併せて、アメリカ軍基地と沖縄経済、沖縄の特質・歴史などを論じた。これは、伊波普猷《いはふゆう》賞(沖縄タイムス社)を受賞した。

(6) 私の第五期(二〇〇〇年代とそれ以降)

「私の第五期」にあたる二〇〇〇年代の現在は、担当していた沖縄経済史の講義から派生して、沖縄史の研究成果を学習して、その問題点を指摘することに中心を置いている。それは「沖縄史を読み解くシリーズ」として刊行する予定であり、その第一巻が『稲作の起源・伝来と〝海上の道〟』と題して、近く出ることになっている。今後は、このシリーズ（当面は全五巻を想定している）を完成させることに集中し、その後に、原始から現代までの通史を執筆することが目標である。

二　沖縄の「地域個性」

(1) 沖縄の「地域個性」との遭遇

・干ばつなのに水をかけない（干ばつで草が少なく、石垣・平久保《ひらくぼ》牧場で死んでいる牛。スプリンクラーはあるのに水をかけない）。

・土地改良事業（開墾・干拓・圃場整備・農道やかんがい排水施設の設置など）が、農家の意思とはズレて進められている。農業機械の導入も同様である。

・将来展望を聞くと、多くが「現状維持」と答える（農業も零細製造業も）。

・売ろうとしない商売人（「高いナ」と言ったら、「買《こ》うらんけ」と言われた。高い商品を勧めず、安い商品を勧める）。

このような事態に出会って、沖縄の、あるいは沖縄経済の「後進性」という捉え方をした。私の最初の著作『沖縄の農業』（一九七九年）の「終章」は、このようなことを考えてみたものである。

その後も、農村調査を繰り返す中で、また日常生活の中で、「後進性」としか言いようのない事態に何度も出会った。その最たるものは、県外出荷の野菜への取組みである。いろいろな品目が現われては消え、消えては現われる。持続しない。県外（特に東京）の冬春季は、沖縄の野菜を待っているのに、出荷できない。出荷を持続するための原則は、「定時・定量・定品質」の出荷体制を築くことだと分かっているはずだが、実践できない。

沖縄農業の問題点は、需要がない、あるいは出荷先がないということにではなく、それはあるのに、生産面で対応できないことにあるのである。このようなことを私は「後進性」と表現してみたが、それはまずは「地域個性」として捉えるべきものであろう。

(2) 沖縄の「地域個性」ないし「特質」

以下は、『沖縄経済の幻想と現実』(一九九八年)で書いたことである。

イ、なぜ「特質」を問題にするか

沖縄は二五〔↓三八〕年前に日本に復帰した。それは県民多数の要求が実現したものであり、その力によって勝ち取ったものといっていい。人々はその運動の過程で、沖縄人は日本人である、沖縄方言は日本語の仲間であるなど、本土と沖縄の共通性を訴えた。

しかし、復帰したのは政治体制であり、沖縄県が日本の一つの県として復活したということなのであった。そのことによって、アメリカ軍の直接統治、異民族支配という体制から解放されたということなのであった。政治体制に随伴して、経済体制も一つになった。

ここで重要なことは、復帰は政治と経済に限定された「一体化」であって、それ以上ではないということを自覚し、認め合うことである。何が一体化しないかというと、人々の心や行動に関わる諸々《もろもろ》のことどもである。それを以下でやや詳しく述べてみたいと思う。

ところが、実際には、本土と沖縄の差異、沖縄の特質を論ずることに関心を示さないか、否定的に処理しようという傾向が根強い。例え触れても軽く触れるにとどめるか、基本を共通性や同一性に引き戻して処理する傾向が根強い。同じ日本の中でなぜ差異を強調するかという反発にもしばしば出会う。

この傾向は「理論派」に多く見られる。社会科学の一般法則を重視する立場は、国や地域の差異を軽視する傾向に陥りやすい。一般法則を踏まえることは必要だが、それは国や地域の差異にとらわれて大きな流れや基本を把握し損なうことを戒めるものであって、一般法則の追究と地域個性の把握とは、互いに補い合う関係になければなるまい。

沖縄の社会を観察するときに、なぜ鹿児島以北と同一の視点を持ち込むのか。政治経済「体制」の分析ならそれでいい。しかし、政治に携わる人々とその団体、経済に携わる人々とその団体に分析の対象が向けられるとき、同一の視点は通用しない。もし分析の対象が外国であれば、そもそも政治経済「体制」が異なっているので、それを支えている人々と団体の分析にも慎重な対応がとられることであろう。ところが沖縄は、政治や経済を支えている人々や団体の性格が異なっているのに、体制が同一であるため、ついその「特質」を看過してしまうのである。日本各地で通用する話が沖縄、同じ日本である沖縄で通用しないはずはないという「うっかり」が、沖縄社会の深い理解を妨げているのである。

ロ、地理的・自然的条件（要点摘記）

沖縄の特質はまず地理的・自然的に規定されている。沖縄は鹿児島県の奄美群島を含めて、日本の中で特殊な条件下にある。

まず、わが沖縄ないし琉球の地理的な位置は、日本列島の中でその最も南で、かつ最も西にあり、九州から台湾にかけて点々と帯状に散りばめられた多数の島々（これを「琉球列島」という）によって構成されている。

ここは、気候的には日本で唯一の「亜熱帯」地域となっており、また、一五〇万年も前に形成されたといわれるトカラ海峡によって、日本本土地域と分断され、動物相と植物相がそれとは大きく異なったものとなっている。

那覇市の気象表（一九六一年から九〇年までの平均値）でその特徴を見る（略）。緩やかな「四季」という季節の流れ方は、そこに住む人々の心が季節の変化によって急《せ》かされることがなく、ゆったり、のんびりの雰囲気となる。

このような沖縄の気候は「亜熱帯湿潤気候」といわれている。亜熱帯の中で、雨量の多い地域に属するという意味である。亜熱帯は、熱帯的な夏と温帯的な冬との組み合わせであり、このことが農業、林業及び水産業の自然的背景としてある。冬季に短期間で栽培できる温帯作物なら適合するが、夏季に短期間で栽培できる熱帯作物はなく、それは「寒い」冬を越さねばならないというハンディを背負うことになる。

また、自然的条件と社会的条件の接点に位置づけられるものとしては、県全体が離島によって構成されているということがある。その数は有人島だけで三二［↓三〇］を数え、それぞれに性格と条件が異なること、これらが東京や大阪などの政治・経済の中心から遠く離れた所に位置しており、その農林水産業のあり様、そして経済のあり様に対して、多方面にわたる影響を与えている。

ハ、歴史的特質（今の時点でみて、より正確になるように加筆した）

さらに、歴史的・社会的環境条件として、いくつかの点に触れておこう。このことも地理的・自然的条件に規定されている場合が少なくない。

その基礎は、歴史的出発の遅れである。日本史では封建社会が始まるとされる鎌倉時代の初期に、沖縄の歴史時代は始まる。この一〇世紀にものぼる開差は、記憶にとどめられるべきことである。農耕が始まって歴史時代になっても、農耕が順次的に発展していき、余剰ができ、階級が生まれるという道筋を通らない。在地の権力が各地に生まれ、相互に抗争して、ついに国家が生まれるという風にはならなかった。

それでも、一四二九年［↓一三七二年］に「琉球王国」が成立したとされる。では、その国家はどのようにして成立したのか。一三〜一五世紀という、当時の東アジア・東南アジアでは、まだ国境意識はほとんどなく、各地（各国）の商人（海商）が、居住地を離れて、各地（各国）に広く活動していた。沖縄のみならず、奄美地方や九州の各地も含めて、当時は対外交易がかなり活発に展開していたのである。その中で沖縄は、交易を担う商人たちの中継地となっていった。自らの産物があって、そのうえで交易に参加するのではなく、日本や南方の物品を中国に届け、中国からえた物品を日本や南方に届ける、中継地だったのである。それを担う商人たちは、沖縄人とは限らない。むしろ中国人や日本人や朝鮮人がその交易を担っていた。当時の商人たちはまた、物品だけでなく人身をも交易した。奴隷貿易である。そして「倭寇」と言われたりするように、交易に障害があればしばしば武力を行使した。

「琉球王国」は、沖縄の社会が、その内部から育っていって「国」になったと考えることはできない。そうではなく、外部との関係の中で、いきなり国になったのである。「琉球」が国家となったのは、中国（明《みん》）からの働きかけによるものである。明を建国した朱元璋《しゅげんしょう》は、その成立過程で対立していた国内の海洋勢力の力を削《そ》ぐために、建国するとすぐ、一三七一年に、「海禁」＝「鎖国」政策をとった。そのときすでに外国に住んでいた交易従事者は、中国に帰ることもできず、中国との交易自体ができなくなったのである。その前に、明は周辺各国に対して「朝貢《ちょうこう》」を求めていった。朝貢してくれば、皇帝がその地の有力者を「王」などに「冊封《さくほう》」する。建国元年の一三六八年には高麗《こうらい》と安南《あんなん》に、一三六九年には日本と占城《チャンパ》・爪哇《ジャワ》などに、一三七〇年にはアユタヤ、カンボジア、マラッカ、ブルネイに、使節が送られた。一三七二年には「琉球」にも、使節（楊載《ようさい》）が送られ、察度《さっと》がそれに応じたとされる。この中で、日本はこれに対応せず、後に足利義満は、一三九四年に将軍職を退き、中国に使者を送り一四〇一年に「日本国王」に「冊封」された。しかしながら中国の年号は使わないなど、完全には従わず、また義満死後には持続しなかった。

一方で明は、海禁政策によって交易の道を閉ざされた人びとに、かすかな道を保証するために、琉球に国家としての体裁を整えさせ、それを支援したので、沖縄に国家が誕生した。つまり、「琉球」

は中国によって「琉球国」とされ、その有力者を「王」だとされ、その王は「尚《しょう》」と名乗るように指示された。明は、琉球に対して、船の賜与《しよ》、航海技師の派遣、通訳や皇帝あての文書作成者の派遣など、多くの「優遇策」をとった。初期の王国は、懐機《かいき》ら中国人宰相《さいしょう》によって支えられていた。「琉球国」の行政組織も、民衆支配の体系ではなく、交易体制と対応したものであった。

しかしながら、その交易の最盛期は王国成立の前後（一四世紀後半〜一五世紀前半）であって、その後は衰退《すいたい》してゆく。そこからが、かえって琉球王国の自立への道が始まるのである。渡来中国人はしだいに去ってゆき、王国の中枢《ちゅうすう》から中国人がいなくなり、交易だけに頼らない経済の確立も要請される。

このような中で、政権が「第一尚氏」から「第二尚氏」へと移行する。尚円《しょうえん》によるクーデターだとされる。これを対中国交易の利権をめぐる争いだとする見解があるが、むしろ、衰退しつつある交易への依存の影響を乗り切ろうとする「危機対応」ではなかったか。このエポックを、多くの歴史家は「琉球王国の**確立**」としている。そこに、「黄金時代を築いた」とされる尚真《しょうしん》の時代（一六世紀前半）があった。それは、まさに自立を求め、王国の体裁を整えていった時代だったのであろう。それでも物産の少ない琉球は、なかなか自立できるものではない。その流れの中で、日本との関係が深まっていき、従属的に深まっていく。

琉球王国の初期は、貢租の調達によって維持されたのではないと考えられる。人びとは貢租徴収の体制には組み込まれず、旧態依然の生活を営んでいただろう。米麦や粟などの穀物生産もあるが、主としてサトイモやヤマイモの仲間と、漁労や狩猟によって食生活が支えられていたと考えられる。

この間、武家社会が成立したとは思えない。按司《あじ》を武士と見間違えてはならない。武家社会の特徴である「主家《しゅけ》―従者」「親分―子分」「親方―子方」「本家―分家」関係がみられない。「ご恩―奉公」の縛《しば》りがないのである。

このように、封建社会になることのないままに、江戸時代の初頭、一六〇九年に薩摩藩の支配下に編入された。徳川幕府はこの琉球を薩摩藩の領分としてその支配に委ねつつ、王国の体裁は残し、対中国との関係は従来のとおり維持することを認め、冊封体制下で朝貢貿易が行われた。検地や刀狩りなど、近世的体制を持ち込んではいるが、日本の封建後期に当たるこの時代においても、社会の実相はなお古代的なものを濃厚に残していたと考えられる。すなわち、石高制も一地一作人の原則も貫徹せず、百姓が租税負担も含めて、「小農」として経営的に自立することはほとんどなかった。いわば「封建的体制のもとでの古代的社会」であった。

主食は一七世紀初頭に導入され普及していったサツマイモに移り、人口扶養力をかなりの程度高めた。同じころ砂糖の製造技術が伝わったが、その生産は多くはなかった（多くなるのは一九世紀である）。貢納農産物は米と麦・下大豆を基本とされたが、粟《あわ》・黍《きび》・小豆・粟籾《もみ》・黍籾・菜種子《なたね》・白藊豆《しろへんまめ》などでの置き換えが認められており、これに沖縄本島地域では砂糖が、宮古・八重山・久米島では織物が貢納代替品とされた。このように描くと、物納租税であったかのようにみえるが、その仕組みを考えると、役人指揮下の労働が租税に相当していたものと思われる。すなわち「物納租税」（生産物地代）ではなく、「労働租税」（労働地代）だったのである。

そして近代への入り方も、外からの力によるところが大で、商品経済の展開は未成熟であった。政治経済体制の大きな差異は、明治政府に対して約二〇年に及ぶ「旧慣存続期」を設定させることになった。他方で、いち早く教育制度の充実が取り組まれるなど、沖縄の文化的特性を否定する「同化政策」が展開された。

二〇世紀の入口で「沖縄県土地整理事業」が行われた。これ以後の政治経済体制は日本本土と同一になったといっていいが、資本主義的商品経済への移行条件の弱さにもかかわらず、その荒波はいやでも沖縄経済を巻き込み、押し流していった。圧倒的な部分を占めていた農家の、商品作物の生産は高利貸資本への従属のもとでの展開であって、一九二〇年代以降の基調は、海外への移民と本土への出稼ぎという形態で、日本資本主義の再生産構造の中に組み込まれていったとすることができよう。つまり、農家はこの段階でも経営的自立は遂《と》げえず、生産物の商品化ではなく、労働力の商品化によって、かろうじて生活の支えを得ていたのである。貧困と文化上の差異が、本土人の中で、民衆レベルにも及ぶ差別の対象となり、出稼ぎ先での苦悩を増幅させた。

それを余儀なくさせたのが、歴史的に規定された生産力の低位性であり、このことがまた永く従属的な立場からの脱出を困難にした。例えば、大正期（一九二〇年を挟んだ前後一五年）における米の一反（約一〇アール）当たり収量は、全国平均二八六キロに対して、沖縄はそのほぼ半分の一三四キロである。米の生産地としては、必ずしも自然条件に恵まれているとはいえないのであるが、この差は大きすぎる。

昭和戦前期の後半には戦時体制に巻き込まれ、沖縄が地上戦闘の場となるなかで、数多くの民間人を含んだ大きな犠牲を強いられていった。

ことはこれだけに終わらなかった。戦後はアメリカの極東軍事体制の要（太平洋のキーストーン）として、直接軍事占領下におかれたのである。軍政は、日本からの分断のもとに、日本への復帰要求を抑制する効果もねらって、沖縄の文化的差異性を強調する傾向をもっていた。アメリカ軍が行政・司法・立法の全権力を握り、住民の自治権は否定され、民主主義に逆行することがいくらでもまかり通った。しかし、教育制度は日本的状況に置かれ、本土大学への進学の道も開かれていたし、沖縄県産品の本土への「輸出」は「特恵措置」によって関税を免除されていたが、本土への渡航はパスポートを必要とし、それが政治思想の弾圧の道具としても利用された。この、本土とは異なった政治的・軍事的・経済的環境のもとでごく近い時代を経過したことも重い。その間、二七年。

一九七二年に日本に復帰した。それは、この占領下でさらに差異の拡がった沖縄を、日本的体制に移行させることであったが、どうしても「日本になり得ない」ところが残る。これが現在の沖縄の状況であり、そこに将来にもつながる基礎条件が横たわっている。

振り返ってみれば、日本本土と沖縄が同じ歴史を共有したのは、一九〇〇年（土地整理事業＝旧慣体制の解除）から一九四五年（沖縄戦＝アメリカ軍の占領支配開始）までの四五年間と、一九七二年（日本復帰）以後の二五［↓三八］年間と、合わせて七〇［↓八三］年間にすぎない。社会を観察するときに、沖縄を日本と同一の社会としてみることの不都合さは、この年数だけでも明らかではないか。

二、社会的特質の一――イエの問題

この歴史的条件とも連関しているし、また先の地理的・自然的条件にも規定されているのであろうが、次のような社会的特質が指摘できる。

封建期、特にその後期（日本史の「近世」期）において、自立的経済単位として成立してきた本土のイエとは異なって、また明治民法のもとで庶民にまで一般化していった本土のイエとは異なって、沖縄のイエは本土的な意味においてはイエとはいえず、その家族と家族関係は祖先との関係を大切にする結合である。一種の宗教的な、祭祀《さいし》的なものが基本にある。そのことは、相続の中心が祖先祭祀の承継にあるということに特徴的に表われている。

イエがないので、家風がなく、家長の威厳がない。上層士族や上層農家はともあれ、家族員に差を設けて、食事の内容を変え、摂《と》る順序が異なるという家庭はもともとないであろう。イエに絡《から》まる嫁姑問題もない。人間的なあつれきの結果としてのトラブルを別にすれば、姑が嫁をいびる図は想像しがたい。家族であってイエではないので、経営とその基盤としての財産を合理的に継承する原理が育たない。財産は、それを基盤にした経済活動の主体が引き継ぐのではなく、祭祀権の承継者（原則は長男）が引き継ぐのである。承継者が欠けた場合も、祭祀権者となる養子は取るが、経営者としての養子は取らない。経営の継承原理がないということは、経営の確立が弱かったことの逆証でもあるが、農家でも商家でもきちんとした経営になっていない場合が一般的なので、子が親の職業を引き継ぐということがほとんど見られない。親子二世代経営は少ない。離婚率が昔から全国一であるということも、このイエなし社会と関連させて理解すべきことであろう。

ホ、社会的特質の二―社会の問題

イエがないのであるから、当然に、イエ連合という性格の強い日本の社会構造とは異なった社会になる。封建期、特にその後期において、「自治村落」の経験を経て、何よりも経済的結合体であり、そのことが政治的な性格にも影響する本土の村落とは異なって、沖縄の村落は単に祭祀的な結合体であって、経済的な意味合いが極めて弱く、また非政治的な村落である。それは例えば、しばしば「同郷人であればどの政治的党派であっても投票する」という現象に見られる。祭り・行事に取り組む心情の真剣さも抜きん出ている。人々の親しさ、知人・友人としての結合の緊密さも特徴的で、その関係は村外に転出した後も引き継がれ、各地に強固な「郷友会」が組織されることなどにも認められる。

これらのことは、村落における土地などの共有財産の大きさが背景にあって、それに支えられていると思われる。その共有財産は、現代では企業に売ったり、貸したりして、あるいは軍用地に取られたままであり、その地料が法外に入ってきて、大きな収入を生み出すことによって再生産され、拡大再生産されている。

村落社会の経済的な結合体としての希薄さは、「地域づくり」「村おこし」の力量の弱さとして現れている。地域の農業や経済をどのように振興していくか、その話し合いが成り立たず、例え話し合いがなされ、その結果としてある約束が成立したり、「振興計画」ができても、実践力が弱い。経済問題に取り組む協同の力が作り出せない。組織を作り、規約を定めて、しっかりと実践することが苦手である。補助事業と関連してできた「組織」はいくつもあるが、その実態はさびしいものである。

また、沖縄は「ヨコ社会」であって、本土のような「タテ社会」ではない。会議や寄合の場で「上《かみ》座《ざ》」やそれにつながる座席の序列がない。せいぜい年長者が尊重される配置となるような、年齢階梯秩序社会である。

へ、社会的特質の三―「個人」の問題（少し加筆）

これらのことは、「個人」（個としての人）の性格の違いとしても指摘できる。死生観が異なる。つまり、死に対する考え方や人生観に違いがある。死を基本的には恐れない。死後の世界があって、そこに連綿とつながっているという観念がある。そこに先祖祭祀を大切にする風潮が育つ。直接的に祭祀行事に関わるのは女性であることから、女性の地位は家庭の中で、社会の中で、決して低くはない。

出世を必ずしも望まない。他人を蹴落《けお》としても自分が、という発想を持つ人はほとんどいない。競争心が弱い。そこそこ暮らしていければいいと考える。「会社人間」にはならず、会社や組織の側からは、命令系統が通りにくいという問題になる。勤勉とは言い難く、「過労死」もない。「責任をとって自殺する」などとも無縁である。「太く短く」より「細く長く」生きようというのが人々の思いである。それはしばしば「やさしい」と評されることにもなる。人間的な生き方としては悪くないが、競争を避けて通れない経済社会の人間としては難点がある。

このような「個人」が社会を構成しているのであるから、本土人と接触するときに摩擦が生じる。会合でよくしゃべるのは本土人である。正論なのでしゃべらせておくが、必ずしも議論の結果に従わない。自主的に作ったはずの組織が、必ずしも機能しない。約束が守れない。沖縄人とはなんだろうか、という疑問が常に頭をもたげてくる。信用できないという話になったりする。復帰後の本土人との大衆的なレベルでの接触の拡がりと深まりは、一方で両者の融合を進めているが、他方で沖縄人の本土人への違和感を作りだし、沖縄人が沖縄人社会に埋没する方向に導いていきつつある。

そこにまた「琉球独立論」が再生産される基盤があるが、これは拡大再生産には決してならず、生まれては消え、消えては生まれる運命にある。それは、このような議論が単に心情に依存しているだけで、体制論にまで築き上げられることがないし、築き上げることのできない議論であるからである。とはいえ、このような沖縄人と本土人とを対比する論じ方が消えないという実態を無視して、沖縄社会を鹿児島以北の社会と同一の物差しで平板に論ずるという愚を繰り返していることがいかに多いことか。

個人・個性の問題としては、古くから海外に移民をしてきたことをとらえて、「進取の気性に富んでいる」などと批評されたりしてきたが、それは基本的には貧しさが海外への移住を余儀なくさせたということを踏まえて論ずべき問題である。とはいえ、沖縄人が海外に移住したときに、その国や地域の生活様式によくなじみ、違和感をあまり感じることなく、どちらかというと伸び伸びと暮らしていくという、開放的な性格は認めていいように思う。自らの出自《しゅつじ》に忠実であったりこだわったりすることなく、外の世界に順応《じゅんのう》していく傾向は強いようである。このことはまた、外来者への対応にも一種の大らかさとして現れている。

ト、言語の問題

言語も極めて特徴的なものであって、日本語はまず大きく二つに、本土方言と琉球方言に区分され、相互に会話が成立しないほどの差をもったものであることも、明記されなければならない。言語の違いは、一般的にいえば、それ自体がハンディーになるわけではない。しかし、沖縄の場合は、社会的・文明的後進性（文化の質の高低は測りようがないが、文明の創造や摂取のレベルの高低は測ることができる）が関連しているために、先進文明の吸収はすべて本土方言、すなわち日本語を通す他はなく、第二言語ともいうべき日本語を習得することなしに、独自の世界に閉じこもることは歴史的に許されることではなかったのである。そして、自らの文字を持ちえなかったことがこれに加わって、小さくないハンディーを背負うこととなった。先の、村落結合の強固さは、一面で村落単位に言語上の特徴があるという孤立性、他との差異性が呼応し合った結果とすることもできよう。

失業率が高くても県外に流出することが少なく、県内に滞留するのは、先に触れた本土人との死生観の違いが融合を困難にしているということに加えて、言語の差異が本土社会の中で劣等感を余儀なくさせるという問題も絡《から》んでいると考えられる。

チ、「沖縄をほめる人」は要注意

しかしながら、本土人の中にも沖縄人の中にも、「沖縄をほめる人」「沖縄に期待する人」は絶えない。かく言う筆者も期待はしているし、現状打開のための提言にも努めている。だがここでもう一つ「しかし」が必要だ。「沖縄をほめ」「沖縄に期待する」のは結構だがしかし、以上に述べてきたような「沖縄経済・社会の特質」を踏まえた議論でなければ、それは空論になり、現実打開の力にはならないのである。

「沖縄をほめる」「沖縄に期待する」本土人は、善意の人が多い。その根っこには沖縄に対する申し訳なさを抱えている場合が多いように思われる。例の、沖縄戦の犠牲と、今も軍事基地を数多く抱えてもらっているということへの申し訳なさである。そして、沖縄の「いいところ」だけを、あるいは「いいところ」を中心に据えて、沖縄をとらえようとする。これは沖縄人にとって有り難いことであり、心地よいことである。それが自然や文化を「ほめる」のであれば、少しの異議もない。問題は、経済の問題に導入されて「ほめ（られ）る」時である。それはたちまち「おだて」になってしまう。現実を踏まえていないからである。

経済関係では、沖縄の特質に意を払うことなく、「日本一般」で論ずる類《たぐい》が後を絶たない。それは本土人に多いが、沖縄人にもある。本土各地の「先進事例」は多くの場合、沖縄には無縁である。それを見学に行ったり、その当事者を招いて講演をさせる企画がいかに多いことか。アイデアを生み出すヒントにならないとは言わないが、それを実践できるかは別問題である。

「沖縄をほめる」「沖縄に期待する」本土人にも、善意からのものではない人々もいる。悪意があるというのではないが、何かたんたんと、言いたい放題に言っているだけの人々である。特に感情がこもっていることもないし、大評判を受けるということは少ないが、それはそれで善もあり悪もあるわけで、「だからダメ」という必要はない。これも「日本一般」で論ずるタイプが多くなる。

沖縄の特質に気付いて、その問題点を指摘してくれる本土人こそ「友人」であり、単に「沖縄をほめる」人は、本土人か沖縄人かに関係なく、「要注意」というべきである。

他方で、以上のような沖縄の経済的・社会的特質を知ることのできた本土人が、その結果、沖縄を軽蔑し差別視することもしばしば見られることである。これは「高い」自分に比べて知識が及ばず、能力が低い人々に対して、見下す態度であり、より一般化していえば、貧しい人々、文明化の遅れている人々、人種が異なる人々等々に対して、軽蔑し差別視するということにつながる問題であり、当人の品性が疑われる問題である。そこには万民平等に基づく人類統合の理念を語る資格が欠如しているといわざるを得まい。状況を軽蔑や差別の目で見るのではなく、問題点を共有する視点に立って対処すべきことであろう。

(3) 「後進性」論の克服

私が三十数年前に提起した「後進性」論は、沖縄の「地域個性」を否定的に捉えるニュアンスがつきまとっている。そこで、今の時点で、このような沖縄の「地域個性」ないし「特質」を、「後進性」として扱ってよいかという問題について意見を述べたい。

イ、沖縄の「地域個性」は、第一に、自然的・地理的な特質に規定されたものである。例えば、沖縄は日本本土のようには、稲作社会にはならなかったが、それは温帯系のイネが沖縄ではよく育たなかったことによると考えられる。収量が少ないので、努力してまで稲作の生産条件を整備することにはならなかったのである。沖縄での稲作は弥生時代などではなく、一二～一三世紀にやっと現れるが、それは（おそらく）当初から熱帯系のイネの導入によって成立したのであろう。温帯系のイネは、細《こま》やかな気配りと作業を必要とする「集約的」な栽培方法を必然化するが、熱帯系のイネは、そのような人の力に左右される要素よりも、自然の賜物《たまもの》という側面が強く、「粗放的《そほう》」な栽培方法となってしまう。勤勉さを求めないのが沖縄の環境である。

このことは稲作に限らないし、また時代を超えて現代でも同様である。

また、沖縄の自然は、既に述べたように、農業一般にとってもいい条件を備えてはいない。「亜熱帯作物」というのがあって、それを扱えば他より収量が多くなるとか、おいしいものができるというような有利性があればいいが、それはないといっていい。

さらに、大海の中に孤立してある沖縄諸島は、その地理的な位置からの有利性も見当たらない。それはもちろん、時代的な展開とかかわる問題であるが、製造業の立地にも多くの困難を伴う。地元には資源は乏しく、多くの原材料を輸移入に頼らざるをえないし、他方の、生産物の地元市場は大きいわけではない。長い歴史を振り返ってみても、沖縄でモノの生産が力強く営まれたことはない。

このような自然的・地理的条件は、人為《じんい》によって克服できるものではない。

ロ、沖縄の「地域個性」は、第二に、このような自然的・地理的な条件を背景にして、それに影響された歴史によって彩《いろど》られている。これも既に述べたことであるが、農業を基礎に「経営」が自立的に営まれたことが、ついぞなかった。

二〇世紀の入り口で「沖縄県土地整理事業」が実施され、初めて土地の私有が認められ、自己の責任で経営すること、その収益の中から税金を納めること（金納）が求められるようになった。自給自足の時代が終わり、税金以外にも、教育費など多くの現金を稼がねば生きていけない時代になったのであるが、それを果たすことは困難であった。農業を経営して、商品作物を作り、それを販売して必要な現金を稼ぐことはできなかった。そこで、選択できる道は二つ。一つは、自らの労働力を商品として売るという、つまり、人に雇われるという道である。それも、域内ではなかなか果たせず、多くの人びとが域外に、移民や出稼ぎという形態をとって流れていった。もう一つは、集落や村を管理していたかつての地方《じかた》役人、明治に入ってからも地域の有力者であったこれら「ウェーキ」(資産家)に世話になって、彼らから土地や金銭を借りて、その代償としての地代や利息の代わりに「シカマ」と呼ばれる労働の義務を負うという形である。これをわれわれは「ウェーキ＝シカマ関係」と名付けた。

農業だけの話ではない。製造業も、特産品、すなわち砂糖(戦前は含蜜糖、戦後は分蜜糖)、泡盛、陶器、漆器、織物・染物しかない。同一の商品を生産販売して、他の地域との競争に勝つという事例はほとんどなく、地理的な特質と結びついた特産品に取り組むのである。そして、食料品や生活用品を多く移入する構造になっていた。このことは昔も今も変わりない。人によって「大交易時代」などと呼ばれている時代も、沖縄産品は硫黄と馬しかなかったのである。

このような経済的環境が、歴史に深く刻印されている。ここからの脱却は、短期間の取組みで達成できるものではない。そして、政治の力やカネの力によって、どうにかなるようなものではないのである。

沖縄では「自立がまだ達成されていない」という論じ方が多いが、それは、以上に述べたような「歴史性」からの脱却の問題であるから、あれこれの政策の所為《せい》にしても仕方がない。かつて一度も

「自立」したことのない沖縄にそれを求めることも酷《こく》ではある。

ハ、このようなことを踏まえていえば、それを「後進性」ということは、止《や》めるべきことであろう。「後進性」は「先進性」の対語《ついご》である。今の時代で「先進」「後進」はないかといえば、それはあるだろう。それは、科学技術水準の高低、生産力の高低などに現れる。その意味で、沖縄の状態は「後進的」である。

「地域個性」における「先進」「後進」と捉えられることは、資本主義社会ないし市場経済社会において際立ってくることである。「経済」という立場に立てば、単位労働時間当たりの生産額や、単位面積当たりの生産額が多いか少ないかは、「先進」「後進」の判断基準となってくる。それによって競争力の強弱が決まるからである。私の「沖縄＝後進性」論は、もっぱらこの観点から主張したものであった。

ところが、これを「経済」以外の立場を含めてみれば、そうはいかない。例えば「文化問題」として設定すれば、「沖縄文化」は「日本文化」とは異なった要素がいくつもあるが、そのことに優劣はない。この分野では「先進」「後進」論は成り立たないのである。したがって、「後進的」であるという指摘を、経済以外の分野に及ぼすことはできない。

また経済に限っても、それが「後進的」であることを非難するのはよろしくない。それは、克服可能な側面と、不可能な側面とが同居しているからである。克服可能なのに克服しないのは、非難されて仕方あるまいが、沖縄の置かれた自然的・地理的条件や、歴史的な経過からくる、やむをえない事情に規定されている場合もあるのである。

したがって、沖縄の「地域個性」をしっかりと捉《とら》えること、それが日本（本土）とは異なったものである（異なった要素を数多くもったものである）と捉えること、「日本と沖縄」という対比の必要性を認めることが必要であるが、それを「後進性」ということは止《や》めにしようと思う。

三　経済学の課題

(1) 社会の一側面を切り取った経済学

社会なるものは、多くの要素から成り立っている。社会とは、つまりは人びとの集合体であるから、人間に関わるすべてのことが、その内容をなしている。政治・経済・文化などなどである。

しかし、科学は、それを政治学・法学・経済学・経営学・社会学などとして、それらを分割して扱う。例えば経済学は、その中のモノ（財貨とサービス）の生産・流通・消費と、それに付随する諸問題を切り取ってきて研究するものである。このことで「社会の中の経済」は「経済だけの経済」になってしまう。それどころか、経済学の内部でまた多くの専門分野に分割されていき、産業論・流通論・財政論・貿易論・金融論などとなる。それは、さらに細分化されて、例えば産業論は、産業の立地論・経営論・生産技術論・歴史論・産業連関論などとなる。そしてそれぞれがもっともっと細分化されていく。自らと全く同一の研究テーマを持っている人は他にないという位にまで細分化される。

このような細分化と、それに基づく分析の精緻《せいち》さは科学研究につきまとう本質的なことであるが、元に戻って考えれば「社会」の一側面を取り扱っているのであるから、一方で、これらを「総合」する努力がなされることが望ましい。このことは一般論として承認されていることだと思われるが、とりわけ沖縄の「地域個性」と向き合うときに大事なことであろう。沖縄を、その「経済」だけを切り取って扱うことは、その「経済」に絡んでいる「経済」以外の多様な現実がないがしろにされることであり、「経済」をも捉え損なうことになると考える。

(2) 科学研究における「帰納」と「演繹」

一般に、科学研究とその成果としてのいわゆる「理論」なるものは、多くの事象から「帰納」して作りあげられるものであり、それは現実を見るのに一つの「導きの糸」になるという意義を持っている。以下は、(1)で述べたことと同じなのであるが、別の角度から述べてみる。

その「理論」には、例えば資本主義経済ないし市場経済についての、根源的な性格規定と、運動法則に取り組んだA・スミスや、D・リカードゥや、K・マルクスのようなものもあれば、ごく限定された状況の中から、いくつかの要素を抜き出して、相互の関連を規定するような、条件付きの「理論」(あるいはモデルといわれるもの)もあって、その学習にあたっては、考慮が必要である。

特に、沖縄経済の分析にあたってこれらの「理論」を適用する(応用する)場合は、「経済外的な」もろもろの事柄、すなわち沖縄という土地の地勢・気象・歴史・宗教的環境などを念頭に置かなければならない。これらは、経済学の「理論」では捨象されている場合がほとんどであり、そのことを意識して「理論」を適用しなければ、現実の経済を捉えることに失敗しかねない。

つまり、「理論」は「帰納」によって生み出されるが、そこから「演繹」して現実を見てはならないのである。

(3) 「研究」とは何か

「研究」とは何かと問われれば、他の誰もやったことのないこと、書いたことのないことを考えることだ、と答えたい。仮に誰かがやったことがあり、書かれたものがあっても、その結果・結論・提示に異を唱えることが「研究」である。「あれ、ホントかな?」という疑問が、研究の出発点になる。その意味で、「研究」にあたっては、いかなる権威も認めてはならない。

研究には、基本的な概念、すなわち「範疇」の熟考が必要である。言葉を簡単には使わないという構えが必要である。その言葉をどのようなものとして捉えるか、そのことをよく考えてみることが必要である。

私が格闘した既成の概念の中には、モノカルチャー、軍事的植民地支配、基地経済、差別、自立経済などがある。

なお、研究の結果は、客観化して示さねばならず、説得力を持たさねばならない。データを整理し、文章に表現しなければならない。それには、分かりやすい文章を書くということに気配りが必要である。中身がよければ文章表現はどうでもいいということにはならない。表現に成功しなければ、研究は評価されない。

私の文章表現の歩みでいえば、当初は簡潔を旨として、削れるだけ削るという書き方を善しとした。

しかし、自分が伝えたいことが伝わらないという現実に直面して、考え方を改め、できるだけ分かり易くを旨とするようになってきた。今後とも、その努力を続けたいと考えている。

四　沖縄経済の課題と展望

沖縄の「地域個性」を見つめ、経済学のあり方を踏まえたとき、沖縄経済にどのような課題があり、そこからどのような展望が描けるだろうか。

現代の社会は、資本主義経済ないしは市場経済の社会である。そこに流れているのは「市場原理」（マルクス風にいえば「価値法則」）であり、それはわれわれに与えられた枠組みであり、それから逃れることはできないことだと、私は考えている。近年は「市場万能主義」「市場原理至上主義」の風潮と、その立場からの政策推進が勢いを持っているかのようであるが、それには大いに疑問を持つ。市場原理の暴走を許さず、適度に抑制するのが政治の基本であるべきと考える。すべて「強いものが勝つ」ということでは困る。この原理に裸でゆだねていては、沖縄経済に勝ち目はない。沖縄の「地域特性」の一面である「穏《おだ》やかさ」「優《やさ》しさ」「暖《あたた》かさ」は、しばしば「沖縄の良さ」という評価を受ける。しかし、それを温存させている基盤は、市場原理とは相反するものである。その基盤に依拠していては、市場経済の社会では勝ち抜けない。

その観点から沖縄の置かれている経済環境を見たとき、それは資源に乏しく、エネルギーコストが高く、水資源に乏しく、台風がときどき来て、潮風が常に吹いていて、中心市場から遠隔の地にあるということである。そして、モノの生産についての実績の薄さ、技術的経営的な未熟さという歴史的遺産を引き継いでいる。そこでの「経済活動」は根本的に難しいのである。そのことを直視せず、沖縄経済の可能性を言い立て、前向きのヴィジョンを振りまくような、無責任な議論には乗ってはならない。

このような環境の中での沖縄経済の進むべき方向は、限定されている。壮大な幻想を描くことではなく、乏しくはあっても「ない」わけではない資源をうまく活用し、エネルギーコストの引き下げに努め、水不足や台風や塩害に影響を受けない分野を選択し、輸送コストの負担を回避するために県内需要を主たる相手にすることなど、小さな努力を続けることだと思う。また、技術的経営的力量を不断の努力で培っていくことである。飛び跳ねるのではなく、地に足をつけてしっかりと歩み続けることが肝要である。

（最終講義、二〇一〇年二月二六日、原題は「私の研究課題とその変遷」、沖縄国際大学経済学部編『経済論集』第六巻第二号、二〇一〇年三月）

沖縄経済の今――「おわりに」に代えて

沖縄経済の近年の特徴的な事象を取り上げる。それは、かつてなく活気に満ちているように見える。しかし、いつまでも変わりない沖縄経済の弱さを反映してもいる。

人口の増加

日本の人口は、すでに停滞から減少へと向かっている。都道府県別にみると、増加が続いているのは七つしかない。なのに沖縄県は数少ない増加府県の内に入っており、二〇一四年一〇月一日の推計人口を、前年と比較すると、増加したのは、増加率の高い順に、東京都（〇・六八％）、沖縄県（〇・四〇％）、埼玉県（〇・二三％）、神奈川県（〇・一九％）、愛知県（〇・一七％）、千葉県（〇・〇八％）、福岡県（〇・〇三％）となっている。沖縄県の人口は一四二万人で、二五位に位置している。一方、全国は〇・一七％の減少である。その中の減少率の高い方をみれば、秋田県（一・二六％）、青森県（一・〇八％）、高知県（〇・九六％）などである。

観光客の増加

観光客（入域者数）は、日本復帰前年の一九七一年度には二〇万人しかなかったが、二〇一四年度には過去最高の七一六万人となった。割合はまだ少ない（五・五％）が、海外客の増加率が六割を超えたことが特徴である。

沖縄総合事務局は、四月八日、国営沖縄記念公園に属する二つの施設の入園者数を発表した。「沖縄美《ちゅ》ら海水族館」は三二四万人（前年比六・四％増）、「首里城公園」は一八一万人（同四・六％増）で、いずれも過去最高であった。

観光客の増加に伴って、レンタカーが増加している。その許可車輌数は二万四二四四台となり（前年比は減）、二〇〇四年からの一〇年間で二倍になった。レンタカーといえば「わ」ナンバーが相場だったが、今年から「れ」ナンバーが加えられることになった。近年はほとんどがナビゲーター付きである。自動車メーカーは沖縄に新型車を多く配置して、旅行者に体験してもらうことを販売戦略として位置づけているという。

那覇市・国際通りの中央に位置していた「沖縄三越」が業績不振で、二〇一四年九月に閉店した。その建物の跡利用として、「観光商業施設〈ハピナハ〉」が一五年四月に開店した。吉本興業が三六五日公演する「よしもと沖縄花月」「沖縄おもろおばけ屋敷」など、まさに増加する観光客向けの施設である。

「ユニバーサル・スタジオ・ジャパン（ＵＳＪ）」も、沖縄にテーマパークを建設することを計画している。その運営会社のグレン・ガンペル最高経営責任者（ＣＥＯ）が一五年三月に発表した。

「地の利」の現れ

沖縄にはアメリカ軍の軍事基地が数多く配置されており、アメリカは占領下の沖縄に「Keystone of the Pacific」（太平洋の要石《かなめいし》）とあだ名をつけていた。例えば、アメリカ人の車のナンバー・プレートにはこの文字が書かれていた。イリノイ州のそれが「Land of Lincoln」（リンカンの地）とあるように。しかしそれは、専ら軍事上のものであって、経済の側から見ると、「地の利」は何も発揮されなかった。

しかし近年、経済面でそれが現れてきた。全日空（ＡＮＡ）が二〇〇九年一〇月に、全国各地の産物の輸出拠点として、沖縄に基地を設けた。例えば、山陰地方で朝の間に獲れた「のどぐろ」（高級魚）を羽田空港に運び、那覇空港につなげる。那覇では、各地の産物を宛て先ごとに集約して、組み合わせて、例えば香港に輸送する。レストランはその日のうちに客に提供できる。これは画期的な仕組みであり、羽田空港を経由せずに、例えば関西空港など別の空港から那覇空港につなぐことも進んできた。

「国際貨物取扱量」は、成田、関西がダントツだが、二〇一四年には羽田（二五万九〇〇〇トン）についで那覇空港は四位になった（一八万五〇〇〇トン）。問題は沖縄県自身の物産に適当なものがなく、そのシェアは一パーセントにも満たないことである（一四億五〇〇〇万円）。

それにしても、このようにして沖縄の「地の利」が経済面で活かされてきたのは初めてのことと言っていい。

鹿児島銀行が沖縄に進出しようとしている。二〇一四年一〇月には熊本の肥後銀行との経営統合もしている。頭取は会見で、進出のメリットにＡＮＡ国際貨物ハブを挙げた。「沖縄の向こうには東南アジアがある」というのである。

ライカムの衝撃

「ライカム」とは、もともとは「Ryukyus Command」の略（RYCOM）で、アメリカ軍の琉球司令部を意味していた。そしてそれのあった土地がライカムとして、地名になった。ライカム交差点というのが今もある。その付近に軍事基地の一部として泡瀬《あわせ》ゴルフ場があったがそれが返還され、その跡利用として、「沖縄ライカム」の名を冠した巨大ショッピングセンター（イオンモール）が建設され、この四月二五日にグランドオープンした。敷地面積一七万五〇〇〇平方メートル、テナントの売り場面積七万八〇〇〇平方メートル。飲食店は六〇を超え、フードコートに二〇〇〇人を収容できる。三〇種類一〇〇〇匹の魚を鑑賞できる「アクアリウム」（容量一〇〇トンの大水槽）もある。雇用は三〇〇〇人、沖縄県庁の三八〇〇人に近く、沖縄電力の二倍にあたる。「給料もいい」と評判になっている。年間来店者は一二〇〇万人を見込む。「東南アジアを代表するナンバーワン・リゾートモール」との位置づけである。地元紙は連日くりかえし報道したが、例えば『琉球新報』は「ライカムの衝撃―沖縄小売り烈々」と題して二〇回にわたって連載した（四月三日まで）。そこでは、負の影響を受ける地元商業界や、競合するショッピングセンターの悩みも語られている。

アメリカ軍基地の返還跡利用

現代社会において、広大な面積を確保するのに、数多くの地主たちと個別に交渉する悩みもなく、いわば白地に絵を描くように「開発」事業が展開できるということは、大きなメリットと受け止められる。アメリカ軍基地の返還跡利用は、その意味で沖縄の抱える希望でもある。長い間広大な土地を占有し、地元の人びとの立ち入りを拒否してきた土地が、久方ぶりに返還されてくることは、歓迎すべきことである。しかもそれが、個々の地主たちに分散されることなく、一体として利用できる可能性をもっているのであるから、積極的な土地利用につなげる期待が高まる。

一方で、それは悩みでもある。それまで多くの軍用地料を受け続けてきた地主たちにとって、「収入の減少」となることは目に見えている。軍用地料は政治的に引き上げられてきたので、その水準を基準にしてその後の収入を期待しても、しょせん無理なのである。それでも、一定の収入が継続して得られるようになれば、地主たちも不満をもたないであろう。問題は、跡利用が積極的な土地利用につながるかどうかである。

このライカムも含めて、これまでの跡利用は大型ショッピングセンターを核にして進められてきた。しかし、それはもう飽和状態であろう。そこに現実性を伴った悩みがあるのである。

沖縄経済の悩み

この稿でも触れたが、沖縄の「経済力」の弱さを思い知らされる事態に出会ったり、その展望を描けないという悩みは尽きない。

多くのコールセンターが、沖縄の低賃金を目当てに進出してきて久しいが、勤務が長続きしないという話をいくつも聞かされる。待遇の悪さもあろうし、仕事の単調さということもあろう。

沖縄労働局（国の機関）は次のようなデータを発表した。二〇一一年三月に県内の高校・大学を卒業した就職者で、一四年三月までの三年以内に離職した割合は、高卒六一・七％、大卒四八・六％だった。これは、全国の約一・五倍に上っている。この状況は長年続いているもので、近年の特徴ということではない。

このことは、企業の弱さといってもいい。安心して身を託せる堅実な企業・職場が圧倒的に少ないのである。そこで大学生は、公務員・教員へとまずは挑戦する。近年ではもう結果が予想できるので、早々とショッピングセンターに向かう傾向も見られる。「人気ナンバーワン」がショッピングセンターとなって数年なる。

少なくとも過去五〇年、人びとが沖縄経済の夢を語る場面に、数限りなく接してきた。そして、そのほとんどは実効性のない夢物語であったし、多くは言いっぱなしの無責任発言であった。「可能性」があると感じることに責任はない。私もそう感じたことがある。しかし、地に足をつけて考えてみれば、沖縄経済というものはまことにさみしいものであって、これを飛躍させることなど、土台できないことなのである。努力すべき目標がないと言っているのではない。本文でもたびたび述べてきたように、「飛躍を求めるな」ということである。足元を見て「身の丈の経済」を考えるなら、そこには多くの課題が浮かんでくるだろう。その課題にしっかり取り組むことが沖縄経済の、それに関わる人びとや組織・団体のすべきことなのである。

この本も日本経済評論社の栗原哲也社長、清達二さん、他の皆さんにお世話になった。出版を思いついてから本に仕上げるまで、超特急で対応していただいた。お礼を申し上げる。

二〇一五年四月二八日、サンフランシスコ条約の発効した、沖縄にとっての「屈辱の日」に、安倍首相がオバマ・アメリカ大統領と会談し、「辺野古が唯一の解決策だと合意した」と報じられた、その日に。

[著者紹介]
来《くり》間《ま》泰《やす》男《お》
1941年那覇市生まれ．1970-2010年沖縄国際大学．現在は名誉教授．著書に『戦後沖縄の歴史』（共著，日本青年出版社），『沖縄の農業（歴史のなかで考える）』（日本経済評論社），『沖縄経済論批判』（同社），『沖縄県農林水産行政史 第1・2巻』（農林統計協会，九州農業経済学会賞学術賞を受賞），『沖縄経済の幻想と現実』（日本経済評論社，伊波普猷賞を受賞），『沖縄の米軍基地と軍用地料』（榕樹書林）など．
現在，日本経済評論社から「沖縄史を読み解くシリーズ」を刊行中．
第1巻『稲作の起源・伝来と"海上の道"』（上・下）
第2巻『〈流求国〉と〈南島〉』
第3巻『グスクと按司』（上・下）
第4巻『琉球王国の成立』（上・下）
住所：〒903-0815 那覇市首里金城町1-33-210
e-mail：kurima_yasuo@nifty.com

沖縄の覚悟
基地・経済・"独立"

2015年6月10日　第1刷発行

定価（本体3200円＋税）

著　者　来　間　泰　男
発行者　栗　原　哲　也
発行所　株式会社 日本経済評論社
〒101-0051 東京都千代田区神田神保町3-2
電話 03-3230-1661　FAX 03-3265-2993
E-mail：info8188@nikkeihyo.co.jp
振替 00130-3-157198

装丁＊渡辺美知子　印刷・製本／シナノ出版印刷

落丁本・乱丁本はお取替えいたします　Printed in Japan

ISBN978-4-8188-2388-4

来間泰男著●シリーズ　沖縄史を読み解く（全五巻予定）

1　稲作の起源・伝来と〝海上の道〟　本体㊤3200円、㊦3400円

2　〈琉求国〉と〈南島〉——古代の日本史と沖縄史　本体3800円

3　グスクと按司——日本の中世前期と琉球古代　本体㊤3200円、㊦3400円

4　琉球王国の成立——日本の中世後期と琉球中世前期　本体㊤3400円、㊦3600円

5　日本の戦国・織豊期と琉球中世後期（仮題）